Offroy de La Mettrie

L'Homme-Machine

précedé de
Lire La Mettrie
par Paul-Laurent Assoun

Denoël

Lire La Mettrie

par Paul-Laurent Assoun

LIRE LA METTRIE
« L'HOMME-MACHINE »,
ENTRE SCIENCE
ET INCONSCIENT

Il y a quelque deux siècles et demi, un médecin-philosophe des Lumières publiait un ouvrage qui produisit un petit séisme immédiat dans la République des Lettres : *L'Homme-Machine* était né. Mort-né, faudrait-il dire, tant cet enfant illégitime du savoir suscita de rejets lors de sa mise au monde, son « géniteur » et auteur connaissant l'exil et disparaissant peu après. Effet durable, puisqu'il aura fallu, en le redécouvrant, lever un oubli trop persistant pour ne pas y déceler une sorte de refoulement.

En publiant la présente édition critique de l'écrit, à la fois célèbre et méconnu, de La Mettrie [1] [*], nous donnions à penser ou plutôt à rappeler, au-delà de l'érudition historique, la potentialité d'actualité — au sens de ce qui demeure important ici et maintenant — de ce texte. Point de texte plus « daté » par ailleurs, le millésime 1748 scellant son appartenance à une époque et à un univers de pensée singu-

* Les notes de l'essai de Paul-Laurent Assoun sont regroupées en fin de partie, p. 113 sq.

liers dont il faut réapprendre le « code », mais qui
— c'est là un effet rétroactif patent à la seule lecture
du titre — met en circulation une expression appelée à parler intimement à notre présent.

Au moment de le faire reparaître, quelque vingt
ans après, cette intuition nous semble confirmée
par un fait patent : la montée au zénith des « neurosciences » — cette annexe biologique de la « science
des machines » qui a « percé » entre-temps au
XIXe siècle —, avec leurs bruyantes et spectaculaires
avancées et leurs non moins sidérantes aptitudes à
reproduire, en leur revendication de modernité et
de mise à jour, des modèles épistémologiques antérieurs, avec leurs ambiguïtés.

C'est donc bien le moment de (re)lire La Mettrie.
L'Homme-Machine se trouve à la croisée de deux
chemins :

— celui qu'il prolonge et accomplit, du paradigme mécaniciste qu'il vulgarise en quelque sorte,
il est vrai, à sa manière, en son « ton » et son style ;

— celui qu'il ouvre — voire anticipe — d'un univers de rationalité où le « fait humain » se trouve
déchiffré systématiquement selon la logique non
seulement de l'« organisation » (mot clé chez notre
auteur), mais de l'appareil et du système — du « vivant », du « nerveux » et du « cognitif », voire de la
« machine à calculer ».

Bref, deux siècles et demi après sa proclamation
apparemment avortée, *L'Homme-Machine* semble
toujours là et avoir engendré, de façon détournée,
certains rejetons, au point que l'on peut avoir l'impression que la figure éponyme de l'écrit du philo-

sophe matérialiste a pris corps — il est vrai, en un appareillage qu'il n'avait pas même entrevu. Donc, ce texte *peut* toujours (nous) *servir*.

Il y a en conséquence deux façons bien distinctes et complémentaires de relire ce texte, voire d'en esquisser la réécriture :

— en l'enracinant dans son contexte, soit dans le « paradigme » scientifique et idéologique de son temps, qui n'est pas le nôtre. Nous en donnons les éléments fondamentaux pour réenraciner le texte dans le contexte qui le porte et permet d'en entendre les résonances dans sa lettre même ;

— en l'abordant à travers sa « pointe » actuelle, comme composante généalogique de notre temps — fût-ce pour suggérer la réécriture, à notre usage, que contient *L'Homme-Machine*.

C'est sans doute par là qu'il y a lieu de commencer en prenant occasion de la présente réédition, soit faire sentir cette acuité en sa pointe — par où le médecin-philosophe des Lumières s'avère un prophète — à la fois docte et innocent, aveugle et inspiré — des temps modernes, Ère de la Machine, non seulement comme réalité, mais comme « idéal » qui trouve son nom de baptême dans l'« ordinateur ».

Pas question pour autant de reproduire à propos de l'auteur de *L'Homme-Machine* ce qu'Alexandre Koyré épinglait comme le danger et l'illusion du « précurseur[2] ». On peut soupçonner avec Georges Canguilhem que « la complaisance à rechercher, à trouver et à célébrer des précurseurs est le symptôme le plus net de l'inaptitude à la critique épisté-

mologique[3] ». De fait, l'on ne gagnerait rien à en
faire le pourvoyeur d'analogies rétrospectives
venant conforter notre présent. C'est peut-être le
signe le plus patent d'une certaine forme d'inculture
moderne que de ne pouvoir envisager et supporter le
contact qu'avec des modes de penser et d'écrire où
elle peut croire se reconnaître plus ou moins et coûte
que coûte. À rebours de ce mode de pensée identi-
taire et spéculaire, il s'agit bien de s'exposer à tel
univers qui, parce qu'il est autre, par toute une
dimension, vient, du fond de cette altérité, arraison-
ner et réveiller la condition contemporaine. C'est
peut-être l'usage critique précieux de *L'Homme-
Machine*, à l'usage d'un présent qui, d'un même
mouvement, « machinise » l'homme et « anthropologise » la machine.

Partons donc de notre présent pour nous préparer
à ce voyage dépaysant de découverte de l'univers
lamettrien, pour en saisir d'emblée les enjeux. Il
s'agit alors de faire droit à une double « impression »
récurrente : le texte de La Mettrie, en déchiffrant
l'homme comme machine, semble « donner vue »
sur une double intuition bien distincte : l'une qui
touche à la *science*, l'autre à l'*inconscient*.

L'homme comme machine

La Mettrie serait-il l'un de ces « éclaireurs » de ce
mouvement qui anthropologise la machine pour
machiniser l'homme ? Il est tentant de voir une
continuité entre cet événement daté — la parution

d'un texte-manifeste — et le triomphe, aussi ambigu qu'irrésistible, d'un « homme » déchiffré selon la logique « machinique ». Ainsi, tout serait clair : quelque chose montait au zénith du savoir occidental, depuis Galilée et Descartes, et Julien Offroy de La Mettrie (1709-1751), affublé par ses contemporains, selon sa propre confession, du « surnom ou du nom » de « M. Machine », l'aurait intronisé par un syntagme audacieux : « L'Homme-Machine » vaut par le trait d'union qui accole impérieusement ces deux signifiants, en une espèce de « mot-valise » — et qui n'est pas pour rien dans l'effet de scandale qu'il généra : que devient l'« homme », dès lors qu'il s'identifie en son être et son organisation à l'essence machinale ?

Les « neurosciences » n'auraient fait qu'appliquer en détail et avec une rationalité accomplie ce que le philosophe La Mettrie proposait, en ses termes à la fois pionniers et empreints de quelque naïveté, d'une sorte d'« entendement machinal ».

Si cette résonance nous fait signe, en effet, elle demande à être questionnée et, au-delà, sérieusement contestée. Il y a bien consonance troublante entre « l'homme machine » et « l'homme neuronal », entre le matérialisme de l'« organisation » et toutes les variantes de « biologie des passions », mais, entre ces deux faux jumeaux, se révèle une rupture déterminante. La Mettrie se dresse là, avec son texte saisissant, autant pour témoigner de la vague de fond qui s'annonce que pour aider à forger une conscience critique de ce qui s'est accompli, en sa prophétie matérialiste. C'est là peut-être son utilité majeure.

Autrement dit, en ce texte-symptôme capital, c'est quelque chose comme une « proto-neuroscience » qui semble se promulguer ou plutôt la matrice anthropologico-philosophique de ces modèles — en même temps qu'une objection majeure à la « neuroscientifisation » du corps humain. Chance, à ce titre, de saisir, en sa forme archaïque, cette ambition de mécanisation de la réalité humaine en même temps que d'en interroger les destins.

Le plus frappant est que, si le « cerveau » voit sa place reconnue, comme on le verra, dans l'« organisation » au sens de La Mettrie, il n'est pas chargé de la fonction princeps d'ordonnancement de la rationalité de l'organisation : disons qu'il la place un peu « plus bas » dans l'économie corporelle.

Un détour par le « savoir de l'inconscient » s'impose ici pour saisir ce qui se joue en cette affaire.

Les machineries du délire

Pour nous aider à situer le lieu si fécond et ambigu de « précurseur » de La Mettrie, on peut s'aviser qu'il ne fait pas qu'annoncer le règne de scientifisation par la machine. Quelque chose d'autre que le *langage de la science* semble faire écho à son « intuition machinale », soit la *langue du délire*. Cela peut être illustré par le repérage par la théorie psychanalytique d'une implication précise de la machine dans l'inconscient délirant : en 1918, dans une étude princeps, Viktor Tausk décrivait, avec une précision d'ingénieur, l'action dans le délire de certains patients psychotiques de certaines « machines à influencer »[4].

Si le délire psychotique, qui fait feu de tout bois pour soutenir le rapport à un réel, dans l'effondrement même de la réalité, rencontre à un moment donné — bien épinglé par l'observation de Tausk — la figure de la Machine, comment interpréter ce choix ? Ne pourrait-il pas nous renseigner sur la signification de « l'homme-machine », en son réel inconscient ?

Le délire, dans la mesure même où il se confronte à un problème structural — celui d'une perte de la réalité à reconstruire par un réel justement délirant —, se redéfinit en quelque sorte plastiquement selon les formes historiques. Tout se passe comme s'il redéfinissait ses référents d'après l'état des sciences : ce n'est pas un hasard si le Président Schreber équipe son délire paranoïaque d'une référence soutenue aux modèles de pointe de la neurologie de son temps — Flechsig faisant ici autorité sur les « neurosciences » (avant la lettre) de son époque... et sur le délire de son patient[5].

Ce dont Tausk s'avise, à travers cette figure clinique, c'est peut-être fondamentalement de l'émergence de cette référence à la « science » des « machines vivantes » au cœur même du travail du délire, à la prise de la machine dans l'ordre délirant — preuve que l'épistémê historique concerne la folie et que celle-ci, en retour, la révèle.

Pour ces patient(e)s, le persécuteur a pris la forme

et la puissance de la machine-corps qui vient produire des effets et influx sur le corps-cible vivant du persécuté.

Le sujet sous influence ou le délire machinal

Relisons la description de Tausk en gardant à l'esprit la description de La Mettrie. On s'avise alors d'un effet étonnant : le travail du délire s'étaye — de fait, bien qu'implicitement — sur une représentation machinale. Comme si, sans la promotion de l'Homme-Machine dans l'épistémê moderne, le délirant ne se fût en quelque sorte jamais avisé d'en faire l'équipement de son travail, sous la forme d'« appareil à influencer » — véritable hypothèse « heuristique » à l'usage de son délire.

La valeur de la communication de Tausk est de décrire avec une précision technique ce dispositif machinal, sur la base du témoignage de la parole psychotique, qui fait ici légitimement autorité. L'« appareil à influencer » schizophrénique est « une machine de nature mystique », pourtant descriptible selon la structure la plus matérielle. Les malades ne peuvent pas en indiquer précisément l'architecture, mais le « dessin » en prend forme par allusions. « Il se compose de boîtes, manivelles, leviers, roues, boutons, fils, batterie, etc. » Bref, cette machine est bien calquée, fût-ce sommairement, sur une machine au sens proprement mécanique. On sait qu'on appelle machine — selon la définition lexicographique courante — tout « appareil ou ensemble d'appareils capable d'effectuer un certain travail ou de remplir une certaine fonction, soit sous la conduite d'un opérateur, soit d'une manière autonome »[6]. Au sens physique, elle désigne « le dispositif mécanique dans lequel la force se transmet directement (levier, poulie, treuil, etc.) ».

Quel « travail » effectue donc l'appareil à influencer psychotique ? Un travail bien particulier : il est censé agir sur le sujet persécuté. Sa « fonction » est ainsi détaillable : il « présente des images aux malades », « produit et dérobe des pensées », « produit des actions motrices dans le corps du malade, des érections, des pollutions », ainsi que des sensations et des « phénomènes somatiques ». Ce que décrit le délirant s'étaye donc sur une hypothèse rigoureuse d'« influencement » mécanique.

Il va de soi que tout délire ne s'appuie pas sur un tel postulat « machinique », les sujets, alors, « se plaignant de toutes ces rigueurs sans les attribuer à l'action d'un appareil ». Il n'en reste pas moins que, selon les termes de Tausk, un certain « besoin de causalité immanent à l'homme » le pousse à cette hypothèse — au point que « l'appareil à influencer est le terme final de l'évolution du symptôme, qui a débuté par de simples sentiments de transformation ». L'hypothèse machinale vient donc bien en couronnement du délire de transformation.

Tausk confirme là un trait essentiel du délire psychotique qui n'est pas que folie divagante, mais déduction logique, physique et « causalité » : le déli-

rant, comme le savant, va jusqu'au bout de sa
logique : « mécanologique ».

Car ce sur quoi l'on bute au bout de cette logique
raisonnée de la déraison, c'est la machine-corps à
forme humaine.

Le corps-machine ou le corps du délire

Le délire se révèle donc bien finalisé, en l'occur-
rence, par une logique machinique. Or voici la
découverte, de portée clinique capitale, de Tausk,
en référence au cas emblématique de Natalia [7] : cette
machine, supposée influencer de façon malveillante
et persécutive le sujet, est l'effet projectif de son
propre corps : « Cet appareil a la forme d'un corps
humain, et même la forme de la malade elle-
même. » L'appareil représente, au sens littéral et
physique du terme, « le corps de la malade projeté
dans le monde extérieur ». Aussi bien, « cela
découle... des déclarations de la malade : l'appareil
possède avant tout une forme humaine... Il a pris à
peu près l'apparence de la malade ». Le sujet a donc
revêtu la machine persécutrice de sa propre « chair ».

Point capital à notre propos : si « la malade
éprouve toutes les manipulations de l'appareil aux
endroits correspondants de son propre corps », c'est
que le corps psychotique se dédouble sous l'effet du
délire, en référence à l'*a priori machinique*.

Ce corps médium de la machinerie persécutive,
non identique mais ressemblant à celui de la persé-
cutée, est décrit selon une morphologie des plus

frustes : « Le tronc a la forme d'un couvercle, comme un couvercle de cercueil ordinaire, tendu de velours ou de peluche. » Les membres, eux, sont « simplement dessinés sur ce couvercle dans leur position naturelle le long du corps ». Mais « en général, précise Tausk, elle ne peut donner aucun renseignement concernant la tête ». C'est donc bien son « double » — mort et vif — que le sujet rencontre à travers la machine ennemie.

Le sexe de la machine

D'où vient donc cette incarnation machinale ? Ce corps projeté est le corps sexué, qui exprime et refuse simultanément sa sexuation. Il y a bien un sexe de la machine : « La seule chose qui lui paraît certaine, dit Tausk en rapportant le témoignage de sa patiente, est que l'appareil employé par les hommes soit un appareil mâle, et que celui employé pour les femmes soit un appareil féminin. » Autrement dit, ce corps psychotique ne veut pas de sa jouissance sexuelle — celle qui s'éveille au plan « autoérotique » —, qu'il ressent comme l'irruption intrusive d'un désir qu'il récuse. Cette jouissance intempestive, qu'il ne peut prendre sur soi ni reconnaître, « fait stase », s'accumule sur le corps, le transformant en « batterie ». Menacé par ce débordement, manifesté par une sensation endogène, le sujet n'a de choix, pour échapper aux affres de cette angoisse paroxystique, que d'expulser ce qu'il ressent comme « étranger ». Jusqu'à ce que cette jouissance aliénée trouve sa localisation sur un corps imaginaire, posé en miroir.

C'est dans cette « machine » que la jouissance dont il ne veut pas trouve en quelque sorte hébergement et c'est de là qu'elle lui revient, en une subversion du rapport dedans/dehors caractéristique du délire. Preuve, *a contrario*, que c'est la jouissance qui garantit l'investissement du corps, machine à plaisir et à souffrance — Freud lui-même faisant de la douleur un accès à l'image du corps.

La Mettrie ne dit pas autre chose, en sorte que le psychotique est bien « l'homme (ou la femme)-machine », révélant que tout corps propre comporte cette dimension d'altérité, investissement de soi *et* potentialité d'aliénation.

Du délire à l'écriture machinale

On comprend pourquoi l'imaginaire scientifique, relayé par l'art et la littérature, a porté à l'expression ce qui se joue, en une postérité insue à « l'Homme-Machine ». Qu'est-ce que Frankenstein, la créature de Mary Shelley née en 1816, soit un demi-siècle environ après l'écrit de La Mettrie, sinon un être machiné à partir d'organes vivants et dont les « coutures » attestent le caractère manufacturé ? Thème réévoqué dans un étrange texte d'Oskar Panniza, *La Manufacture d'hommes*, à la fin du XIXe siècle.

L'imaginaire de la Machine fait un pont entre science et délire. Et dans la figure du Grand Masturbateur, Salvador Dali en a tiré toutes les ressources,

à partir de cette intuition du caractère autoérotique
de la machine corporelle. Chez le délirant, à l'ère de
la science, la Machine prend le relais du Diable pour
rendre compte de cette encombrante pulsion. Sartre
a, dans une nouvelle du *Mur* intitulée « La Chambre », donné une représentation saisissante de ce
délire d'un sujet hanté et harcelé par des figures sta-
tufiées représentant les organes détachés [8]. Angoisse
de morcellement que Jacques Lacan a située au fondement spéculaire de la subjectivité.

Le texte de La Mettrie aura été le « protorécit » de
cette écriture de la machine.

Entre science et délire :
la machine baroque

Qu'est-ce qui ressort de ce détour par la thématique machinale du délire ? C'est que la Machine est
devenue la figure de l'Autre, appropriée au langage
de la science.

Voici donc deux énoncés hétérogènes à penser
ensemble : la machine renvoie à la science, la
machine touche au délire.

Comment faire rimer ces deux fonctions « machi-
nales » apparemment si antithétiques ? Ou plutôt,
que doit être la figure de la Machine pour « faire
rimer » ces deux fonctions ?

On peut s'aviser que les technologies du corps de
pointe, en présentant un corps-machine « organolo-
gique », cerné par d'impressionnants dispositifs
— au plan médical, de la « stéréotaxie » à la « scanne-

risation » —, instituent l'identification du corps à une machine. Précieuses pour l'investigation thérapeutique, ces innovations confrontent pourtant à une question anthropologique : celle de la réduction du corps à une architectonique organique indéfiniment sériée. Objet de « manipulations ».

Or, « un corps peut en cacher un autre », entendons que le corps anatomique même se trouve opérer en rapport avec un corps de la jouissance — le symptôme maladroitement baptisé « psychosomatique » venant témoigner du fait qu'entre les deux strates, quelque chose se « désunit », comme nous l'avons décrit ailleurs [9].

De l'hystérie à la psychose en passant par les phénomènes (psycho)somatiques, c'est bien l'effet physique du symptôme qui est à penser, tension entre l'« anatomie réelle » et l'« anatomie imaginaire », sensible à Freud dès sa première rencontre avec le corps hystérique et ses conflits [10].

Destins conflictuels du plaisir qui renvoient jusqu'à la « pulsion de mort » — ce qui confirme au reste que la variante lamettrienne d'épicurisme ne saurait anticiper — mécaniquement — sur le « principe de plaisir » au sens freudien, et moins encore sur l'« au-delà du principe de plaisir » [11]. Reste cette machine programmée pour le plaisir — qui vient troubler les « machines à calculer » (post) modernes.

La Mettrie, *notre contemporain ?*

Relisons donc La Mettrie à la lueur de ces enjeux contemporains, entendons venant dire quelque chose à la condition contemporaine saisie par l'« imaginaire machinal ».

Tout en posant l'« organisation » comme le destin même de l'homme (voir *infra*) — « l'anatomie, c'est le destin [12] » —, il l'ordonne à une logique hédonique. L'« organisation » contient les prodromes de la notion d'« organisme », mais elle comporte la prise en compte de la problématique de la jouissance. De même, en contraste des machines à penser, La Mettrie, en s'appuyant sur une forme de (néo)épicurisme, récuse par avance les formes de « cognitivisme » : *c'est envisagé sujet au (de) plaisir que l'homme est structuré comme une machine.*

Le corps apparaît donc comme prenant sa vraie dimension comme libidinale, donc en liaison avec l'autre. Message à réentendre à l'heure des « machines célibataires » décrites par le cognitivisme biologique, en déni — voire en haine inconsciente — d'Éros (celle que la psychanalyse, on le sait, a à surmonter sans cesse).

Comprenons bien qu'il ne s'agit pas de dresser quelque affectivité corporelle contre le primat biocognitif — c'est plutôt la démarche révélatrice et plutôt naïve de complémentation des modèles comportementaux biologisants par une théorie des facultés et des passions éculée et précisément dépassée par la psychanalyse. C'est bien de corps qu'il s'agit, mais d'un corps considéré en son réel inconscient, donc dont la jouissance ne soit pas forclose : auquel cas le discours de la science rejoindrait la parole du délire — ce qui a déjà commencé largement à se vérifier.

Le corps de Frankenstein, cet homme machiné « de bric et de broc », de fragments d'organes, pourrait bien épouvanter, de rappeler, par quelque chose de « mal couturé », ce corps jouissant [13] qui résiste à la science et ne peut pourtant émerger — tant le moment scientifique reste déterminant — que sur fond du corps pensé par la science.

Ainsi La Mettrie habite-t-il notre temps de façon intempestive : parce qu'il a dit l'un des premiers, tout de go, ce qui s'annonçait et parce qu'il résiste à un certain destin de sa prophétie.

Éminent précurseur de la modernité machinale, il en est le précurseur au sens où l'on désigne une « substance composée qui en précède une autre dans une séquence métabolique [14] ». Entendons que son Homme-Machine constitue une substance originaire majeure dans la « synthèse » de la machine, comme instance de la modernité, mais il garde sa « composition » propre — dont nous devons retrouver la saveur. C'est aussi bien à nous à décider dans quel « métabolisme » l'intégrer, entre science et inconscient...

La Mettrie aussi bien n'est-il ni un neurobiologiste ni un « métapsychologue [15] » avant la lettre : il est là pour distribuer et brouiller les cartes d'un jeu qu'il quitte brutalement — et de quelle mort, d'une indigestion qui semble symboliser la dérision mais aussi la confrontation de son « organisation » à un « inavalable ».

Inavalable, il le fut pour ses contemporains. Il s'agit pour nous d'aller le visiter en un double esprit : comprendre en quoi son texte inaugure certains destins décisifs de « l'entendement machinal » — en quoi il est, en quelque sorte, notre contemporain — et se dépayser, à travers lui, en un monde où rien n'est encore joué de ce clivage entre « savoir » et « jouissance », qui relance la question du corps.

C'est le monde de La Mettrie qu'il s'agit à présent d'explorer, en son temps et tel qu'en lui-même.

L'ATOPIE DE LA METTRIE

Resituer La Mettrie dans l'histoire des idées n'est pas un simple préalable imposé par l'exigence d'exactitude. Son lieu propre a été remarquablement brouillé, et c'est à réfléchir sur le sens de cette atopie que l'on se met tout d'abord en mesure de comprendre *qui* était La Mettrie. Nul n'est davantage cité, mais nul n'est moins bien connu. *L'Homme-Machine* apparaît comme l'expression stéréotypée d'un mécanicisme intégral s'appliquant à l'homme, c'est-à-dire d'une *thèse* monolithique et dogmatique, dont l'énoncé seul semble dissuader de lire l'ouvrage même, comme si l'on avait *tout dit* en l'énonçant. Ou bien La Mettrie a servi de pseudonyme au matérialisme : entendons que, chaque fois qu'il fallait évoquer les formes extrêmes du matérialisme du XVIIIe siècle, le *nom* de La Mettrie apparaissait, partageant avec celui de D'Holbach le soin d'assumer, en l'incarnant en une physionomie curieuse, une *doctrine* mal connue autant que redoutée. Effet remarquable à noter pour une archéologie du discours sur le matérialisme : l'impact doctrinal a été détourné par projection et incarnation dans des *personnages* chargés, à chaque moment de l'histoire des idées, de représenter l'*autre* parole, parole maudite doublant comme un écho inversé la parole de la philosophie dominante, mais sans parvenir, dans cette représentation, à se constituer en doctrine rivale : simplement courant latent, tradition occulte que reprendraient de loin en loin, obstinément, quelques individus étranges : Démocrite, Lucrèce, Averroès, Hobbes, Vanini, le libertin du XVIIᵉ siècle aux visages divers, puis les matérialistes du XVIIIᵉ siècle scandent cette lignée bâtarde dans laquelle on a inséré à son tour La Mettrie. Comme si, avant le XIXᵉ siècle, il n'y avait pas de doctrine matérialiste, seulement une *idiosyncrasie matérialiste*, c'est-à-dire une famille de faux rejetons, enfants naturels de la tradition philosophique, égarés hors de la légitimité et errants comme des météores. Comètes déchiffrées comme de mauvais augures et à vrai dire *ininterprétables*.

C'est au XIXᵉ siècle (en sa seconde moitié) que la vision change. Le matérialisme apparaît désormais comme un corps de doctrine organisé. Il cesse d'être une détermination idiosyncrasique pour être attesté comme *école*. Les conditions de déchiffrement de l'objet matérialiste changent alors. Cette rupture est attestée par l'apparition d'un point de vue théorique qui s'institue et s'intitule matérialiste — celui de Karl Marx — et déchiffre l'ensemble de l'histoire des idées par le conflit majeur entre l'idéalisme et le matérialisme. Mais Marx lui-même ne fait qu'esquisser, dans un chapitre de la *Sainte Famille* (voir

infra, annexe), ce qui est par lui devenu possible,
une *histoire du matérialisme* — entendons une réin-
terprétation du matérialisme, non plus comme épisode discontinu, mais comme théorie globalisante,
version théorique hétérogène et spécifique du réel.
C'est ce projet que réalise Albert Lange [16]. Son *Histoire du matérialisme* marque l'institution, en 1866,
d'un discours dont le matérialisme est devenu l'objet propre. Depuis un siècle donc, le matérialisme
est devenu l'enjeu d'un discours qui a, par la
contrainte de son objet même, instauré la rationalité
d'un déchiffrement propre. On n'écrit pas l'histoire
du matérialisme en transférant simplement les
règles de déchiffrement de tout objet : à tout
moment, des problèmes critiques de déchiffrement
de la réalité de pensée se posent, s'il est vrai que
l'histoire de la philosophie a été forgée, en ses dispositifs méthodologiques fondamentaux, conformément à son objet dominant, de telle sorte que l'effet
sinon la finalité en est de gommer l'efficience théorique du matérialisme, tout en en parlant.

Il faut donc revenir sur un champ que peuplent
des individus qu'on appelait matérialistes, et qui
avaient pour fonction de manifester l'inexistence du
matérialisme, son *ineptie théorique*. D'où leur existence fantomatique : présents-absents de la grande
histoire, hommes à scandales peuplant les fau-
bourgs de la pensée, désignant par leur idiosyncrasie
même la carence de la doctrine.

La Mettrie illustre ce statut problématique du
penseur matérialiste renouant avec une tradition
lointaine mais sinueuse, présent si curieusement

dans son siècle qu'il a été l'objet d'une étrange illusion d'optique en laquelle s'exprime d'emblée l'enjeu idéologique dont il est porteur. Longtemps on a fait de La Mettrie un contemporain du baron d'Holbach. Or c'est d'une *priorité* qu'il faut parler. Priorité d'autant plus importante à réaffirmer aujourd'hui qu'elle a été inaperçue des contemporains eux-mêmes. C'est Lange qui a opéré cette remise au point en rappelant des repères chronologiques pourtant connus.

Dans son chapitre sur La Mettrie [17], il déclare d'emblée qu'il « fut non seulement le plus exagéré des matérialistes français, mais encore le premier dans l'ordre chronologique [18] ». Julien Offroy de La Mettrie est né en 1709, il publie dès la fin des années 1730 et produit ses deux grands ouvrages, l'*Histoire naturelle de l'âme* et *L'Homme-Machine*, en 1745 et 1748. Il est donc l'aîné de quatorze ans du baron d'Holbach dont on a fait — étrange renversement — un disciple ! « Lorsque ce dernier réunissait dans sa demeure hospitalière ce cercle de libres-penseurs pleins d'esprit, que l'on appelle la "société d'Holbach", La Mettrie était mort depuis longtemps », rappelle Lange [19]. En effet La Mettrie est mort en 1751, et le *Système de la nature*, le manifeste matérialiste de D'Holbach, parut en 1770. Lange peut donc conclure à bon droit que « La Mettrie se trouve... en tête de toute la série » [20].

Mais à quoi donc est due cette étrange inversion, que Lange corrige dès 1866, mais qui résistera jusqu'à nous avec la prégnance d'une illusion tenace ? Lange incrimine la méthode hégélienne dans l'his-

toire de la philosophie, qui dénature « l'enchaînement réel des faits[21] » pour le faire rentrer dans le
schème *a priori* du devenir de l'Idée. Il soupçonne de
plus une cause idéologique : le « scandale provoqué
par les attaques de La Mettrie contre la morale
chrétienne[22] » qui fit « oublier complètement ses
ouvrages théoriques et surtout les plus incisifs et
les plus sérieux[23] ». *Le hors-la-loi de la république
des lettres.*

Mais on devine qu'il y a plus. La Mettrie ne fait
pas que subir la persécution attachée en général à la
condition matérialiste en philosophie, qui du reste
au XVIIIe siècle devient relativement plus confor-
table. Lange lui-même remarque à un autre endroit
que « La Mettrie fut le souffre-douleur du matérialisme en France[24] ». Il y a là un véritable consensus
dans la persécution : « Quiconque touchait au matérialisme avec des intentions hostiles, frappait sur lui
comme sur le représentant le plus exagéré du système ; quiconque penchait lui-même vers le matérialisme, se garantissait des reproches les plus vifs en
donnant un coup de pied à de La Mettrie ». D'où un
« parti pris de dénigrement » universel dès son
vivant, émanant également de ceux-là mêmes qui en
secret « partageaient ses opinions »[25].

On n'a qu'à, pour s'en convaincre, écouter les
réactions des « philosophes » eux-mêmes. Voltaire
n'y voit que « feux d'artifices toujours en fusées
volantes[26] », que « mauvais livres », à peine colorés
de quelques « traits de flammes[27] », qui sanctifient le
vice : « Il proscrit la vertu et le remords, fait l'éloge
du vice, invite son lecteur à tous les désordres[28]. »

Voltaire a soin tout d'abord d'opposer le projet des philosophes à celui de La Mettrie : « Il y a une grande différence entre combattre les superstitions des hommes et rompre les liens de la société et les chaînes de la vertu [29]. » Plus tard, il va jusqu'à le traiter de « fou [30] » et de « criminel [31] ».

Chez Diderot, on pourrait s'attendre à trouver plus de sympathie. Or c'est lui qui écrit dans son *Essai sur les règnes de Claude et de Néron* que La Mettrie est « un auteur sans jugement », plein de « sophismes grossiers », qui « n'a pas les premières idées des vrais fondements de la morale », « chaos de raison et d'extravagance », « dont les principes poussés jusqu'à leurs dernières conséquences, renverseraient la législation [32] ». Alors que, dans le même temps, il médite sa philosophie de la nature et s'inspire de sa physiologie [33]. Dernier refuge possible : D'Holbach, le héraut du matérialisme au XVIIIe siècle. Mais ne lit-on pas dans le *Système de la nature*, que l'auteur de *L'Homme-Machine* « a raisonné sur les mœurs comme un vrai frénétique », qu'il fait partie de ces philosophes et athées « qui ont nié la distinction du vice et de la vertu, et qui ont prêché la débauche et la licence dans les mœurs », en soutenant que la nature conduirait « au vice et à la dissolution [34] ».

Même discours chez des hommes aussi différents que Voltaire, Diderot et d'Holbach. Le thème rejoint, sous une forme différente, le reproche chrétien d'*immoralisme* cynique, qui campera désormais la physionomie de La Mettrie, alimenté par une existence légendaire. L'épisode de la mort devient la

scène originaire où se *montre* la vérité du personnage : La Mettrie mourra d'une indigestion après
l'ingestion d'un « pâté corrompu », à la cour de Frédéric II de Prusse ! Quelle tentation de légende dans
cette mort de « pourceau d'Épicure » à l'ombre du
pouvoir despotique [35] !

Nérée Quépat consacre un chapitre entier de son
Essai sur La Mettrie [36] à recenser ces critiques. Il l'intitule : « Résumé des calomnies », avec comme sous-
titre : « Litanie des injures [37] ». Il note au début : « La
Mettrie fut certainement le plus malmené de tous
les écrivains rationalistes du XVIIIe siècle. Chose singulière, catholiques et libres-penseurs se réunirent
pour l'attaquer [38]. » Comment expliquer ce dénigrement, assurément répandu dans la « république des
lettres », mais qui atteint ici un comble dans la virulence et l'unanimité ?

On peut assurément rappeler les raisons conjonc-
turelles : les jalousies éveillées par celui qui apparut
comme le « protégé de Frédéric [39] ». Dans la critique
de Voltaire, sans doute ne doit-on pas méconnaître
la trace de quelque rivalité : Voltaire devait compter
désormais, au sein du cercle berlinois, avec un
sérieux rival en esprit [40]. D'autre part, La Mettrie
semble se complaire, comme on l'a remarqué, dans
« un isolement volontaire et systématique ». Il ne
trouve pas sa place dans les coteries, cercles ou
salons qui donnent à la pensée des philosophes son
cadre sociologique et communicationnel approprié.
Même en compagnie, il reste le hors-la-loi : c'est
ainsi qu'il est ressenti au sein de la république des
lettres. Son goût pour la polémique est un indice de

cette marginalité : les raisons dans l'argumentation de La Mettrie sont toujours des *contre-raisons*. *Prendre parti* revient toujours pour lui à *prendre à partie*.

L'histoire de ses polémiques se confond dès lors avec celle de sa pensée. C'est d'abord sa polémique avec Astruc, membre renommé de la Faculté de Paris, par laquelle il inaugure sa carrière de médecin et d'écrivain. Est-ce un hasard, pour celui chez qui le libertinage se lie au naturalisme ? Ce sont les maladies vénériennes qui donnent lieu à cet affrontement. Médecin depuis 1728, La Mettrie traduit à son retour de Leyde, outre son *Traité du feu*, l'*Aphrodisiacus* de Boerhaave, auquel il ajoute une dissertation de son cru. Astruc releva des erreurs dans son *De morbis venereis* (1736). Suit un échange de coups, feutrés ou percutants, jusqu'en 1740 où, dans la seconde édition de son ouvrage, Astruc lui décoche une condamnation sans appel. La Mettrie tire une vengeance du conflit, historiquement décisif, qui opposa les médecins et les chirurgiens quant à la suprématie sur le champ de la vie et de la mort : il se range du côté des chirurgiens, dans un pamphlet intitulé *Saint Cosme vengé*, dont le sous-titre est *Critique du traité d'Astruc*, publié en 1744. À partir de ce moment il se lance dans une escalade satirique indéfinie : c'est toute la faculté de médecine de Paris qu'il prend à partie dans sa *Politique du médecin de Machiavel* (1746), ses *Caractères de médecins*, ou les *Charlatans démasqués*. C'est donc, il faut se le rappeler en abordant sa lecture, un homme en état de guerre permanent qui publie ses œuvres de philosophie proprement dite en 1745-1751. *L'Homme-Machine* explose, mais quinze ans de polémiques l'ont précédé : sa préface, dédiée insidieusement au physiologiste Haller, prolonge ces polémiques et en crée d'autres [41].

La Mettrie s'est donc mis lui-même au ban de la société : condamné par ses pairs, médecins ou membres de la république des lettres, avant même d'être poursuivi par les autorités civiles et religieuses. Il y a même, comme nous le montrerons, un élément déterminant dans cette revendication du droit à la guerre au sein de la république des lettres, qui trouve chez Bayle son texte de légitimité, dans cet article du *Dictionnaire historique et critique* qui énonce, en une remarque décisive, que « l'indépendance de l'état de nature », subsistant dans la république des lettres, permet de « faire la guerre innocemment à qui que ce soit [42] ». La désastreuse réputation de La Mettrie en son siècle est en ce sens la dette que celui-ci lui fait payer, en échange de ce droit innocent à la guerre de tous contre tous qui définit la liberté au sein de cette société des lettres dont le contrat, au lieu d'exclure, implique le droit de guerre, en quoi consiste la nature belliqueuse de la raison critique.

Pour comprendre le sens de cette atopie, il convient de dégager le contenu et les enjeux de *L'Homme-Machine* à travers son auteur.

L'EXISTENCE MACHINALE
DE « M. MACHINE »

La Mettrie s'est en effet identifié à son œuvre au point de se baptiser lui-même « M. Machine ». En une pièce curieuse présentée sous forme d'une épître dans le style précieux[43], il esquisse un portrait et un récit de sa vie et de son être. Fantaisie qui permet à son fantasme de machine de se livrer autrement que comme une vérité théorique, comme *sa* vérité.

« Pour la naissance de M. Machine, je serai le plus court du monde. Je me console facilement de ne savoir pas dans quelle retorte cette matière lourde et grossière se soit organisée. Dès qu'elle l'était, elle devint machine... c'était peut-être M. Machine qui parut peut-être à la manière des cannes de M. Vaucanson à Paris. Car M. Machine est comme elles sans âme ; sans esprit, sans raison, sans vertu, sans discernement, sans goût, sans politesse et sans mœurs ; tout est corps, tout est matière en lui. Pure machine, homme-plante, homme-machine, homme plus que machine ; ce sont les titres qu'il affecte, qu'il ambitionne, et dont il se fait gloire[44]. »

Étonnant fantasme qui signifie bien que La Mettrie identifie l'Homme-Machine à *sa* naissance, nouvelle naissance, quelque quarante ans après la première, celle de l'état civil, qui le fait se rebaptiser « M. Machine ». Découverte dont la portée est du même coup universelle : dès lors que se trouve dissipée l'illusion des fins grâce à la thèse de la Machine humaine, la vie ne peut plus s'organiser comme le plan d'un processus se déployant d'une origine à un but. L'origine, insondable, se perd dans l'émergence de la machine, toujours déjà là, et la vie elle-même se fait au hasard de la nécessité machinale : « Je vous avertirais aussi de son éducation ; mais je ne sais que dire de celle d'une machine. Chacun a son tour ; la machine poursuit le sien. On la monte, elle joue son rôle jusqu'à tomber dans le trou. Elle se conforme à ses règles ; et c'est aussi ce que fit M. Machine. Il poussa ses efforts, ses études ou plutôt ses manœuvres à Paris, à Leyde et à Reims, jusqu'à en venir à bout. Il fut créé docteur en M(édecine) n'est-ce pas assez d'honneur pour une machine ? »

Cet apport nous paraît devoir être souligné, au moment où précisément se codifient les genres littéraires qui accréditent l'illusion finaliste en présentant des vies illustres comme l'unité triomphante d'une vie cheminant vers sa fin en développant sa rationalité, soit les *éloges* et les *biographies*[45]. Rien n'est plus opposé à la conception lamettrienne. C'est pourquoi il conviendrait, pour comprendre son cheminement, de doubler le discours finalisé, celui accrédité par Frédéric II en son *Éloge de La*

Mettrie (1752), par ce discours futile qui suggère la contingence d'une existence *machinale* : « Il ravagea machinalement dans la république des lettres, se signalant entre autres par quelques institutions de M. (Boerhaave) qu'il mit au jour[46]. »

Traduisons donc en termes d'existence réelle, ne fussent-ils que des effets de sens apparents et des « manœuvres ». La Mettrie, né le 25 décembre 1709 à Saint-Malo, fit ses humanités au collège de Coutances, puis sa rhétorique dans une institution janséniste à Caen. Puis il suivit les cours de logique de l'abbé Cordier, ardent janséniste, au collège du Plessis, dans le but imposé par son père d'embrasser la carrière ecclésiastique — au point que le premier écrit du futur émule du matérialisme est un ouvrage d'apologétique janséniste : il est vrai qu'il avait quinze ans à peine. Mais, dégoûté de la théologie, il embrasse la physique, en suivant les cours du collège d'Harcourt en 1725, et change de vocation sur le conseil du médecin Hunauld. C'est à Reims en 1728 qu'il obtient le bonnet de médecin, après deux ans d'études médicales. Passage à l'athéisme par là même, comme pour justifier l'adage qui soutenait que pour trois médecins, on trouvait deux athées ! Mais déçu par sa pratique locale, La Mettrie se lie à Boerhaave, la sommité médicale de l'Europe, qu'il va voir à Leyde cinq ans plus tard. De retour, il « ravagea la république des lettres » en traduisant sept œuvres du maître[47], tandis qu'il publie une série d'ouvrages médicaux de son cru, notamment un *Traité du vertige* auquel il est encore fait allusion dans une note de *L'Homme-Machine*[48]. C'est de retour de Hollande qu'il commence son existence scandaleuse en se mettant en guerre ouverte avec la Faculté, comme on l'a vu.

En 1742 il quitte la république des lettres pour participer à une autre guerre, qui se déroulait dans les Flandres. Médecin aux gardes françaises auprès du duc de Grammont, il exerce pendant trois ans comme médecin militaire. Là se place un épisode déterminant : atteint de fièvre chaude au siège de Fribourg, il faillit mourir. Mais ce fut l'occasion d'une expérience d'où devait naître le second La Mettrie, philosophe de l'organisation et auteur de *L'Homme-Machine*. Observant sur lui-même le désordre des idées provoqué par le trouble du corps, il expérimentait sur le vif le *monisme*, pierre de touche de sa philosophie, c'est-à-dire l'unité de l'âme et du corps.

En voici la version officielle, celle de Frédéric II : « Pendant la campagne de Fribourg, M. de La Mettrie fut attaqué d'une fièvre chaude : une maladie est pour un philosophe une école de physique ; il crut s'apercevoir que la faculté de penser n'était qu'une suite de l'organisation de la machine, et que le dérangement des ressorts influait considérablement sur cette partie de nous-mêmes que les métaphysiciens appellent l'âme. Rempli de ces idées pendant sa convalescence, il porta hardiment le flambeau de l'expérience dans les ténèbres de la métaphysique ; il tenta d'expliquer, à l'aide de l'anatomie, la texture déliée de l'entendement, et il ne trouva que de la mécanique où d'autres avaient supposé une essence supérieure à la matière [49]. »

C'est là la scène primitive d'où va sortir un nouvel univers. L'autobiographie la décrit en des termes mythologiques qui en livrent le sens profond sous les dehors fantaisistes : « Cependant *Machine* fut mort en effet quelque temps. Il coucha tout étendu le long de la rivière d'*Achéron*. Son âme, ou plutôt sa matière, ressembla alors à une corde de violon, qu'on a relâchée. Il était enveloppé dans des ténèbres plus noires que le chaos, la nuit éternelle et les Cocytes... *Caron* ne s'aperçut pas sitôt de sa recrue, qu'il cria trois fois : Qui est là ? Ce qu'il fit d'un ton si terrible, que *M. Machine* se réveilla malgré lui. Cette fois sa machine se monta elle-même ; il avait soutenu pendant sa vie que cela était possible, et il en prouva la vérité par son exemple [50]. » Voyage aux frontières de la mort dont il revint avec son nouveau baptême, *omen et nomen*, de *M. Machine*. Il ne restait plus qu'à l'annoncer, ce qui fut le rôle de ses deux premiers ouvrages philosophiques, *Histoire naturelle de l'âme* et *L'Homme-Machine*.

Mais cette fois, il est devenu hors la loi, face aux médecins qu'il ne cesse de pourfendre et aux dévots qu'il provoque par ses ouvrages philosophiques. Dès le 9 juillet 1746 ses livres avaient été brûlés par le bourreau sur la place publique. Menacé lui-même dans sa personne, il se réfugia à Saz (près de Gand), puis à Leyde, où il rédigea *L'Homme-Machine*. Enfin, le 7 février 1748, il trouvait refuge à Berlin auprès de Frédéric II, qui recueillait les persécutés de la république des lettres pour redorer son blason de despote éclairé. Maupertuis, qui présidait l'aca-

démie royale de Prusse, le patronna. Il devint lecteur du roi et encensa celui qu'il appelait « le Salomon du Nord [51] ».

Il avait désormais libre carrière pour tirer jusqu'au bout les conséquences de sa philosophie, ce
qu'il fit dans une série d'ouvrages qui parurent
groupés en *Œuvres philosophiques* en 1751 à Berlin [52].
En six années, il était parvenu à organiser un système de la nature et de l'homme, moins systématique que celui, ultérieur, de D'Holbach, mais doté
d'une cohérence autour de la conception mécaniste
acquise en 1747. Écrits de physique et de « morale » [53].

Dans l'autobiographie fantaisiste, La Mettrie
décrit la mort de M. Machine. Il s'imagine assassiné
par un pédant d'université qui n'aurait pas toléré
son identité machinale, ce qui donne lieu à une
étonnante description de la mort comme événement
matériel : « Je suis *Machine*, dit-il. Quoi ! répondit
un certain pédant de quelque université, *Machine ?...* il le prit si furieusement à la gorge que
M. *Machine* ne put respirer. L'âme de *Machine*, ou
plutôt sa matière, se trouva pressée péniblement,
tâcha d'abord de se retirer par la trachée-artère ;
mais étant trop grossière pour pouvoir pénétrer par
ce canal étroit, elle se tourna çà et là jusqu'à prendre
le parti de glisser par-derrière. Et voilà la machine
terrassée et privée de la vie à jamais [54]. »

Dans la version réelle, La Mettrie mourut le
11 novembre 1751, non pas étranglé par un médecin, mais d'une indigestion à la suite d'un dîner chez
Milord Tyrconnel. Un pâté corrompu, dit-on, ter-

rassa sa machine. Mort machinale s'il en est, qui noue la fin réelle à la fin imaginée. Mort épicurienne à la Pétrone. Mort matérialiste en quelque sorte [55]...

« L'HOMME-MACHINE »,
ÉVÉNEMENT
IDÉOLOGIQUE

L'Homme-Machine s'éclaire tout d'abord par sa *situation* dans la diachronie de l'œuvre lamettrienne. Il exprime la période charnière décisive qui sépare l'œuvre médicale de La Mettrie de son œuvre philosophique. De 1733, date à laquelle ce médecin malouin commence à se former auprès de Boerhaave, jusqu'à 1742-1745 où il devient médecin militaire, La Mettrie semble ne pas éprouver le besoin de parler en son nom : il se veut le pur émule du discours médical rénové qui a trouvé en Boerhaave sa doctrine. En 1745, alors qu'il atteint sa trente-sixième année, il prend parti dans les grands enjeux métaphysiques par son *Histoire naturelle de l'âme,* par laquelle il se met aussi définitivement hors la loi dans la république des lettres. Mais pendant ces deux années où il a décidé de *prendre la parole matérialiste,* s'opère une évolution décisive qui le fait passer d'une sorte d'hylémorphisme à un machinisme radical, processus au cours duquel son matérialisme se radicalise.

Cet ouvrage marque donc le pas décisif dans son

œuvre et sa vie. Il coïncide avec son départ en Prusse
où il trouve refuge auprès de Frédéric II et amitié
auprès de Maupertuis. Après *L'Homme-Machine*, il
ne fera que développer son matérialisme mécaniste,
dans *L'Homme-Plante* (1748), *Les Animaux plus que
machines* (1750), *Réflexions philosophiques sur l'origine des animaux* (1750), *Abrégé des systèmes* (1750),
Le Système d'Épicure (1750) et *Vénus métaphysique,
essai sur l'origine de l'âme humaine* (1752). À sa mort,
paraissent ses *Œuvres philosophiques*, somme d'une
production de quatre années à peine où, l'interdit
levé, tout le message matérialiste s'est formulé avec
une sorte de joyeux acharnement.

Ainsi doit-on considérer *L'Homme-Machine*
comme un point d'aboutissement de la production
précédente — il est émaillé d'observations, comme
un traité médical — et comme un point de départ, le
seuil atteint par la réflexion matérialiste. Il doit être
lu comme il a été écrit : comme le jet âpre d'une libé-
ration, évangile de l'organisation matérielle.

Mais cet événement personnel intervient dans un
contexte politique et idéologique. Pour bien comprendre la réaction violente qui suivit la parution de
L'Homme-Machine, il convient de la restituer dans le
contexte politique et idéologique de cette fin de la
première moitié du xviiie siècle en France [56]. Il serait
érroné de croire qu'une inquisition permanente ait
régné sur la république des lettres pendant toute
cette période. La mort de Louis XIV et l'avènement
de la Régence avaient créé une période de remarquable libéralisme idéologique à partir de 1715.
Puis le ministère du duc de Bourbon (1723-1726)

« marque un retour au passé » qui s'accommode d'un relatif libéralisme, de même que la période de l'abbé de Fleury exerce un pouvoir pacifique : c'est en 1737 qu'on observe un brusque raidissement de la situation, lors de la disgrâce de Chauvelin, le Garde des Sceaux, à la suite de conflits avec Fleury. C'est pour le « parti religieux », farouchement ultramontain, l'occasion d'inspirer activement la politique, tandis que la mort de Fleury (1743) lui laisse les mains libres.

C'est dans ce climat soudain défavorable à la diffusion des idées libres que La Mettrie produit ses œuvres principales. C'est précisément en 1745-1750 que la faculté de théologie de Paris prétend exercer son pouvoir, rogné par le pouvoir royal : outre l'*Histoire naturelle* de Buffon ou les *Pensées philosophiques* de Diderot, elle met l'*Histoire naturelle de l'âme* de La Mettrie à son menu. Mais ce sont surtout les autorités civiles qui font preuve d'une rigueur accrue. L'homme qui, de 1725 à 1749, occupe la charge de ministre de la Maison du roi, qui a pour charge de surveiller et réprimer en matière de librairie, le comte de Maurepas, sceptique quant aux idées philosophiques, était lié au parti ultramontain dont il fit la politique en se posant comme vigilant « défenseur de l'ordre ». De même le procureur général au Parlement de Paris, bien que peu dévot, se méfie du caractère subversif des œuvres trop « hardies ». D'Aguesseau, longtemps chancelier de France, qui avait la charge importante de délivrer l'autorisation d'imprimer, sans être lié au parti ultramontain, dirigeait d'une main ferme la

Direction de la librairie, qui était devenue, sous la pression de ce mouvement général, un véritable ministère de la censure. Il faut songer que tout ouvrage ne pouvait paraître sans autorisation préalable et paraphe du manuscrit page par page par le censeur. Mais tout se jouait dans les modalités d'application : il se trouve que, dans notre période, celles-ci se durcissent visiblement et les censeurs jouent un rôle de plus en plus marqué. Enfin le lieutenant général de police, chargé de veiller à l'application des règlements d'imprimerie, était à la tête d'une petite armée chargée de faire la chasse aux dépôts clandestins d'ouvrages interdits ou aux imprimeries secrètes. Parallèlement une industrie de manuscrits clandestins alimente une littérature où se perpétuent les idées matérialistes.

Ainsi, jusque vers 1737-1745, les protestants et plus encore les jansénistes détournent l'attention de la censure des philosophes. La Mettrie se manifeste avec toute son audace idéologique au moment où, comme le rappelle Antoine Adam, « le conflit entre les autorités royales et les Lumières devient aigu ». « L'inquisition française » bat son plein dans les années qui marquent le tournant du siècle : à preuve les autodafés accrus, à preuve l'arrestation de Diderot en 1749. C'est le moment que La Mettrie choisit pour lancer dans l'arène idéologique cette bombe matérialiste qu'est *L'Homme-Machine*.

Aux Provinces-Unies où il parut, *L'Homme-Machine* ne pouvait pas recevoir un meilleur accueil. Cette terre de liberté qui avait tenu lieu d'asile aux philosophes était en effet à ce moment-là rendue sensible par les enjeux religieux aux thèses irréligieuses. Aussi le consistoire wallon de Leyde alerta-t-il les pouvoirs en sorte que la justice hollandaise condamna *L'Homme-Machine* à l'autodafé.

C'est ainsi que parut une série de réfutations qui, sous la plume d'un certain Tralles ou de Ploucquet [57] dénoncèrent ce *pestilentissimum libellum*. Haller s'empressa de dénoncer son gênant émule [58]. En Allemagne même, il est curieux de relever que Lessing le réfuta en vers [59].

GÉNÉALOGIE DU THÈME
DE « L'HOMME-MACHINE »

Mais cet événement était l'aboutissement d'une longue histoire. Pour saisir le sens idéologique du moment où se fixe la thèse de *L'Homme-Machine*, il convient de reconstituer la généalogie d'un thème qui chemine dans la conscience historique depuis un siècle et demi. Autrement dit ce qui se fixe en manifeste mécaniciste en 1748 a été rendu possible par une procédure précise qui l'a imposé au monde scientifique et idéologique : de ce point de vue, La Mettrie ne fait que formuler *expressis verbis* et jusqu'à son extrémité théorique une idée qui se forme et insiste depuis la fin du premier tiers du XVIIᵉ siècle. C'est donc rapporté avec quelque précision à cette procédure que l'événement de *L'Homme-Machine* prend toute sa signification.

a) *Le modèle galiléen*

Il faut en effet remonter à la révolution que provoqua Galilée dans la conception physique du monde.

C'est le moment où le schème mécanique s'impose comme déchiffrement du monde, ce qui suppose l'obsolescence de la représentation « astrobiologique » du cosmos. Il faut partir de cette « crise d'extraversion de la conscience collective, qui devient capable de quitter la *Natura mater* pour concevoir une Nature mécaniste [60] » et qui s'opère entre 1600 et 1640. La première condition logique de la thèse de *L'Homme-Machine* s'est réalisée à ce moment-là, avec l'émergence de ce « modèle mécaniste » qui « a son principe dans l'émerveillement devant la machine, élevée à la dignité de clef ou de parabole pour la compréhension du monde et de l'homme [61] », remplaçant l'intuition d'un monde assimilé à un animal et régi par les lois astrales.

Forgé en référence à l'astronomie, ce schème mécaniste devient une grille de déchiffrement qui investit l'image du monde : ce prisme mécanique universel est formulé avec netteté par Boyle dès 1663 : « Chacun sait combien les figures et les modèles sont nécessaires pour la construction des bateaux, édifices, machines et autres structures. Non seulement la mécanique, les mathématiques et l'anatomie ont besoin de schémas pour éclaircir les idées, mais beaucoup de réalités physiques peuvent être éclairées de cette manière. Si Descartes a été le premier introducteur de cette méthode, nous devons lui en être obligés ; car, comme dit Platon, Dieu agit toujours géométriquement ; de même, la nature, en bien des cas, agit mécaniquement, dans les animaux, les plantes et bien d'autres corps [62]. » Les corps sociaux eux-mêmes n'échappent pas à ce modèle, au point que Hobbes présente « ce grand Léviathan qu'on appelle *chose publique*, ou *État* » comme « un homme artificiel, quoique d'une taille beaucoup plus élevée et d'une force beaucoup plus grande que l'homme naturel, pour la protection et la défense duquel il a été imaginé[63] ». La souveraineté elle-même, principe du corps politique, est assimilée à « une âme artificielle, puisqu'elle donne la vie et le mouvement au corps tout entier ». L'État même n'est donc qu'« un animal artificiel », dont les magistrats sont les « articulations ».

Une image privilégiée exprime cette conception, celle de l'horloge, dont on peut trouver la trace encore dans *L'Homme-Machine*[64]. Le principe consiste en un dispositif entièrement mécanique qui suppose la substitution à l'écoulement continu d'un fluide, du mouvement discontinu d'un rouage à roues et pignons dentés. C'est de la méditation de la possibilité de l'horloge que naquit en partie l'intuition de *L'Homme-Machine* : soit une énergie fournie par un poids ou un ressort et restituée par une série d'impulsions à un « échappement » agissant lui-même sur un pendule fonctionnant comme régulateur. N'était-ce pas l'image même du schème mécanique, celle d'un mouvement autoréglé ? Huyghens parvint à parfaire ce schème en réalisant un régulateur ayant sa période propre, c'est-à-dire un résonateur, par l'application du pendule et du balancier-spiral, ouvrant la voie à la chronométrie.

Ce n'est pas un hasard si Descartes, qui élève le schème mécanique à l'universalité d'une *méthode*, le cristallise dans l'intuition parabolique de l'horloge, du *Traité de l'homme* aux *Principes de la philosophie* : « Nous voyons des horloges, des fontaines artificielles, des moulins et autres semblables machines qui, n'étant faites que par des hommes, ne laissent pas d'avoir la force de se mouvoir elles-mêmes en plusieurs diverses façons, et il me semble que je ne saurais imaginer tant de sortes de mouvements en celle-ci, que je suppose être faite des mains de Dieu, ni lui accorder tant d'artifice, que vous n'ayez sujet de penser qu'il y en peut avoir encore davantage[65]. » C'est dire on ne peut plus clairement que l'horloge sert à exhiber un modèle cosmologique : « Toutes les choses qui sont artificielles sont avec cela naturelles. Car, par exemple, lorsqu'une montre marque les heures par le moyen des roues dont elle est faite, cela ne lui est pas moins naturel qu'il l'est à un arbre de produire des fruits[66]. » Image qui se prolonge en Leibniz : « Tout ce qui se fait dans le corps de l'homme et de tout animal est aussi mécanique que ce qui se fait dans une montre[67]. »

b) *Le modèle cartésien et la question des animaux-machines*

Cette entreprise de mécanisation du monde se cristallise dans une théorie qui, en alimentant d'interminables controverses, va assurer au schème mécaniste une sorte de popularité : celle des *animaux-machines*. En fait, cette théorie s'inscrivait dans une polémique engagée dès le XVIe siècle sur l'âme des bêtes[68]. Un certain Rorarius[69] soutint que les bêtes se servent de la raison mieux que les hommes, thème repris par les moralistes, Montaigne[70] puis Charron[71]. Par opposition, Gomès Pereira soutint la thèse de l'automatisme des bêtes[72]. Descartes tranche la question en la posant sur le terrain strict de la physique et de la physiologie, mais avec un enjeu métaphysique exacerbé par les controverses théologiques.

Un passage de la cinquième partie du *Discours de la méthode* exprime sa position. Évoquant ces « divers *automates,* ou machines mouvantes » que « l'industrie humaine peut faire, sans y employer que fort peu de pièces, à comparaison de la grande multitude des os, des muscles, des nerfs, des artères, des veines et de toutes les autres parties qui sont dans le corps de chaque animal », Descartes invite à considérer le corps humain lui-même comme « une machine qui, ayant été faite des mains de Dieu, est incomparablement mieux ordonnée et a en soi des mouvements plus admirables qu'aucune de celles qui peuvent être inventées par les hommes ». Allons plus loin : « S'il y avait de telles machines qui eussent les organes et la figure extérieure d'un singe ou de quelque autre animal sans raison, nous n'aurions aucun moyen pour reconnaître qu'elles ne seraient pas en tout de même nature que ces animaux[73]. » Tel est donc l'animal : une machine qui ressemble à un « animal » ! Plus besoin dès lors de cette âme sensitive qui servait pour l'École à l'animer : pure combinaison de figures et mouvements, il sert à exhiber une *res extensa* dont la sensibilité même n'est qu'apparente.

La correspondance est plus explicite encore. Il récuse que les bêtes agissent « par un principe intérieur semblable à celui qui est en nous, c'est-à-dire par le moyen d'une âme qui a des sentiments et des passions comme les nôtres ». Aussi campe-t-il le curieux scénario d'« un homme, qui aurait été nourri toute sa vie en quelque lieu où il n'aurait jamais vu aucuns autres animaux que des hommes, et où, s'étant fort adonné à l'étude des mécaniques, il aurait fabriqué ou aidé à fabriquer plusieurs automates, dont les uns avaient la figure d'un homme, les autres d'un cheval, les autres d'un chien, les autres d'un oiseau, etc., et qui marchaient, qui mangeaient et qui respiraient, bref, qui imitaient, autant qu'il était possible, toutes les autres actions des animaux ». « Il n'y a point de doute, conclut-il, que cet homme, voyant les animaux qui sont parmi nous,... ne jugerait pas qu'il y eût en eux aucun vrai sentiment ni aucune vraie passion, comme en nous, mais seulement que ce serait des automates, qui, étant composés par la nature, seraient incomparablement plus accomplis qu'aucun de ceux qu'il aurait faits lui-même auparavant[74]. » Au marquis de Newcastle, il répète que les bêtes « agissent naturellement et par ressorts, ainsi qu'une horloge, laquelle montre bien mieux l'heure qu'il est que notre jugement ne nous l'enseigne » ; hirondelles, mouches à miel, singes, chiens et chats « agissent... comme des horloges[75] ». C'est dans le même esprit que Mersenne, dans son *Harmonie universelle*, s'émerveille devant « le mouvement d'un moucheron, qui tout seul contient et renferme plus de merveilles que tout ce que l'art des hommes peut représenter : de sorte que si l'on pouvait acheter la vue de tous les ressorts qui sont dans ce petit animal, ou bien apprendre l'art de faire des automates et des machines qui eussent autant de mouvements, tout ce que le monde a jamais produit en fruits, en or et en argent ne suffirait pas pour le juste prix de la simple vue desdits ressorts [76] ».

Pourtant l'idée, si apparemment contraire au sens commun, suscita un débat — passionné à partir de 1675, comme l'a montré H. Busson — qui porta la question jusqu'à La Mettrie. Régis, cartésien, préfère soutenir que l'existence de l'âme des bêtes est incertaine [77]. Bossuet donne un crédit non négligeable à l'hypothèse cartésienne, qui ne reconnaît dans l'instinct des animaux « autre chose qu'un mouvement semblable à celui des horloges et autres machines [78] », en admettant qu'elle évite les inconvénients du sentiment, mais finit étrangement par attribuer aux animaux une âme mitoyenne, ni étendue ni spirituelle ! Fénelon ne se prononce pas dans le débat qu'il met en scène sur ce point entre Aristote et Descartes [79]. Fontenelle en revanche défend la thèse de l'instinct, malgré ses sympathies cartésiennes [80], tandis que Malebranche soutient le mécanisme [81]. Rohault y souscrit également [82], ainsi que Port-Royal [83].

Mais c'est un fait important pour mesurer l'originalité de La Mettrie que de constater qu'avec Voltaire qui raille ceux qu'il appelle « les inventeurs des tournebroches [84] », « tout le XVIIIᵉ siècle se moque de l'automatisme [85] ». Cela n'empêche pas un courant d'assurer la continuité de la tradition automatiste[86], mais c'est pour incliner vers l'hypothèse, défendue comme un paradoxe intéressant. Seul La Mettrie en excipe comme d'un fait essentiel, déclarant que Descartes « a connu la nature animale », qu'il a « le premier parfaitement démontré que les animaux étaient de pures machines ». C'est à cause d'« une découverte de cette importance » qu'il affecte de lui « faire grâce de toutes ses erreurs », « réparées par cet aveu[87] ». Chose remarquable : la thèse qui, un siècle et demi plus tôt, pouvait se concilier encore avec la théologie, devient le fer de lance du matérialisme.

Il n'empêche que l'on méconnaîtrait le problème de la filiation de l'animal-machine cartésien et de l'homme-machine lamettrien en postulant une continuité naturelle entre les deux hypothèses. De l'une à l'autre, en apparence, il n'y avait qu'un pas, mais ce pas engageait un monde. Le rapport à Descartes est de ce point de vue un révélateur pour cerner différentiellement le sens du mécanisme propre à La Mettrie.

Pour Descartes, la réduction de l'animal à une « machinerie » a pour effet — dont certains théologiens feront même une finalité[88] — de garantir à l'homme son privilège métaphysique, qui consiste en la pensée, ce qui engage aussi bien l'immortalité de son âme. C'est ce qui préserve Descartes de la tentation de traiter l'homme comme une machine, autrement que comme participant à la *res extensa*. Ou si l'on préfère l'homme n'est déchiffré à travers la figure mécanique qu'*en tant qu'animal* justiciable d'une investigation anatomique ; *en tant qu'homme*, il participe de la *res cogitans* qui l'assure de l'éminence et de la différence ontologique.

C'est en ce sens qu'il faut prendre les phrases qui, sous la plume de Descartes, anticipent si étonnamment l'image de l'homme-machine, tout en le localisant en un autre lieu. Tel le célèbre début du *Traité de l'homme* : « Je suppose que le corps n'est autre chose qu'une statue ou machine de terre que Dieu forme tout exprès pour la rendre la plus semblable à nous qu'il est possible : en sorte que non seulement il lui donne au-dehors la couleur et la figure de tous nos membres, mais aussi qu'il met au-dedans toutes les pièces qui sont requises pour faire qu'elle marche, qu'elle mange, qu'elle respire, et enfin qu'elle imite toutes celles de nos fonctions qui peuvent être imaginées procéder de la matière et ne dépendre que de la disposition des organes [89]. » « Dieu a fabriqué notre corps comme une machine et il a voulu qu'il fonctionnât comme un instrument universel, opérant toujours de la même manière selon ses propres lois », disait l'*Entretien avec Burman* [90].

Si La Mettrie en apparence ne semble pas avoir dit autre chose, l'enjeu est bien différent. C'est que chez Descartes, la thèse de l'animal-machine est la conséquence du dualisme de l'âme et du corps, dont il constitue en même temps la confirmation expérimentale ; tandis que chez La Mettrie, la thèse de l'homme-machine confirme le monisme radical qu'il sert à exhiber.

On voit qu'il ne suffisait pas de s'emparer du schéma cartésien et de l'étendre de l'animal à l'homme pour penser l'homme-machine : c'est le schéma dualiste qu'il fallait dépasser. Mais c'est l'ironie de la dialectique historique des idées que le dualisme exigeait, pour se penser en sa radicalité, une thèse extrême et paradoxale où la thèse matérialiste pourra faire son lit et dont elle pourra se recommander comme anticipation.

Un repère permet de juger de cette étrange filiation. Il a existé un cartésianisme qui a systématisé le mécanisme de Descartes en l'étendant à l'âme même, selon des modalités diverses, comme Louis de La Forge ou le médecin Leroy à la fin du XVIIᵉ siècle. Ce n'est pas la démarche de La Mettrie qui, au lieu de spécifier le dualisme, en mécanisant l'esprit, contourne le dualisme même par une théorie de l'organisation moniste. Dès lors le schème mécanique sert à déchiffrer la matérialité de l'union de l'âme au corps.

Il nous faut donc, pour comprendre la genèse de l'idée, renoncer à une continuité intuitive de Descartes à La Mettrie, et admettre une *bifurcation*. Si l'un et l'autre participent du modèle physique galiléen, La Mettrie retrouve le mécanisme par une voie spécifique : c'est celle, patente dans sa biographie intellectuelle, d'une certaine tradition médicale et physiologique.

c) L'iatromécanisme : l'école de Boerhaave

La médecine et la physiologie ont également fait leur révolution galiléenne. Lorsqu'il établit les lois de la circulation du sang, William Harvey fournit la première représentation figurée de la mécanique d'une fonction corporelle [91]. Le mécanisme et le rôle du cœur (*cordis motus actio et functio*) sont reconstitués comme l'ordre et la succession des opérations qui aboutissent à une *translation* du sang des veines aux artères. Ainsi se trouve décrit un circuit qui va de la veine cave aux artères, ou encore du ventricule droit au véhicule gauche du cœur, puis du ventricule droit, à travers les poumons, dans l'artère veineuse et le ventricule gauche. Le mouvement circulaire du sang, en sa nécessité fonctionnelle, qui fait que la projection incessante à chaque systole nécessite le retour du sang par les veines au ventricule droit, fixe l'image la plus achevée de la mécanique corporelle. Ce n'est pas un hasard si Harvey trouve pour l'exprimer une image astronomique : il compare le mouvement circulaire du sang aux effets que le Soleil, suivant sa position face à la Terre, produit sur l'évaporation des eaux dont elle est imprégnée ; leur condensation en nuages, les chutes de pluie et enfin le retour des eaux à la Terre, suscitent le retour d'un nouveau cycle. Représentation qui, curieusement, en assimilant le cœur au soleil, postule un héliocentrisme. Ainsi « le sang revient alors à son point de départ, c'est-à-dire au cœur, comme vers sa source au foyer du corps, pour y reprendre sa perfection ». Dès lors en tout cas, le médecin, fort des lois de la nécessité physiologique, peut se poser comme l'astronome du corps, comme le dira l'auteur de *L'Homme-Machine* [92].

Seulement, il y a lieu de distinguer cette mécani-

sation de la médecine, *via* la physiologie — projet
bien illustré par Descartes aussi bien que par Harvey —, d'une problématique qui s'alimente dans les
plus anciennes controverses doctrinales de la médecine et qui spécifie ces enjeux grâce à la mécanisation. En effet, alors que Descartes applique la rationalité mécanique venue de la physique, une autre
forme de mécanicisme se promeut de l'intérieur
même de la pratique médicale. Bien que ces deux
mouvements convergent et se mêlent intimement, il
convient de les distinguer pour comprendre la spécificité du mécanisme lamettrien.

La pratique médicale se relie en effet à une tradition spécifique qui vient d'Hippocrate. L'hippocratisme combine une représentation de l'*âme*, une
théorie des *humeurs* et une conception de la *nature*.
Le corps apparaît comme commandé par un principe directeur, l'âme rationnelle elle-même pilotant
l'âme sensible et assurant sa fonction grâce à ce
qu'Hippocrate appelle *to enormon* ; il est d'autre part
défini par une combinaison d'humeurs (sang,
pituite, bile jaune, bile noire), dont le dosage définit
l'état de santé ; enfin, il est animé par une force
vitale, la nature (*phusis vis natura medicatrix*) — qu'il
s'agit de rétablir en la réactivant, ce qui constitue la
méthode expectative. C'est dans ce cadre hippocratique que se pose tout problème médical au
XVIIIe siècle encore. *L'Homme-Machine* se réfère
encore à Hippocrate comme à une autorité [93].

Mais l'hippocratisme a subi des ébranlements et
des spécifications : le solidisme alexandriste amende
la théorie des humeurs, le galénisme lui donne des

bases par l'anatomie pathologique, la chimiatrie des XVᵉ-XVIᵉ siècles le spécifie par une théorie inspirée de l'alchimie animiste, l'anatomie et la physiologie naissante aux XVIᵉ-XVIIᵉ siècles, de Vésale à Harvey, la renouvelle, ce qui aboutit à l'anatomie pathologique (Morgagni, Leeuwenhoeck, Malpighi) et à la création d'une véritable clinique (Sydenham). Dans cette cascade de péripéties fécondes, il convient pour notre propos de dégager l'épisode doctrinal qui prépare La Mettrie, soit l'*iatromécanisme*. Il faut le faire remonter, avant même le mécanisme harveyen et cartésien, au médecin padouan Santorio Santorio : avec lui, l'intelligibilité mécanique investit le cadre hippocrato-galéniste, mais en s'y combinant. Avec Borelli et son disciple Bellini [94], l'iatromécanisme se systématise comme une réaction face aux « facultés » de Galien et l'archéisme, contre la chimiatrie et l'humorisme : nutrition et sécrétion sont réduites à des phénomènes physiques et mécaniques. Avec Baglivi se présente une tentative de conciliation entre la doctrine hippocratique et les idées mécaniques dans un contexte solidiste. Ce mouvement aboutit à l'ambitieuse synthèse de Boerhaave (1668-1738). L'iatromécanisme a désormais atteint la maturité expérimentale. C'est par son intermédiaire que le médecin La Mettrie entre dans l'histoire des doctrines médicales, et il se dira toujours disciple de Boerhaave. « Je lui dois le peu que je vaux », dira-t-il en 1748 dans *L'Ouvrage de Pénélope*.

Docteur en médecine en 1693, Boerhaave commence à exercer son influence à l'université de

Leyde en 1701. Son mécanisme se fonde sur un agnosticisme : dans son discours de 1702 *De usu ratiocinii mechanici in medicina*, il affirme à la fois la nature inconnaissable des corps et la nécessité de chercher dans l'expérience sensible les effets observables des corps. Il s'agit, comme en astronomie, de noter les apparences. C'est là en quelque sorte le manifeste de la méthode expérimentale, émanée des physiciens et médecins hollandais, et dont La Mettrie est encore le répondant au milieu du siècle. C'est de même une méthode inspirée de Newton que S'Gravesande soutient à Leyde à partir de 1717, tradition reprise par Musschenbroeck dans son discours de 1730 *De methodo instituendi experimenta physica* à Utrecht. C'est lui qui succéda à Boerhaave à Leyde, en 1739. Ainsi lorsque Boerhaave disparaît, en 1740, son école a investi le monde scientifique et médical.

Pierre Brunet a montré l'influence de cette école hollandaise en France au XVIIIe siècle[95]. En 1731 Boerhaave avait du reste été élu à l'Académie des sciences de Paris. Cet événement « vint encore resserrer les liens des savants français avec les expérimentateurs hollandais ; si bien que, deux ans après, une seconde édition de ses *Éléments de chimie* parut à Paris, à l'époque où La Mettrie en partait pour aller suivre à Leyde les leçons du grand maître. Celui-ci prisa fort, dit-on, son jeune disciple, qui, de son côté, resta toujours très attaché à la méthode puisée dans l'enseignement de son illustre professeur[96] ». De retour en France, La Mettrie se fait le diffuseur zélé des idées boerhaaviennes.

En quoi consiste donc la méthode expérimentale appliquée par Boerhaave à la médecine ? En prenant possession de sa chaire à Leyde, « il établit la nécessité d'étudier Hippocrate [97] ». On voit que la filiation hippocratique est confirmée. Mais dans son discours défendant l'expérience, « il prouva qu'il règne une parfaite harmonie entre les parties solides et les parties fluides du corps humain ; que les ressorts qui conservent la vie, sont en très petit nombre et agissent d'une manière très simple ; que les aliments éprouvent de très légers changements ; et que si on avait une connaissance exacte des solides et de la nature des humeurs, on verrait que tout s'exécute aisément, suivant les lois de la mécanique [98] ».

« Son système sur la médecine, précise Savérien, était de n'en point avoir. » Même défiance des systèmes dans *L'Homme-Machine* [99]. « Il ne se fondait que sur l'expérience, et laissait là toutes les hypothèses, quelque ingénieuses ou vraisemblables qu'elles puissent être. » Même référence à l'expérience chez La Mettrie : ses déclarations dans ce sens sont de pure inspiration boerhaavienne [100].

C'est dans ses *Institutiones medicae* (1707) et ses *Aphorismi de cognoscendis et curandis morbis* (1708) que Boerhaave expose ses idées, méditées avec ferveur par La Mettrie vingt ans plus tard. L'année même de la naissance de La Mettrie, nommé professeur de médecine, Boerhaave soutenait dans son discours sur la simplicité naturelle de la médecine que « le mouvement des fluides et la différente résistance des solides sont les deux principes de la constitution du corps humain », en sorte que « c'est par ces

principes qu'on doit expliquer tout ce qui lui arrive
en santé et en maladie ».

On voit que le mécanisme boerhaavien se distingue par son origine médicale du schéma cartésien. La polémique avec le cartésien Andala en 1715
l'illustre bien. Boerhaave avait soutenu dans un discours que les principes des choses ne peuvent être
connus et il attaqua Descartes, parmi « les philosophes qui ont prétendu connaître ces principes [101] », au même titre du reste que Newton, Gassendi ou Huyghens. C'est donc au nom d'un
phénoménalisme strict que Boerhaave soutient le
mécanisme. Démarche qui se distingue du mécanisme cartésien, qui ramène la visibilité des corps à
des figures et des mouvements. Tel est le sens de son
*iatro*mécanisme qu'il se présente comme le mécanisme d'un médecin se référant à la singularité clinique de l'observation.

Aussi, Boerhaave soutient la thèse de l'animal-
machine : il le conçoit comme « une machine
hydraulique, qui existe et se soutient par le mouvement continuel des humeurs dans les vaisseaux, par
le moyen desquels elle tire la matière de sa nourriture, comme les plantes le font par leurs racines [102] ».
Mais on voit que le schème mécanique s'accommode à l'humorisme, mode de déchiffrement médical des apparences. On touche là à un point essentiel. Pour Descartes, le mécanisme sert à *expliquer*,
quitte à dépasser l'illusion du phénomène : ainsi
sert-il à concevoir, sous la défroque visible de l'animal, sa réalité mécanique, son principe réel. Chez
Boerhaave, c'est parce que le principe réel est incon-

naissable que le mode de déchiffrement mécanique
s'impose pour « sauver les apparences ».

On voit l'importance de penser ce passage spécifique par l'iatromécanisme boerhaavien pour saisir
la genèse de l'homme-machine. Chez La Mettrie
également, c'est le caractère inconnaissable de la
matière qui impose le schème mécanique comme
mode de déchiffrement anthropologique. L'*organisation*, maître mot de *L'Homme-Machine*, nomme
cette rationalité du visible qui est aussi bien *mécanique*.

d) L'art des automates : Vaucanson

Ce n'est pas un hasard enfin si, au moment précis
où émerge dans la pensée lamettrienne cette idée de
l'organisation, un « homme de l'art » nommé
Jacques Vaucanson va forger ses fameux automates
qui figurent l'*Homo artifex*. C'est en effet dans les
années 1730-1750 que devient enfin visible, forgé
par les dispositifs de l'*art*, ce que le mécanisme se
représentait à travers la phénoménalité des corps
vivants. Fascinant effet de miroir, où l'art reflète la
nature, sans qu'on sache finalement ce qui reflète et
ce qui est reflété. L'automate ne mime pas le vivant,
il en exhibe la *vérité*. Puisque le vivant était représenté depuis un siècle et demi comme Machine, la
machinerie de l'automate, au lieu de copier le
vivant, le *réalise*. Voilà pourquoi l'automate n'est pas
simplement la copie, en ressorts et rouages, de
l'homme en chair et en os : comme un discours

insistant le disait depuis si longtemps comme
machinerie, le vivant *apparaît* dans et par la machinerie. C'est pourquoi, dans la perception des automates de Vaucanson, le regard scientifique ne voit
pas seulement le jeu d'une mécanique qui imite le
vivant, mais le vivant lui-même, identifié dès longtemps comme mécanique, avouer sa vérité. La réalité s'avoue comme fiction, dans l'intuition que livre
l'automate. Dès lors un lien unit le technicien Vaucanson et le philosophe La Mettrie. Non pas que
l'automate donnerait l'idée de l'homme-machine :
mais dès lors que, sous sa figure, l'homme-machine
est donné à *voir*, une nécessité s'impose dans le discours philosophique de le *nommer* — tâche longtemps ajournée — et de le fonder par le discours.

Ce n'est pas assurément que Vaucanson invente
l'automate, ni même qu'il le révèle à la conscience
scientifique [103]. Dès l'Antiquité apparaissent les
mechanopoioi, dont le plus illustre, Héron d'Alexan-
drie, indique, en son *Traité des pneumatiques*, les procédés de construction. Le goût des automates, passé
de Byzance et de Bagdad en Occident médiéval, se
ravive avec la Renaissance. Le mot lui-même s'impose chez Rabelais, et Léonard de Vinci construit
un lion animé comme pour matérialiser ses
recherches anatomiques [104]. C'est la généralisation
de la mode des jeux d'eau et des automates dans les
jardins princiers qui maintient l'automate dans le
décor où Descartes peut les voir, en 1630, pour ali-
menter sa vision du monde mécaniste, vers l'époque
où Salomon de Caus [105] décrit les premières
machines à programme. Mais avec Vaucanson, né

symboliquement la même année que La Mettrie,
l'automatisme se hausse au niveau d'une technê
biomécanique.

André Doyon et Lucien Liaigre ont minutieusement étudié la genèse de cette révolution [106] opérée
par ce Dauphinois qui devait réaliser le rêve entre-
tenu de Marsile Ficin [107] à Descartes. C'est vers
1732, au moment où La Mettrie se forme à l'iatromécanisme auprès de Boerhaave, que Vaucanson
entrevit l'idée de construire des anatomies vivantes
reproduisant les principales fonctions vitales, respi-
ration, digestion, circulation — conseillé en cela,
significativement, par un chirurgien, orfèvre en
mécanique vivante, J.-B. Le Cat. Ce projet ajourné,
Vaucanson forge un *Joueur de flûte* androïde assis de
1,50 m, exécutant rigoureusement les mêmes opérations qu'un joueur de flûte vivant et jouant douze
airs. Il fut suivi d'un *Joueur de tambourin* et surtout
d'un *Canard* digérateur. Celui-ci exhibait la motricité (il battait des ailes), la manducation (il mangeait
des grains) et même la digestion — il rendait le grain
digéré. La conscience scientifique pouvait se mettre
sous les yeux la théorie iatrochimique longuement
conçue — ceci au moment où La Mettrie traduisait
et diffusait Boerhaave.

En 1741 Vaucanson propose encore une « figure
automate qui imitera dans ses mouvements les opérations animales... et pourra servir à faire des
démonstrations dans un cours d'anatomie [108] ». En
1744, au moment où La Mettrie va commencer son
œuvre philosophique, le chirurgien Le Cat décrit à
l'académie de Rouen « un homme artificiel ou auto-

mate où il espérait faire voir toutes les opérations de l'homme vivant[109] ». Le schéma d'Harvey trouvera même sa matérialisation artificielle avec la construction d'un automate à circulation du sang[110]. Enfin il s'attaquera à la difficulté suprême, en concevant un automate *parleur*.

Ce dernier point était particulièrement sensible, depuis que Descartes avait assigné le langage comme différence distinctive de l'animal et de l'homme, dans le texte même où il réduisait l'animal à une simple machine. En réalisant un animal parleur, Vaucanson radicalisait le mécanisme cartésien en faisant de l'homme même un animal-machine parleur ! C'est pourquoi La Mettrie sera aussi si sensible, dans *L'Homme-Machine*, à la question du langage[111].

On voit la portée de l'innovation de Vaucanson dans la généalogie de l'homme-machine. Par ses automates, il ne faisait pas que complexifier un art ancien, il en changeait la fonction en le faisant passer d'un simple art de simulation au statut de technê fournissant une intuition *in concreto* à l'épistémê mécaniste. En sorte qu'alors que les automates antérieurs tiraient leur attraction de ce qu'ils imitaient la nature, les automates de Vaucanson marquent le glissement de la conscience historique : c'est la nature elle-même qui se présentifie comme automate, « plus vrai que nature », si on veut, s'il est vrai que, depuis Galilée, le mouvement est cet *artifice* qui assigne à l'homme sa *nature*.

Nous sommes ainsi parvenus au moment où les diverses composantes de l'idée sont réunies. C'est

ainsi que, dans le cours de l'année 1747, le médecin
La Mettrie, réfugié à Leyde, capitale de l'iatromécanisme, à la suite de sa polémique contre les médecins officiels rédigea cet *Homme-Machine* par lequel
il allait élever ce long processus de quête à la netteté
audacieuse d'une *thèse*.

e) Le combat mécaniste
et la physiologie hallérienne

Encore faut-il, après avoir replacé *L'Homme-
Machine* dans la continuité du processus qui l'appelait, relever aussi un certain décalage entre son
outrance mécaniste et le contexte immédiat.
Jacques Roger, qui a si exhaustivement sondé le
mouvement des « sciences de la vie dans la pensée
française du XVIIIᵉ siècle », a souligné « les mésaven-
tures du mécanisme [112] ». Après avoir pris acte qu'« à
partir de 1670, le mécanisme biologique est adopté
par tous les savants et tous les philosophes que l'esprit moderne a touchés », que « tous, cartésiens ou
anticartésiens, gassendistes, chimistes ou éclec-
tiques, sont persuadés du caractère mécanique des
phénomènes vitaux », de sorte que « donner une liste
des biologistes mécanistes en 1700 reviendrait à
citer tous les auteurs [113] », il prend acte ensuite d'une
sorte d'essoufflement, de sorte qu'on deviendrait
sensible, après avoir été gavé de litanies mécanistes
à satiété, aux limites de l'explication. Les hésitations
de Claude Perrault, pourtant auteur de cette *Mécanique des animaux* que prise La Mettrie [114], les objec-

tions de Leibniz avaient fait vaciller la certitude
mécaniste. Non que le mécanisme soit balayé, mais,
au lieu de la clé cosmologique qu'elle tendait à être,
« l'explication mécaniste du monde devient une vue
de l'esprit », tandis que « le *Traité de l'homme* de Descartes est universellement considéré comme une
fable ingénieuse [115] ».

Cette évolution se traduit par plusieurs signes.
D'une part, alors que le schéma mécaniste au
moment de sa découverte valait par sa simplicité, on
devient attentif à la complexité des êtres vivants.
D'autre part, avec l'animisme stahlien et l'entélé-
chie leibnizienne, l'idée de passivité de la matière
liée à l'explication mécaniste est battue en brèche :
d'où « ce brusque retour à des explications par des
forces incompréhensibles, principes hylarchiques,
natures plastiques ou autres », de sorte qu'après la
passion pour la luminosité de l'explication mécaniste, « les chimères commencent à revenir et plai-
sent, parce qu'elles ont quelque chose de merveilleux », tant on semble « s'ennuyer de la lumière ».
Enfin, au mécanisme général de Descartes se substi-
tue « un nombre toujours plus grand de mécaniques
particulières [116] », celles que matérialisent les êtres
vivants ou les automates — au point que le terme
même de mécanique se galvaude.

Le repérage de cette évolution permet de rappeler
que la position hypermécaniste de La Mettrie, si elle
est préparée à long terme par un mouvement général, apparaît au moment où on a assisté à une réaction antimécaniste importante. Militer vers 1740
pour les idées de Boerhaave, quelle que fût la répu-

tation européenne du savant, c'était défendre une
position contestée, souterrainement ou explicitement, par une contre-offensive décidée. Dans une
certaine mesure, La Mettrie est même obligé de
tabler sur un « paradigme » scientifique, pour
employer les termes de Kuhn[117], qui apparaît
quelque peu récessif au milieu du XVIIIe siècle — ce
n'est pas un hasard si nombre de ses référents se
situent dans le dernier quart du siècle précédent.
Oser affirmer le mécanisme prend alors le sens
d'une véritable mission, s'il est vrai que le vent a
quelque peu tourné en sa défaveur. Dans cette perspective, *L'Homme-Machine* apparaît, autant que
comme un achèvement, comme une contre-offensive, sinon anachronique, du moins quelque peu
intempestive. C'est cette « témérité » que La Mettrie
revendique en s'évoquant lui-même et en faisant
mine de se récuser, au début des *Animaux plus que
machines*, deux ans plus tard : « Avant Descartes,
aucun philosophe n'avait regardé les animaux
comme des machines. Depuis cet homme célèbre,
un seul moderne des plus hardis s'est avisé de réveiller une opinion, qui semblait condamnée à un oubli
et même à un mépris perpétuel, non pour venger
son compatriote, mais portant la témérité au plus
haut point, pour appliquer à l'homme sans nul
détour ce qui avait été dit des animaux, pour le
dégrader, l'abaisser à ce qu'il y a de plus vil, et
confondre ainsi le maître et le roi avec ses sujets[118] ».

Or ce projet mécaniste s'appuie sur une pratique
déterminée, celle de la *physiologie*, à laquelle
Albrecht von Haller donne, à la même époque, sa

codification scientifique. Ce n'est pas fortuitement que *L'Homme-Machine* est dédié à Haller[119]. Celui-ci applique à l'expérimentation du corps un schéma de déchiffrement néomécanique, accomplissant ainsi le vœu formé par son maître Boerhaave. Le corps se représente comme un ensemble d'organes articulé, dont l'unité de base est la *fibre*. Cet univers fibrillaire se déploie en deux sphères, celle de l'irritabilité musculaire et celle de la sensibilité nerveuse[120].

C'est ce mécanisme neuromusculaire, à la fois support d'une expérimentation précise et démontré par cette expérimentation, qui permet à La Mettrie de renouer avec la tradition mécaniste, tout en lui donnant une assise expérimentale. *L'Homme-Machine* est à ses yeux, et au scandale de Haller lui-même, honteux de ce rejeton matérialiste, la conséquence logique et nécessaire du mécanisme physiologique. L'irritabilité devient le principe déterminant de ce schéma mécanique[121].

Ainsi la physiologie nouvelle de la première moitié du XVIIIe siècle sert-elle, dans sa démarche, à réactualiser un mécanisme contesté en lui donnant une portée idéologique et critique explosive.

« L'HOMME-MACHINE »,
ÉCRIT MATÉRIALISTE

Venons-en donc à l'*écrit* lui-même, en lequel cette thèse, à la fois préparée longuement et inédite, familière et scandaleuse, s'exprime. *L'Homme-Machine* s'éclaire en tant que tel par sa situation dans un genre qui a une histoire clandestine et maudite, celle des écrits anonymes et scandaleux qui alimentent une certaine littérature libertine dès l'aurore du XVIIᵉ siècle mais se systématise dans les années 1680-1760.

Au XVIIIᵉ siècle, les plus illustres de ces anonymes sont :

— le *Theophrastus redivivus* qui circule depuis la moitié du siècle précédent. Il donne lieu à toutes sortes d'extraits, *Opinions des Anciens sur la nature de l'âme*, *Traité des miracles*, *Traité des oracles* ;

— *Traité des trois imposteurs*, qui circule dès 1706 et est imprimé à partir de 1719 et pendant tout le siècle, alimentant une féroce satire des religions révélées ;

— *Écrit sur l'âme matérielle*, récusation de l'immortalité de l'âme, qui circule vers 1730, dont la diffusion fut plus restreinte [122].

Ces écrits se présentent comme des compilations très bigarrées, truffées de références ou de passages recopiés de modèles — du *Tractatus theologico-politicus* de Spinoza aux *Discours anatomiques* de Lamy. Fait intéressant : la parole matérialiste telle qu'elle s'exprime dans ces écrits semble se heurter à une difficulté d'élocution. Elle semble d'abord vouloir tout dire, ce qui crée un embarras de l'exposé ; elle semble en outre parler au nom d'autorités dont elle accumule les citations, comme pour prouver sans cesse sa légitimité, à travers le discours émis depuis des siècles qui refoule, tout en l'avouant, le désir matérialiste. D'où une tendance à la doxographie, comme s'il s'agissait de sauver, en la stockant, une parole condamnée à la répression.

Si on met en perspective *L'Homme-Machine* dans cette littérature, on comprendra mieux cette technique étonnante de truffage de références, qui tisse le texte de citations et d'allusions comme si la mémoire matérialiste devait se surcharger pour *tout* dire tant qu'elle a la parole.

La Mettrie combine pourtant aux lourdeurs du traité matérialiste la légèreté de l'humour qu'avait davantage mobilisé la littérature libertine à son origine. Ainsi, malgré l'abondance des références, *L'Homme-Machine* a une netteté d'écriture qui contraste avec le bouillon de culture de certains grands écrits clandestins : il va droit au but. La profession de foi matérialiste ne se présente pas comme un traité, comme le *Traité de l'âme* de La Mettrie lui-même ou le *Système de la nature* de D'Holbach, forte construction cosmologique, mais comme une plaidoirie joyeuse et déterminée qui cherche autant à donner à penser qu'à donner à *voir*.

Frédéric II évoque ainsi l'ouvrage de La Mettrie dans son *Éloge :* « Il fit son *Homme-Machine,* ou plutôt il jeta sur le papier quelques pensées fortes sur le matérialisme, qu'il s'était sans doute proposé de rédiger [123]. » Il y a en effet dans la forme même de *L'Homme-Machine* de quoi désorienter le lecteur, qui se trouve devant un flux de paragraphes de longueur variée, scandant une étrange logorrhée : les idées et les faits se succèdent en un apparent désordre, le style d'exposition alternant avec les saillies. Voltaire semble y penser en parlant des « feux d'artifices toujours en fusées volantes », de même Diderot en évoquant le « chaos de raison et d'extravagance ». L'ouvrage contraste fortement avec le traité didactique, rangé en une série de développements numérotés qu'est l'*Histoire naturelle de l'âme,* parue trois ans avant. La question se pose aussi bien pour le lecteur actuel : comment lire *L'Homme-Machine ?*

Cette question dépend d'une autre, plus fondamentale : c'est celle de *la forme de l'écrit matérialiste* que constitue *L'Homme-Machine.* La tactique matérialiste joue sur deux plans complémentaires : d'une part celui de la démonstration didactique, qui enchaîne les raisons et excipe du postulat matérialiste comme de la résultante nécessaire d'une démonstration poussée jusqu'à ses conséquences extrêmes ; et d'autre part celui de l'écrit polémique

qui s'appuie sur la force de séduction de la thèse
matérialiste. C'est sur ce double registre du logos et
du pathos que joue le verbe matérialiste. À chaque
moment de la lutte dans l'histoire des idées, l'écrivain matérialiste doit résoudre à sa manière cette
question de la forme de langage appropriée. Depuis
Lucrèce jusqu'à La Mettrie, se constitue ainsi ce
que l'on a curieusement méconnu : un *genre littéraire
matérialiste*, genre mixte et bâtard s'il en est,
empruntant sa panoplie littéraire à des sources hétérogènes, mais forgeant sa spécificité en assumant sa
différence.

C'est ainsi qu'il faut aborder la *lettre* de *L'Homme-
Machine*. Sans réduire le chaos et la profusion de ce
langage qui s'accumule, joue de ses redondances,
semble s'égarer à tout moment, comme sollicité par
la profusion de ce qui est à dire, faits, idées, formules, il faut discerner le type d'ordre littéral et
conceptuel qui se fraie sa voie. Ainsi, pour qui a parcouru le texte une première fois, porté par ce flux
déroutant et fascinant jusqu'au bout, en refaisant
une seconde fois le chemin, désormais attentif à la
logique particulière qu'il a vécu, une *démarche* apparaît — entendons un guide rétrospectif qui consiste
en la tactique même du locuteur matérialiste.

L'entrée obligée de l'ouvrage est le *sapere aude* :
l'écrit matérialiste est inaudible et indéchiffrable
pour qui n'aurait pas le courage souverain de se servir de sa raison. Nul ne saurait faire le chemin sans
être poussé par une *libido sciendi* animée par la hardiesse de la raison. Il faut « oser dire » la Vérité
(p. 143). Et à l'autre bout du chemin, on retrouvera

l'évocation de cette hardiesse : « Concluons donc *hardiment* que l'Homme est une Machine » (p. 214). Le message matérialiste se déploie entre cette hardiesse du savoir et celle du discours. Fi donc de toute « prudence ». Il faut *tout* dire. Seul celui qui n'aurait pas dû partir, semblable aux grenouilles qui voudraient voler, regrettera d'arriver au port. C'est pour celui-là que l'écrit fera scandale — le sort de l'ouvrage a montré qu'il était légion.

Mais dès qu'on a pris le parti de parler, c'est un dualisme premier et fondateur qui doit être posé : celui de deux « systèmes sur l'âme de l'homme » : le matérialisme et le spiritualisme. Il faudra donc, en une introduction dense (p. 143) camper l'*enjeu*. C'est de la nature de l'âme qu'il s'agit, et ce sont les « métaphysiciens » qu'il s'agit de réfuter — tant il est vrai que l'écrit matérialiste est, par vocation historique, réfutatif et polémique. Les deux obstacles sont la métaphysique (p. 143) et l'apologétique chrétienne (p. 144). De cet examen ressortiront deux postulats, qui seront notre bagage de route : le primat de la raison sur la révélation et de la vérité naturelle sur le dogme révélé (p. 144). Il faut donc quitter les théologiens pour laisser dire les *physiciens*. C'est d'eux que sortira la « vérité » matérialiste. « L'expérience et l'observation doivent donc seules nous guider ici » (p. 147). Le matérialisme doit ainsi sceller une alliance avec les sciences de la nature : La Mettrie parlera indissolublement ici comme philosophe et comme médecin, double organe d'une même parole, matérialiste. D'où la profession de foi

empiriciste et expérimentaliste qui clôt les généra-
lités et ouvre la voie (pp. 147-148).

Dès lors, et sans transition, nous voilà dans les
faits. Le lecteur est alors submergé par un océan de
faits. Et pour cause : nous avons renoncé à nous servir des « ailes de l'esprit », échangées contre « le
bâton de l'expérience ». Dès lors le monde s'offre à
notre regard, à présent que nous sommes redevenus
ces « Fils de la Terre » : « Commençons donc et
voyons... » L'enjeu est de connaissance mais aussi
éthique : il y va du « repos de la vie » (p. 148).

C'est alors que pleuvent les faits, en série : maladies, passions, sommeil, drogues, nutrition, faim,
grossesse, sexualité, éducation, climat, mimétisme :
cette série de phénomènes, simplement mis bout à
bout, suggère par inductions multiples un premier
acquis, jalon précieux pour la suite : « Le corps
humain est une machine qui monte elle-même ses
ressorts, vivante image du mouvement perpétuel »
(p. 152). C'est donc l'automation du corps qui, sous
l'effet des indices accumulés, *donne corps* à la première intuition matérialiste : la pensée dans l'organique de la nécessité cosmique.

Mais il faut un deuxième temps à l'argumentation. Ce qui a été démontré en un premier degré
d'approximation empirique, c'est précisément un
fait général : « Les divers états de l'âme sont toujours
corrélatifs à ceux du corps » (p. 157). Il faut à présent fonder ce fait, en en montrant l'arrière-plan
structurel et fonctionnel : d'où le recours à l'anatomie comparée, qui annonce une seconde partie. La
monstration va devenir démonstration.

À partir de là en effet (p. 157), se détachent des paliers correspondant à des *thèmes* ou rubriques dans lesquelles prennent place les faits, au lieu que précédemment ils semblaient se suffire à eux-mêmes.

Dans un premier temps (p. 157) est abordé le plan anatomique proprement dit, dans la mesure où la nature humaine n'est connaissable que par « un juste parallèle de la structure » des animaux. De ce survol se dégage une sorte de loi de proportionnalité inverse de l'esprit et de l'instinct fondée sur l'anatomie du cerveau. De cette enquête émerge une conception infinitiste de la Nature : « Ne bornons point les ressources de la Nature ; elles sont infinies, surtout aidées d'un grand Art » (p. 162). Corrélativement apparaît l'idée de continuité : « Des animaux à l'homme, la transition n'est pas violente » (p. 163). Mais ce qui sert de support anatomique à ce naturalisme, c'est l'*organisation*, mot clé de l'anthropologie de La Mettrie. L'organisation est l'*ultima ratio* qui tout à la fois dispense de la finalité des finalistes et matérialise la nécessité de la Nature : « tant de variétés ne peuvent être des jeux gratuits de la Nature. Elles prouvent du moins la nécessité d'une bonne et abondante organisation... » (p. 159).

Le second temps de l'enquête consistera donc dans la mise au jour des nécessités de l'organisation à travers les comportements — c'est là que La Mettrie aborde la question de l'origine du langage. Le principe de continuité permet d'éclairer corrélativement la question des signes, et généralement l'ap-

prentissage de la connaissance, en liaison avec
l'éducation.

C'est ce qui permet dans un troisième temps de
revenir à l'âme. La psychologie devient en effet une
application de la théorie de l'organisation. Conséquence : l'imagination est élevée à la dignité de
faculté maîtresse : dès lors que « tout s'imagine »,
« toutes les parties de l'âme peuvent être justement
réduites à la seule imagination, qui les forme toutes » (p. 167), réduites à l'état de « modifications de
cette espèce de toile médullaire, sur laquelle les
objets peints dans l'œil sont renvoyés comme d'une
lanterne magique » (p. 167). C'est la clé de voûte de
cette psychologie matérialiste. On touche là à la pro-
position de base : « L'organisation est le premier
mérite de l'homme », l'instruction en est le second
(p. 169). On tient là l'alphabet de l'anthropologie
naturaliste. Enfin, dès lors qu'on a reconstruit une
théorie de l'âme comme « ce merveilleux et incompréhensible résultat de l'organisation du cerveau »,
on a atteint ce qui est le propre de tout projet matérialiste : la réduction du supérieur à l'inférieur, la
ruine de la métaphysique, de la simplicité et de la
spiritualité de l'âme.

Il est alors temps d'en tirer les conséquences idéologiques. C'est la troisième grande partie de
L'Homme-Machine.

En premier lieu les conséquences antimorales.
C'est le rappel de la continuité de l'homme avec
l'animal qui soulève, à titre d'objection, la théorie de
la « Loi naturelle », qui serait gravée dans le cœur de
l'homme comme « connaissance du bien et du mal »

(p. 175). S'il est vrai que « l'homme n'est pas pétri d'un limon plus précieux », que « la Nature n'a employé qu'une seule et même pâte, dont elle a seulement varié les levains » (p. 178), il n'y a pas lieu de créer de privilège exorbitant : « La Loi naturelle n'est qu'un sentiment intime qui appartient à l'imagination... » La réduction à l'organisation a eu un premier effet : désamorcer toute transcendance éthique.

Elle a solidairement un autre effet : antireligieux. Dès lors en effet qu'on a pensé jusqu'au bout l'auto-normativité de l'organisation, on peut faire l'économie d'une causalité supranaturelle : « l'œil ne voit que parce qu'il se trouve organisé comme il l'est, une fois posées les mêmes règles de mouvement » (p. 187). L'athéisme est finalement la position la plus conforme à la Loi naturelle : c'est littéralement la religion naturelle.

On peut donc à nouveau récuser l'hypothèse de l'âme, cette fois par convergence de tous les instruments de la critique, anatomique et idéologique, comme fiction inutile et nuisible. « L'âme n'est qu'un vain terme dont on n'a point d'idée... » (p. 189). « L'organisation suffirait-elle donc à tout ? Oui, encore une fois... » (p. 189). La démonstration expérimentale est appelée à la rescousse pour cette dernière attaque. Ce sera de nouveau une pluie de faits, mais cette fois orientés vers une stratégie démonstrative sûre de ses buts : la pensée semble être une propriété de la matière organisée au même titre que l'électricité, la motricité, l'impénétrabilité ou l'étendue... Il n'y a plus que de la matière et du mouvement, dont la nature ultime nous est inconnue : « Qu'on m'accorde seulement que la matière organisée est douée d'un principe moteur, qui seul la différencie de celle qui ne l'est pas... » (p. 203).

L'ouvrage finit sur cet agnosticisme expérimental : « C'est par cette file d'observations et de vérités qu'on parvient à lier à la matière l'admirable propriété de penser, sans qu'on en puisse voir les liens, parce que le sujet de cet attribut est essentiellement inconnu » (p. 212). On ne dispose que de deux choses : « une multitude d'observations » incontestables et une volonté de voir et de savoir. La conclusion est dès lors nécessaire : « Concluons donc hardiment que l'Homme est une Machine, et qu'il n'y a dans tout l'Univers qu'une seule substance diversement modifiée » (p. 214). Machinisme et monisme vont de pair. La conclusion éthique tient dans ce consentement à la nécessité de la Loi naturelle.

Ainsi le développement prend une forme précise. D'une part on comprend le principe du va-et-vient des observations à la généralisation. La tactique de La Mettrie est d'abreuver de faits, pour fixer en une formule un palier de l'apologétique matérialiste. Chaque fait a un effet inductif, de telle sorte que, de chaque touche, se dégage le postulat matérialiste. Comme celui-ci se traduit par ses effets, il faut à chaque moment de la démonstration revenir à une série de faits pour réeffectuer l'intuition.

Mais on comprend par là même que le désordre n'est qu'apparent. Plutôt que de conclure que La Mettrie semble livrer en vrac des éléments au moment où ils lui viennent à l'esprit, on doit parler d'une véritable stratégie de l'argumentation matérialiste. Non qu'elle soit rigoureusement préméditée, mais elle se met en place avec la savante spontanéité de l'objectif à atteindre. Il ressort du plan détaillé reconstruit ci-dessus qu'il procède en temps nettement enchaînés : 1) position des enjeux de fond ; 2) monstration par les faits dégageant la thèse ; 3) démonstration anatomique débouchant sur une théorie de l'organisation appliquée à la totalité anthropologique, âme comprise ; 4) réduction matérialiste absorbant morale, religion et généralisation expérimentale de la thèse de *L'Homme-Machine*, fondée sur un monisme naturaliste. Ainsi le cercle se referme sur lui-même : le discours matérialiste est construit comme développement de la thèse et retour au principe, à travers la génération des faits.

L'ÉVOLUTION
DE LA METTRIE
ET SON ENJEU
MÉTAPHYSIQUE

L'Homme-Machine représente un moment de la pensée de La Mettrie.

Pour mieux faire comprendre l'évolution qu'il représente à travers la *forme* de l'écrit, on doit le confronter à l'*Histoire naturelle de l'âme*, véritable *Traité de l'âme,* qui constitue une autre version formelle de l'écrit lamettrien [124]. Pour reprendre la distinction entre écrits « acroamatique » et « exotérique » : le *Traité de l'âme* est la version formalisée du message matérialiste, selon l'ordre des matières, tandis que *L'Homme-Machine* a pour fonction pédagogique et apologétique de convaincre en induisant la leçon matérialiste.

Le contraste n'en apparaît que plus éclairant. On trouve là quinze chapitres qui avancent avec une apparente assurance vers un but annoncé dès l'*exposition*. D'emblée on tourne le dos aux systèmes pour se fier aux sens, qui sont déclarés les « plus sûrs guides » et les « seuls philosophes » fiables. Une fois la matière posée comme principe, *nec plus ultra* inconnaissable et être exclusif (ch. II), se déploie une

investigation qui, partant de l'étendue (ch. III), en
conçoit les « propriétés mécaniques passives » (IV),
puis la « puissance motrice » (V) et la « puissance
sensitive » (VI). Seulement cette distinction entre
activité et passivité, qui permet d'intuitionner la
matière, crée à La Mettrie le besoin, inhérent à tout
hylémorphisme, de postuler des « formes substantielles » qui « lui donnent la faculté de se mouvoir et
de sentir ». La matière a ainsi curieusement à être
réalisée par des formes. Cette perspective requiert en
conséquence une « âme végétative » (VIII) et une
« âme sensitive » (IX), et un examen des « facultés
du corps qui se rapportent à l'âme sensitive » (X),
puis des « facultés qui dépendent de l'habitude des
organes sensitifs » (XI), enfin « des affections de
l'âme sensitive » (XII) qui constituent un véritable
exposé anthropologique. Enfin La Mettrie cou-
ronne cet édifice par l'examen des « facultés intellectuelles ou de l'âme raisonnable » (XIII), tout en
concluant que « la foi seule peut fixer notre croyance
sur la nature de l'âme raisonnable » (XIV).

Il est significatif qu'il soit amené à rassembler
dans un chapitre final (XV), en un florilège anecdo-
tique, les « Histoires qui confirment que toutes nos
idées viennent des sens », pour exhiber *in fine* le postulat posé dans l'exposition.

L'évolution du contenu théorique, qui a amené
La Mettrie à se débarrasser de la représentation
hylémorphique de la matière, s'exprime essentiellement par une évolution de la dialectique qui va de
l'exposé à la découverte. La comparaison de la
structure des deux écrits le révèle.

En premier lieu, on voit pourquoi le *Traité* commence *ex abrupto* par la position de la matière ouverte aux sens, alors que *L'Homme-Machine* déclare, non seulement le principe méthodologique, mais le *choix* de penser et de parler. De plus ce qui est posé à l'origine dans le *Traité* n'est pas seulement le fait « matière », mais le *conflit* doctrinal des systèmes, ce qui indique le livre de combat et l'urgence de l'enjeu.

En second lieu, au développement *notionnel* du *Traité*, fût-il ponctué par les faits, succède une sorte de « cinématique » par laquelle, comme on l'a vu, le Fait matérialiste se déploie et se remplit de lui-même en se remplissant des faits qui l'exhibent. La fiction des « formes substantielles » devient de fait inutile dès lors que se trouve fournie l'intuition interne de l'autoconstitution de la matière comme fait cosmo-anthropologique : c'est que la matière n'a plus besoin d'être réalisée *via* ces formes qui lui donneraient l'effectivité : son être lui advient en et par son mouvement. En conséquence tombe l'armature taxinomique d'une théorie des facultés, dynamisant les structures, qui n'ont plus d'existence qu'en fonction de leur actualisation du Fait matérialiste dont la conséquence extrême est *L'Homme-Machine*.

Enfin, l'idée d'autonormativité de l'organisation dégage des conséquences idéologiques qui restaient masquées dans le *Traité*, puisque désormais se trouve fondé l'immanentisme matérialiste.

Ce qui joue finalement ici, c'est l'enjeu métaphysique, celui du statut de l'âme dans ses rapports avec le corps. Il faut bien relever ici, pour spécifier de ce point de vue la généalogie reconstituée précédemment, que la question de l'âme avait émergé du sein même des controverses médicales. Ce n'est pas si loin : au début du XVIIIe siècle, on avait assisté à un regain de l'*animisme*, illustré notamment par Stahl, qui soutint jusqu'en 1734, à Halle, au moment où La Mettrie se convertissait au mécanisme, une conception de l'âme moteur principiant et acte vivifique [125]. Tentative paradoxale de saisir l'action de l'âme dans la matérialité du corps, mais divisant de fait le corps-matière et sa forme animante, véritable providence corporelle. Par sa théorie des formes substantielles, La Mettrie maintenait encore ce schéma hylémorphique qui n'échappait pas à ce dualisme latent curieusement homologue au schéma animiste. Seul le mécanisme conséquent pouvait surmonter cette tentation : c'est ce qui est consommé en 1747. La machine permet dès lors de penser le monisme en l'inscrivant dans la matérialité, sans recours à quelque principe extérieur, ni *a fortiori* transcendant. Par cet acte théorique, La Mettrie opte pour une voie qui s'oppose à la postérité de l'animisme stahlien qui se réalisera bientôt avec le *vitalisme* de l'école de Montpellier, de Bordeu à Barthez. Courant qui triomphera avec Bichat, fondateur de la médecine moderne du XIXe siècle. C'est ce qui fait que La Mettrie n'aura guère de postérité médicale avouée. Il est resté comme événement idéologique, avertissement un peu désespéré mais qui résonne encore.

Pour spécifier encore la conception de l'homme-

machine, il faut la confronter à celle, exprimée
simultanément par La Mettrie dans son *Homme-
Plante*. Elle développe une analogie systématique
entre la structure végétale et la structure animale et
humaine à travers le schème commun de la
machine, qui permet de commencer à « entrevoir
l'uniformité de la nature [126] ». La Mettrie y montre
successivement l'analogie dans l'ordre des organes
déjà formés aussi bien que dans la génération des
deux règnes, puis la différence : « Quoique l'animal
soit une plante mobile, on peut le considérer comme
un être d'une espèce bien différente : car non seulement il a la puissance de se mouvoir, et le mouvement lui coûte si peu qu'il influe sur la *saineté* des
organes dont il dépend ; mais il sent, il pense, il peut
satisfaire cette foule de besoins dont il est assiégé. »
Enfin cette mise en perspective de la plante, animal
immobile, et de l'animal, plante mobile, permet de
suggérer « cette échelle imperceptiblement graduée,
qu'on voit la nature exactement passer par tous ses
degrés », par son « uniforme variété ».

Cette image de l'homme-plante, symétrique de
l'homme-machine, révèle que le mécanisme s'appuie chez La Mettrie sur un fond *naturaliste*. Vers
1640 mécanisme et naturalisme s'opposaient radicalement, comme l'a montré René Lenoble [127], l'un
opposant conscience et nature, l'autre les confon-
dant : le mécanisme devait en effet récuser le
monisme de la Renaissance, générateur de confusion. Le mécanisme lamettrien, si radicalement
mécaniste soit-il, peut réintroduire une intuition
naturaliste qui rehausse les couleurs de la Nature,

s'il est vrai que, mécanisée, elle n'en reste pas moins perçue comme unité vivante. L'image de l'homme-plante traduit assez ce sentiment de l'unité des Règnes que poétisait la Renaissance, en l'étayant sur une analyse mécanique élaborée. Par là La Mettrie se relie encore à une tradition du naturalisme médical padouan. Car l'analogie suppose aussi bien que le végétal est déchiffrable comme machine et que la machine humaine peut se déployer en une intuition botanique, voire bucolique.

L'ENJEU ÉTHIQUE
DE « L'HOMME-MACHINE » :
DE LA « MATIÈRE-LOI »
À LA « MATIÈRE-JOUISSANCE »

On l'a vu, *L'Homme-Machine* aboutit à une éthique. Or c'est de ce côté-là que, au sein même du courant matérialiste, il nous faut chercher ce qui fonde, en profondeur, l'hostilité envers La Mettrie. D'où vient qu'un Diderot ou un D'Holbach ne reconnaissent pas La Mettrie comme des leurs ? D'où vient leur sentiment, sincère en sa violence même, qu'ils ne mènent pas *le même combat ?* À distance, il nous semble que ces hommes sont engagés sous la même bannière, malgré la spécificité de leurs systèmes propres. Or une différence décisive semble s'annoncer dans ce divorce. C'est même en exhibant et en expliquant le fondement théorique de ce divorce que nous pourrons accéder au lieu propre de La Mettrie et comprendre le sens de cette atopie que nous cherchons à cerner.

C'est Pierre Naville [128] qui, nous semble-t-il, suggère le mieux cette spécificité. On remarquera, dans les invectives citées plus haut, que l'accusation d'immoralisme est le dénominateur commun. Or Naville a raison de déclarer qu'il ne s'agit pas sim-

plement d'un « vain désir de conformisme » ou
d'une « bigoterie nouvelle » : il s'agit bien d'une
divergence profonde, qui a un enjeu théorique
déterminant. C'est du rapport entre le plan moral
(individuel) et le plan politique (collectif) qu'il
s'agit. Autrement dit les invectives contre l'immoralisme de La Mettrie émanant de ses détracteurs
matérialistes s'appuient sur la contestation de l'articulation entre sa morale épicurienne (individualiste) et la raison sociale.

En effet si le point de départ commun des maté-
rialismes du siècle est l'affirmation eudémoniste du
primat de l'intérêt, fondée sur une anthropologie
sensualiste, c'est l'articulation de cet intérêt avec la
loi, expression de la raison sociale, qui les sépare.
C'est le *destin social* de la sensibilité individuelle qui
est en cause. Autrement dit, une fois l'anthropologie
assurée de son point de départ naturaliste, une fois
la nature de l'homme attachée à sa sensibilité, c'est
le rapport à la loi qui est réactivé : « Dans le conflit
qui opposera la recherche du bonheur individuel
aux règles de la société, de l'État, qui l'emportera[129] ? »

Comme le remarque Naville, « La Mettrie laisse
la question pendante, et c'est là sans doute qu'il faut
voir la racine de l'opposition que lui fait d'Holbach ». Pour ce dernier c'est la politique qui
contient la clé des apories morales de la sensibilité :
d'où les implications progressistes. La transformation sociale devient un impératif, comme prolongement et dépassement des contradictions de l'individu.

Allant plus loin, dans cette voie, que Naville lui-même, nous dirons que La Mettrie ne fait pas que laisser pendante la question du rapport morale/politique, individu/État : il l'ignore souverainement. Entendons qu'elle n'a pas de lieu dans son système, dont la spécificité revient à la gommer purement et simplement. Le naturalisme anthropologique aboutit à *déréaliser le social*. Nous ferons donc nôtre le diagnostic de Naville : « On comprend alors pourquoi la position de La Mettrie irrite les encyclopédistes : *L'Homme-Machine* ouvre les écluses de la sensibilité, il dresse la revendication de l'homme au plaisir », mais il faut au moins expliciter la suite du diagnostic, à savoir qu'« il souhaite sa sublimation en vertu dans les cadres sociaux », mais qu'« il laisse l'individu désorienté dans le conflit qui l'opposera fatalement à l'État »[130]. Car ces formules, pertinentes quand il s'agit d'assigner sa racine à l'opposition d'Holbach/La Mettrie, risquent de fausser l'intelligibilité de La Mettrie en son lieu propre — ce qui est d'ailleurs naturel, puisque le propos de Naville étant, dans cette remarquable parenthèse, d'expliquer la spécificité et la supériorité de la thèse holbachienne, il perçoit l'opposition *du côté de D'Holbach* électivement.

De fait nous devons faire nôtre un acquis de cette analyse, précieux pour *situer La Mettrie au sein même de la famille matérialiste au XVIIIᵉ siècle* : face à la branche « sociale » ou « politique », il incarne *la branche « naturaliste »* ou « individualiste ». Mais la présentation de Naville, conformément à son intérêt pour d'Holbach, aboutit implicitement à faire de La

Mettrie un matérialiste inconséquent du point de vue social, à cause d'une sorte d'hypothétisme social : « Les lois, les mœurs, *peuvent*, chez La Mettrie, assurer le bonheur des hommes ; chez D'Holbach, elles le *doivent* [131]. »

De cette formule, exacte en elle-même, il ne faudrait pas conclure que le matérialisme de La Mettrie *resterait en route*, au lieu de se réaliser en sa fécondité politique. Il est vrai que le matérialisme lamettrien est aporétique. Il est vrai que « les antinomies de la physique matérialiste et de la morale utilitariste restent irrésolues », au lieu de s'abolir « dans la recherche d'un nouvel équilibre social [132] ». Mais c'est le propre de La Mettrie que de ne pas postuler d'au-delà de la singularité sensible. C'est cette position, dont la contradiction fait l'effectivité, qu'il faut penser pour comprendre La Mettrie, avant de se hâter de conclure à l'« individualisme ». Il n'y aurait individualisme au sens immédiat que si la société accédait chez La Mettrie au statut de réalité universelle, alors qu'elle est définie par une simple *absence*. C'est pourquoi il n'y a pas d'*éthique* ni de politique dans l'œuvre de La Mettrie ; c'est aussi pourquoi *L'Homme-Machine* en tient lieu de « manifeste » proprement dit. C'est dans l'anthropologie que l'on devra trouver, *in nuce*, l'intégralité du fondement matérialiste.

Qu'est-ce à dire, sinon que cet anthropologisme pousse jusqu'au bout l'ambition immanentiste inhérente au matérialisme ? Il n'y a pas à compléter le *Système de la nature* par une *Ethocratie* (comme chez D'Holbach [133]). Il n'y a pas à redoubler l'*énoncé* matérialiste sur l'*être* par un *programme* requérant un devoir-être. Il faudra montrer le devoir-être comme émergeant de l'être même. Immanentisme qui reste à se penser, en sa contradiction, mais qui se lie plus étroitement à l'exigence d'immanentisme radical constitutif du matérialisme.

Aussi croyons-nous que la question du conflit entre l'État et l'individu, l'être et le devoir-être, n'existe pas pour La Mettrie. La question formulée par Naville est celle de D'Holbach. Pourquoi le conflit n'est pas pensé — et non pas pourquoi il n'est pas résolu —, voilà ce qu'il est prioritaire de penser, pour être « chez » La Mettrie, dans son projet indigène, avant de le juger de l'extérieur.

Mais cette comparaison entre les deux grands tenants du matérialisme français nous semble riche de sens pour cerner l'ambivalence profonde de l'intervention matérialiste sur le champ de la lutte des idées. Il s'agit cette fois, au-delà même de la singularité de La Mettrie en son temps, du mode de schématisation de l'identité matérialiste dont La Mettrie constitue un certain *type*.

L'ambivalence idéologique du matérialisme en son intervention spécifique est qu'il se voue d'une part à la monstration d'un *fait* — la matière — qui tire son privilège et sa fécondité de cela même qu'elle existe avant toute position d'objet. De ce point de vue, il ne fait que désigner, mais d'autre part cet acte de désignation se pose comme un *réquisit* qui définit l'intervention matérialiste elle-même, donc comme *loi*.

Une remarque d'Ernst Cassirer dans sa *Philoso-*

phie des Lumières prend ici toute sa signification : « Si paradoxal qu'il puisse sembler au premier abord : ce noyau de pensée (matérialiste) n'est pas à chercher du côté de *la philosophie de la nature* mais du côté de l'*éthique*. Le matérialisme, sous la forme où il est apparu au XVIIIe siècle, où il a été établi et défendu n'est pas qu'un simple dogme scientifique ou métaphysique : c'est un *impératif*[134]. » Bien que Cassirer pense surtout ici au matérialisme holbachique et insiste sur ce point dans une perspective néokantienne, tendant à montrer qu'on ne saurait faire l'économie du point de vue éthique, il établit avec netteté un caractère essentiel de l'intervention matérialiste qui est aussi un problème d'identité théorique. Or précisément sur ce point La Mettrie est en position de révélateur, ce qui permet finalement d'en percevoir l'originalité.

Chez La Mettrie, à cause de son abstinence éthique même, la fonction du matérialisme comme éthique n'apparaît que plus spécifiquement. Elle s'exprime par les formules du fameux *Discours préliminaire*, reprises au début de *L'Homme-Machine*.

« Il ne suffit pas à un sage d'étudier la Nature et la Vérité, il doit oser la dire[135]... » Ces mots qui introduisent le projet matérialiste doivent être pris à la lettre : du naturalisme qui lit la Nature au matérialisme, il y a un pas qui fait du Fait la Loi. Ou encore : « Écrire en philosophe, c'est enseigner le matérialisme[136]. » Moment décisif du choix pédagogique qui fait d'une donnée un *impératif*.

Mais voilà par où s'annonce l'originalité du matérialisme lamettrien : chez lui l'impératif reste attaché à l'immanence du donné. Au lieu que la philosophie de la nature fonde une éthique chez D'Holbach, elle se pose par elle-même en éthique chez La Mettrie. Éthique *hédoniste*, conformément à l'esprit du siècle, mais précisément chez La Mettrie la thèse de *L'Homme-Machine*, issue de la philosophie de la nature, a un *gain* éthique majeur, celui de fonder la *jouissance*, tout en rencontrant la jouissance justement comme l'infondable.

C'est là, croyons-nous, la vérité ultime de *L'Homme-Machine*. Chose curieuse, on a séparé volontiers, dans l'approche de La Mettrie, les thèses physiques des écrits où se déploie cette éthique de la jouissance. Or l'*Anti-Sénèque* ou *le Discours sur le bonheur*, l'essai sur *La Volupté* et *L'Art de jouir* ne sont pas de simples passe-temps en marge des grands écrits sur l'âme et le corps : La Mettrie « moraliste » recueille, sur le terrain de l'éthique, les fruits de sa réflexion naturaliste. Les idées de ces écrits paraîtraient moins conventionnelles, si l'on s'avisait qu'ils ne se contentent pas de répéter les litanies hédonistes, mais qu'ils révèlent un nouveau rapport de la philosophie de la nature à l'éthique.

Quel est l'effet majeur de *L'Homme-Machine*, sinon d'établir que l'organisation est le seul « mérite de l'homme [137] », et qu'en conséquence la *sagesse* est de se reconnaître comme machine-à-jouir ? C'est cela qu'il faut lire dans l'acharnement de La Mettrie à représenter l'homme comme machine. Le machinisme fonde une sorte d'impérialisme de la jouissance.

C'est en effet au sens propre qu'il convient d'interpréter la formule chère à La Mettrie : « Plaisir, maître souverain des hommes et des dieux, devant qui tout disparaît [138]. » Il y a plus là qu'un banal lieu commun précieux : il faut le prendre à la lettre quand il parle de *pouvoir* et de *souveraineté*. Ce que la pensée politique réalise du XVIᵉ au XVIIIᵉ siècle, La Mettrie le pense dans la sphère du plaisir. Dire qu'il est *souverain*, c'est laisser entendre que son exercice doit coïncider avec sa puissance. L'organisation égale l'individu au *Prince*, en ce qu'elle lui révèle qu'il « peut tout pouvoir ». Tant en effet que l'éthique occultait la vérité de l'organisation, celle-ci trouvait sa puissance bornée par l'interdit limitant son pouvoir. La révélation de l'organisation comme *nec plus ultra* dissipe cette illusion en même temps qu'elle lève cette limite.

La thèse de *L'Homme-Machine* a donc pour envers la thèse hédoniste dont il faut penser la portée : « Le plaisir est de l'essence de l'homme, et de l'ordre de l'univers [139]. » Structure cosmologique présente en l'homme et le constituant, le plaisir n'est pas seulement permis : il est commandé et ordonné par la machine. Dire que l'homme est machine, c'est signifier qu'il est condamné au plaisir. Au point qu'on peut parler au sens propre de *servitude*, qui ne va pas sans douleur, s'il est vrai qu'annoncer à l'homme qu'il est machine résonne un peu comme un *verdict*. Plus moyen désormais de se dérober à son déterminisme, non pas celui, abstrait, de la science, mais celui, charnel, des dispositifs de jouissance.

En ce sens, nous spécifierions l'allusion de Michel

Foucault à l'effet de *L'Homme-Machine* comme faisant de l'individu la « cible de pouvoir[140]. » Elle en
fait aussi bien une « cible de plaisir ». Mais il se peut
bien que ce dont témoigne essentiellement La Mettrie, ce soit précisément de l'émergence de ce lien
entre pouvoir et jouissance dans l'intuition de la
machinerie.

On voit comment la machine sert de schème permettant à l'ordre du devoir-être de se rabattre sur
celui de l'être : le corps-machine réalise son conatus-plaisir *en* fonctionnant. C'est à la fois l'être et le
« devoir » d'une machine de fonctionner : et c'est
précisément cette coïncidence qu'elle a pour fonction de penser et d'exhiber.

Mais on comprend aussi la chaîne de la logique
du message de La Mettrie : « Écrire en philosophe,
c'est enseigner le matérialisme » ; enseigner le matérialisme, c'est montrer l'homme comme machine ;
le montrer comme machine, c'est indiquer sa loi
dans sa jouissance, et dans nul autre au-delà, fût-il
celui de la Raison, de l'État ou de l'Homme. C'est
précisément cette identification de la Loi de la jouissance qui assigne à La Mettrie son statut irréductible de *pervers* dans l'ordre de la pensée depuis le
XVIIIe siècle. Pervers d'autant plus redoutable qu'il
ne se contenterait pas de dérober le plaisir à la loi,
mais qu'il ferait de la jouissance loi, comme rebours
de toute morale, fût-elle matérialiste, qui ferait au
sens strict, de nécessité vertu.

Sur cette base, La Mettrie peut faire valoir l'*effet
éthique* du matérialisme, sans pour autant rallonger
le matérialisme par *une éthique*. Ainsi peut-il déclarer

que « le matérialisme est l'antidote de la misanthropie [141] ». Entendons par là que la reconnaissance de
l'autre comme machine m'amène à le poser comme
déterminé par sa machinerie propre, faute de quoi il
serait *insupportable*. En ce reflet d'une machinerie à
l'autre, l'autre prend consistance pour un rapport
éthique sans que pour autant j'aie besoin d'y rajou-
ter une sphère du devoir-être. Le seul devoir est de
nous reconnaître, moi et l'autre, comme machines.
Tel est le fondement de ce qu'on peut désigner
comme « éthique machinale », matérialisme pacifique sur lequel Sade érigera le langage brutal de la
perversion (*infra* p. 103-106).

Aussi bien La Mettrie suggère un monde de
machines de fibres (conformément à la représentation hallerienne) qui s'affectent réciproquement
tout en restant en un face-à-face éternel, machines
qui montent elles-mêmes leurs ressorts, renvoyant
tout le reste à l'illusion. Voilà pourquoi l'ordre
sociopolitique ne parvient pas à prendre réelle
consistance ni sérieux pour lui. Chaque machine est
rivée à ses propres dispositifs, n'intuitionnant de
l'autre que son homologue imaginaire. Telle est la
vérité aporétique que La Mettrie veut faire penser.

Aussi *L'Homme-Machine* tient-il peut-être sa
vérité de l'union qu'il scelle entre un fantasme et un
savoir — *fantasme*, puisque cette identification à une
machine tient à l'inconscient et y résonne par des
valeurs de séduction, *savoir* puisque La Mettrie
entend la fonder par un véritable discours scientifique. C'est là peut-être l'authentique postérité de
sa thèse, si peu assimilée par le discours, de s'être

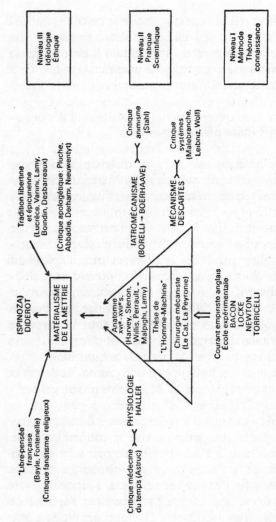

Niveau III
Idéologie
Éthique

Niveau II
Pratique
Scientifique

Niveau I
Méthode
Théorie
connaissance

Tradition libertine
et épicurienne
(Lucrèce, Vanini, Lamy,
Boindin, Desbarreaux)

(Critique apologétique : Pluche,
Abbadie, Derham, Nieuwentyt)

Critique animisme
(Stahl)

IATROMÉCANISME
(BORELLI → BOERHAAVE)

MÉCANISME
DESCARTES

Critique
systèmes
(Malebranche,
Leibniz, Wolf)

(SPINOZA)
DIDEROT

MATÉRIALISME
DE LA METTRIE

Anatomie
xviie-xviiie s.
(Harvey, Stenon,
Willis, Perrault, -
Malpighi, Lamy)

Thèse de
"L'Homme-Machine"

Chirurgie mécaniste
(Le Cat, La Peyronie)

Courant empiriste
anglais
École expérimentale
BACON
LOCKE
NEWTON
TORRICELLI

TOPIQUE LA METTRIENNE[1]

"Libre-pensée"
française
(Bayle, Fontenelle)

(Critique fanatisme religieux)

Critique médecine
du temps (Astruc)

PHYSIOLOGIE
HALLER

1. Voir commentaire pp. 98-101.

intégrée dans la conscience que le sujet s'est donné de lui-même, aussi bien que dans l'investissement inconscient de son être aporétique. Aussi bien, en ce sens, depuis La Mettrie, l'homme en tant que désir se déchiffre bien comme machine.

Topique lamettrienne (p. 98)

Afin de faciliter la compréhension de l'univers philosophique et scientifique de La Mettrie et d'y replacer les si nombreuses et diverses allusions qui émaillent *L'Homme-Machine*, nous proposons cette petite « topique » qui permet la mise en perspective des éléments qui ont conditionné la mise en place de sa problématique, nourrie d'une vaste culture. Tableau qui résume l'analyse de la genèse contenue dans notre Introduction en la présentant sur un mode synoptique et en même temps peut permettre au lecteur de *L'Homme-Machine* de se mettre sous les yeux les référents cités, analysés en détail dans nos Notes (p. 217 sq.), mais situés ici de façon globale.

Cet univers, malgré son éclectisme, nous paraît pouvoir s'organiser à partir de trois niveaux :

A/ Celui d'une *méthode* de pensée qui lui sert de fondement et qui s'alimente dans le courant empiriste anglais, de Bacon à Locke, d'une part ; dans le courant expérimentaliste qui trouve son identité au milieu du XVIIe siècle, d'autre part (Pascal, Torricelli), avant de trouver son accomplissement dans l'application qu'en fait Newton dans sa physique, à la fin du XVIIe et au début du XVIIIe siècle. Cette méthodologie forme la base de l'édifice : c'en est le « conditionnant » général dans lequel baigne le projet de La Mettrie.

B/ Mais le centre de l'univers lamettrien est un certain type de *pratique scientifique* dont toute sa philosophie de la nature et de l'homme est le commentaire permanent. Pratique plus complexe qu'il n'y paraît parce que stratifiée selon trois niveaux différents :

a) au centre, on peut placer la *médecine* en sa tradition indigène, riche d'une histoire pratique et doctrinale qui fait sa spécificité, qui trouve sa base scientifique avec l'anatomie à partir des XVIe-XVIIe siècles et s'épanouit avec l'émancipation de la chirurgie dans la première moitié du XVIIIe siècle. C'est le cœur de la pratique à laquelle se réfère La Mettrie et qu'il revendique ;

b) mais cette pratique est abordée par La Mettrie à travers un courant doctrinal qu'il privilégie : c'est l'*iatromécanisme*, né dans le premier tiers du XVIIe siècle et qui trouve au début du XVIIIe sa maturité avec Boerhaave, dont La Mettrie se dit le disciple ; référent qui s'appuie sur une couche mécaniste issue du courant cartésien et de la physique galiléenne. Nous l'avons représentée comme le versant anatomique ;

c) le second versant renvoie à une pratique qui se codifie à l'époque de La Mettrie et va incarner l'exigence de scientificité que la tradition médicale et mécanique recherchait depuis plusieurs siècles : c'est la *physiologie* à laquelle Haller donne ses titres de noblesse.

Nous l'avons donc représentée comme le versant symétrique, la physiologie de type hallérien reflétant dans le projet de La Mettrie l'exigence mécaniste qu'avait formulée en principes Descartes, Haller prolongeant d'autre part explicitement Boerhaave.

C/ Reste le point d'arrivée de la philosophie de la science et de la nature de La Mettrie : c'est le matérialisme qui, à ses yeux, en est la seule et fondamentale conséquence.

Cette conséquence théorique et idéologique majeure s'appuie :

a) d'une part sur l'exigence de libre-pensée et libre examen conquise au tournant du siècle précédent et assise au XVIIIe siècle par la pensée française (Bayle, Fontenelle) qui fournit la condition formelle du matérialisme : celle du discours libre et vrai ;

b) d'autre part, sur une tradition idéologique à la fois vivante et occulte qui, depuis la Renaissance jusqu'au XVIIIe siècle en passant par le courant libertin, entretient une thématique qui se cumule et se spécifie chez La Mettrie.

Mais cette structure a son envers négatif : œuvre de lutte, l'œuvre de La Mettrie est foncièrement *polémique*. On trouve donc à chaque niveau de cette structure, comme envers polémique, la trace d'un courant que La Mettrie combat. Cela permet précisément d'unifier sa démarche en montrant leur cohérence réfutative.

A/ Critique de la spéculation métaphysique au nom de l'expérience, des « systèmes » en faveur de la vérité expérimentale (le cartésianisme métaphysique, le leibnizio-wolfisme, le malebranchisme).

B/ Critique médicale à deux niveaux complémentaires :
a) celui d'une certaine pratique de « charlatans » qui dénie la véritable évolution de la médecine à ses yeux ;
b) celui d'une certaine doctrine battant en brèche le mécanisme : l'animisme de Stahl.
Le point commun en est de penser jusqu'au bout la révolution scientifique boerhaavienne et hallérienne.

C/ Critique idéologique contre l'obscurantisme et l'apologétique chrétienne, accréditant le spiritualisme.

D'autre part, on peut apercevoir les correspondances entre les niveaux qui se mêlent, se cumulant ou se contredisant en apparence. Le machinisme étant une exigence à la fois méthodologique, scientifique et idéologique, tel référent ne vaut qu'à un niveau : ainsi Haller associé au plan physiologique à la construction n'en tire pas de conséquence matérialiste, alors que Guillaume Lamy, médecin, travaille à la jointure du plan scientifique et du plan idéologique, en tant qu'épicurien. Le propre de La Mettrie est de coordonner en une synthèse finalement cohérente ces traditions en partie hétérogènes.

SADE ET LA METTRIE

Un lien intime relie La Mettrie à Sade, et il est curieux que les commentateurs ne s'y soient pas plus attardés. Car si l'on cite La Mettrie à côté des autres matérialistes, dans la culture de Sade, on privilégie l'influence de D'Holbach. Or, si l'on situe Sade dans la généalogie du matérialisme du siècle reconstituée ci-dessus, il apparaîtra nettement que Sade prolonge essentiellement la lignée naturaliste. Si l'on peut relever une inspiration majeure par le *Système de la nature*, Sade n'y prend que la conception physique de la nature, sans le prolongement éthocratique. On peut relever en revanche un transfert de thèmes déterminants de la philosophie de La Mettrie à celle de Sade.

1°) Sade a la même conception d'une nature déterminée, alpha et oméga de toute réalité, dans laquelle le plaisir a sa place. Il pense avec La Mettrie que « le plaisir est de l'essence de l'homme, et de l'ordre de l'univers ». Il affirme donc corrélativement le poids de l'« organisation » de l'homme sur son être et son agir.

2°) Ce recours au déterminisme naturel de l'organisation a une conséquence morale majeure, qui n'est autre que l'immoralisme. Cela s'exprime par deux idées chères à La Mettrie : l'innocence du crime et l'inutilité des remords.

On ne peut qu'être frappé dès lors de la résonance lamettrienne de nombreux passages clés où s'expose la philosophie sadienne. Ainsi, dans le *Dialogue entre un prêtre et un moribond*, à propos du crime : « Nous sommes entraînés par une force irrésistible, et jamais un instant les maîtres de pouvoir nous déterminer pour autre chose que pour le côté vers lequel nous sommes inclinés » ; il suffit donc que « la loi le condamne et que le glaive de la justice le punisse, pour qu'il doive nous inspirer de l'éloignement et de la terreur, mais, dès qu'il est malheureusement commis, il faut savoir prendre son parti, et ne pas se livrer au stérile remords. Son effet est vain puisqu'il n'a pas pu nous en préserver, nul, puisqu'il ne le répare pas » (voir XIII-XIV). Ce passage semble recopié de *L'Anti-Sénèque* de La Mettrie : « Connaissons mieux l'empire de l'organisation. Sans la crainte des lois, nul méchant ne serait retenu. Les remords sont inutiles... avant le crime ; ils ne servent pas plus après, que pendant le crime » (O.P., II, 175).

Dans *Justine*, se trouve affirmé le devoir de plaisir comme conséquence de l'organisation : les « goûts » sont des effets de la nature qu'il faut satisfaire. On y trouve, corrélativement, une relativisation de l'*éducation*, analogue à celle de La Mettrie (voir note 69 du texte de *L'Homme-Machine*) : « Les premiers objets présentés, les premiers discours entendus achèvent de déterminer le ressort ; les goûts se forment, et rien au monde ne peut les détruire. L'éducation a beau faire, elle ne change plus rien, et celui qui doit être scélérat le devient tout aussi sûrement, quelque bonne que soit l'éducation qui lui a été donnée, que vole sûrement à la vertu celui dont les organes se trouvent disposés au bien, quoique l'instituteur l'ait manqué. Tous deux ont agi d'après leur organisation, d'après les impressions qu'ils ont reçus de la nature, et l'un n'est pas plus digne de punition que l'autre de récompense » (discours de Clément à Thérèse). Texte capital qui oppose Sade à Helvétius et à D'Holbach et lui fait parler exactement comme La Mettrie. Il tient l'ordre de la loi pour subordonné à l'ordre de la nature : seule l'organisation physiologique est nature, le reste est convention.

On comprend par là même que, dans leur réprobation profonde de La Mettrie, les philosophes de la génération prérévolutionnaire anticipaient leur répugnance envers un Sade qui allait paraître peu après. Lorsque Diderot, dans l'*Essai sur le règne de Claude et de Néron*, redoutait que ses « principes poussés jusqu'à leurs dernières conséquences, renverseraient la législation, dispenseraient les enfants de l'éducation de leurs parents, renfermeraient aux Petites-Maisons l'homme courageux qui lutte sottement contre ses principes déréglés, assureraient l'immortalité au méchant qui s'abandonnerait sans remords aux siens », il anticipait exactement les idées développées par Sade quelques années plus tard.

Mais par ailleurs, il faut bien prendre acte que La Mettrie n'est pas Sade. On ne trouve évidemment pas chez lui l'apologie du vice patente chez Sade. C'est que Sade a systématisé une sorte de finalisme de la perversion qui n'a pas de place chez La Mettrie. Le matérialisme est une vérité pacifique et misanthropique chez La Mettrie, alors qu'il est chez Sade un bréviaire destructeur. Et ce n'est pas là simplement différence de degré ou de ton. C'est plutôt du statut du désir dans le rapport à l'autre et à son objet que naît la divergence. Pour La Mettrie, le désir prend effet dans la reconnaissance de soi et de l'autre comme machines : se poser comme désir implique la reconnaissance de l'autre comme désir. Alors que pour Sade le désir ne peut émerger que par anéantissement de l'objet au nom d'une féroce jouissance du soi. C'est Juliette qui, parmi les personnages sadiens, définit ce programme : « Je suis au point de désirer, comme Tibère, que le genre humain n'ait qu'une tête, pour avoir le plaisir de la lui trancher d'un seul coup » (X). Point de cette folie meurtrière chez La Mettrie : le désir est pacifique, dans la mesure où la nature n'ordonne pas la perversion, mais une jouissance mesurée par la « Loi naturelle ».

NOTE
SUR LES OCCURRENCES
DE LA METTRIE
DANS LE DISCOURS
MARXISTE
(MARX, PLEKHANOV,
LÉNINE)

1. Marx. Dans *La Sainte Famille* (1845), au chapitre VI, la place de La Mettrie est très précise : « Le matérialisme français mécaniste s'est rattaché à la *physique* de Descartes, par opposition à sa métaphysique. » C'est pourquoi « ses disciples ont été antimétaphysiciens de profession, c'est-à-dire *physiciens* ». La Mettrie fait l'intermédiaire entre Le Roy et Cabanis — intermédiaire chronologique et idéologique. Marx les rapproche comme l'expression triple d'un même courant : le fait qu'ils soient tous trois médecins illustre l'union avec les sciences de la nature. « La Mettrie comme Le Roy se proposent de transposer sur l'âme humaine la construction cartésienne de l'animal » (Éd. sociales, p. 152). Plus loin il déclare : « Les écrits de La Mettrie nous proposent une combinaison du matérialisme cartésien et du matérialisme anglais. Il utilise jusque dans le détail la physique de Descartes. Son homme-machine est calqué sur l'animal-machine de Descartes »

(p. 157). Marx a le mérite de signifier dans ce schéma la spécificité du matérialisme de La Mettrie, en le rapprochant d'un Le Roy ou d'un Cabanis avant de le rapprocher d'un Helvétius. C'est qu'il y a deux destins du cartésianisme : la métaphysique idéaliste et le matérialisme. Mais à l'intérieur de ce second destin, il y a deux devenirs : « De même que le matérialisme cartésien a son aboutissement dans la science de la nature proprement dite, l'autre tendance du matérialisme français débouche directement sur le socialisme et le communisme » (p. 157). La branche politique et sociale est représentée par Helvétius et d'Holbach (dont Marx recense les formules présocialistes à la fin de son exposé). La branche naturaliste est représentée par La Mettrie — ce qui explique qu'il ait capitalisé sur lui l'opposition idéaliste des métaphysiciens, l'opposition déiste antimatérialiste et l'opposition des matérialistes moralistes ou politiques.

2. Plekhanov. Les *Beiträge zur Geschichte des Materialismus* traitent essentiellement de D'Holbach et d'Helvétius (*cf. Œuvres philosophiques*, II, éd. du Progrès, Moscou). Il réfute le verdict de Hettner (*Histoire de la littérature au* XVIIIᵉ *siècle*, 1881) : « La Mettrie et Helvétius sont les sophistes de la morale matérialiste. » C'est le seul mot sur lui dans le premier essai, sur D'Holbach. Dans le second essai sur Helvétius, il déclare qu'en Allemagne, celui-ci « est encore plus diffamé que La Mettrie », qui au moins a mérité après sa mort « quelques mots de bienveillance » de la part de Frédéric II. Dans *La Conception*

matérialiste de l'histoire (1901) il déclare : « Logiquement, c'est de la philosophie de Descartes qu'est sorti le matérialisme de La Mettrie » (ajoutant qu'on en pouvait tirer avec le même droit des conclusions *idéalistes*) (éd. de Moscou, p. 261). Dans *D'une prétendue crise du marxisme* (1898), il évoque La Mettrie comme « cet *enfant perdu* (en français dans le texte) de la philosophie matérialiste, dont la hardiesse effrayait les plus téméraires » (p. 351). Il y trouve un agnosticisme et l'idée que : « La pensée est un produit de l'organisation », « véritable sens de la théorie de La Mettrie et des autres matérialistes » (p. 353). « La Mettrie procède de Descartes : non point de sa métaphysique, qui est parfaitement idéaliste, mais de sa physiologie. » Il dénonce l'appréciation de la *Biographie universelle ancienne et moderne* (art. La Mettrie, t. XXVIII) où *L'Homme-Machine* est présenté en substance comme un « ouvrage abominable où la subversive théorie matérialiste se trouve exposée sans la moindre prudence » (p. 352). La Mettrie fait partie des « matérialistes fort peu conscients de leur parenté avec Spinoza », pourtant objectivement présente (p. 354) (contrairement à Diderot). Dans *Bernstein et le matérialisme* (1898), il reprend l'expression : « Cet enfant perdu du matérialisme, dont la hardiesse effrayait les plus téméraires » (p. 365). Il fait remarquer que La Mettrie fait partie de ces matérialistes « qui n'ont pas écrit une seule ligne dans l'*Encyclopédie* » (p. 368), qu'il n'a, pas plus que les autres, « jamais admis que toutes les forces matérielles puissent se ramener au mouvement » (p. 368). C'est « un *cartésien* pur et simple qui alla jusqu'au bout de ses idées, ayant enrichi son bagage intellectuel de toutes les connaissances existant alors en biologie » : c'est l'homme qui « prend au mot » l'automatisme cartésien (p. 368). Son matérialisme consiste en ce qu'il « tenait la pensée comme une propriété de la matière » (p. 369). Il conclut : « Je ne vois absolument aucune différence entre le spinozisme et le matérialisme de La Mettrie » (p. 370). Il précise l'accusation en citant la *Biographie*, traitant l'œuvre de « production infâme où la doctrine désolante du matérialisme est exposée sans aucun ménagement » (p. 372, note). Dans *Le « Cant » contre Kant* (1899), il caractérise à nouveau le matérialisme français du XVIIIe siècle, celui de La Mettrie, comme « un spinozisme modifié » (p. 405). Dans *Schmidt contre K. Marx et F. Engels* (1898), citant à nouveau la *Biographie*, il déclare que La Mettrie a été considéré « en France comme un fou à lier » pour avoir fait de la pensée un produit de l'organisation (p. 446). Dans *Reparlons du matérialisme* il confirme contre Schmidt le caractère matérialiste de La Mettrie « dont la doctrine vient entièrement et en droite ligne de la partie matérialiste de Descartes » (p. 469). Il s'en sert encore contre Mazaryk (1901).

3. Lénine. La Mettrie n'intervient pas dans la démonstration centrale de *Matérialisme et empiriocriticisme*, alors que D'Holbach est cité (ch. IV, § 7) et que Diderot remplit un rôle déterminant (voir notamment ch. I et introduction). Le nom de La Mettrie n'apparaît dans les *Œuvres* (Éd. sociales,

Éd. du Progrès, Moscou) de Lénine (t. 38, pp. 39 et 41), que dans son résumé en 1895, de la *Sainte Famille (supra)*, où on lit : « *La Mettrie*-union du matérialisme cartésien et du matérialisme anglais » ; ainsi que dans ses annotations de 1909-1911 sur Plekhanov et Tchernychevski : « Tchernychevski se rapprochait des matérialistes tels que La Mettrie et Diderot (souligné d'un trait dans le texte), qui, à leur tour, s'étaient placés au point de vue du spinozisme débarrassé de ses appendices théologiques superflus... » (t. 38, p. 477).

On assiste donc à une involution du rôle de La Mettrie dans la stratégie théorique du matérialisme historique. En un premier moment, La Mettrie est situé dans une tradition dont il est un maillon ; dans un second temps, on insiste sur l'impasse qu'il représente, rançon de son apport, en tant que borné au naturalisme ; enfin, il est éclipsé par des référents qui apparaissent comme plus déterminants. Sur le sens des limites sociales du matérialisme lamettrien, voir *supra*, introduction.

NOTES

1. *L'Homme-Machine*, Denoël-Gonthier, coll. « Médiations », 1981. Cette édition témoignait pour nous, autant que d'un intérêt pour ce qui est référé à l'« histoire des idées », d'un chantier de recherche relatif aux « modèles » théoriques et scientifiques de l'épistémê psychanalytique : cf. P.-L. Assoun, *Introduction à l'épistémologie freudienne*, Payot, 1981, 2ᵉ éd. 1990.

2. Cf. Alexandre Koyré, *La Révolution astronomique*, Hermann, 1973, p. 79.

3. Georges Canguilhem, *Études d'histoire et de philosophie des sciences*, Librairie philosophique Vrin, 1968, introduction, « L'objet de l'histoire des sciences », p. 21.

4. Viktor Tausk (1879-1919), « De la genèse de l'appareil à influencer au cours de la schizophrénie », « Über die Enstehung des Beeinflussungsapparates in der Schizophrenie », *Zeitschrift für ärtzliche Psychoanalyse*, V, 1-33 ; trad. franç. in Viktor Tausk, *Œuvres psychanalytiques*, Payot, 1976, p. 177-227.

5. Daniel Paul Schreber, *Mémoires d'un malade des nerfs*, 1903, trad. franç. Seuil, et S. Freud, *Sur un cas de paranoïa écrit sous forme autobiographique*, 1911.

6. Selon l'article « Machine » du Dictionnaire Larousse en 5 vol.

7. La patiente, ancienne étudiante de philosophie, âgée de trente et un ans, complètement sourde à la suite d'une infection maligne de l'oreille, ne communiquant que par écrit avec son

entourage, se disait depuis six ans sous l'emprise d'un appareil électrique fabriqué à Berlin, malgré l'interdiction de la police...

8.　Jean-Paul Sartre, « La Chambre », in *Le Mur*, Gallimard, 1939.

9.　P.-L. Assoun, *Leçons psychanalytiques sur Corps et symptôme*, Anthropos/Economica 1997, 2 vol.

10.　Cf. l'écrit sur les aphasies motrices dans l'hystérie (1893).

11.　P.-L. Assoun, *Psychanalyse*, « Premier cycle », Presses universitaires de France, 1997.

12.　Formule employée par Freud et censée avoir été émise par Napoléon.

13.　Cf. notre étude, « L'écriture-femme de l'inhumain. Frankenstein saisi par la psychanalyse », in *Analyses et réflexions sur Mary Shelley*, « Frankenstein », Ellipses/Marketing, 1997, p. 95-104.

14.　Définition du Dictionnaire Larousse, article « Précurseur ».

15.　Cf. P.-L. Assoun, *Introduction à la métapsychologie freudienne*, Presses universitaires de France, coll. « Quadrige », n° 181, 1993.

16.　Lange est rattaché au néokantisme de l'école de Marburg. Parti d'un intérêt pour la psychologie herbartienne, il consacra sa thèse à la critique de l'usage des mathématiques en psychologie et en philosophie (1855), et tenta parallèlement une mathématisation de la logique formelle, s'intéressant au calcul des statistiques. Par ailleurs Lange fut membre du Parti du progrès, puis lassallien, enfin membre du comité de l'Association des travailleurs allemands et auteur d'un écrit sur *La Question des travailleurs* (1865). Il y exprime un socialisme réformiste d'inspiration darwiniste. C'est dans ce contexte qu'il écrivit son *Histoire du matérialisme*, qui a pour enjeu l'évaluation du matérialisme à la lueur du kantisme. Considéré comme hypothèse de travail dans le premier tome, dans le second, où Kant intervient, il le relativise à l'étalon de la critique kantienne de la connaissance en posant comme limite une théorie de l'organisation, espèce d'agnosticisme à fondement physiologique. La Mettrie intervient dans le premier volet, comme spécimen de matérialisme

prékantien, à la fois fécond et limité. Cette approche non matérialiste a le mérite de redécouvrir les systèmes seulement
évoqués auparavant et de leur ménager la place qui leur revient,
et notamment de redécouvrir La Mettrie en son lieu historique.

17.   Il s'agit du chapitre II de la quatrième partie du premier
tome, « De La Mettrie », trad. fr., 1877, p. 336-376.

18.   *Op. cit.*, p. 336.

19.   *Op. cit.*, p. 338. Sur cette société, voir René Hubert,
D'Holbach et ses amis (1928).

20.   *Op. cit.*, p. 339.

21.   *Op. cit.*, p. 339.

22.   *Op. cit.*, p. 336.

23.   *Op. cit.*, p. 339.

24.   *Op. cit.*, p. 336.

25.   *Op. cit.*, p. 336.

26.   Lettre de Voltaire à Mme Denis du 6 novembre 1750.

27.   Lettre à König du 12 mars 1753 ; c'est le jugement le
plus modéré de Voltaire à son égard. Il y concède que « c'était un
très bon médecin, en dépit de son imagination, et un très bon
diable, en dépit de ses méchancetés ». Il concède qu'il a servi la
« liberté de penser », la philosophie. Mais en envoyant des livres à
La Mettrie en janvier 1752, il ne concède que « quelques bonnes
lignes », et pas même « une bonne page ».

28.   Lettre à Mme Denis du 6-11-1750.

29.   Lettre à König du 12-3-1753.

30.   Lettre du 4 septembre 1759 à A. M. Bertrand : « La
Mettrie dont vous me parlez n'était point du tout médecin.
C'était un fou, et sa profession était d'être fou. »

31.   Lettre à Palissot en 1760. Sur le contentieux de La Mettrie avec Voltaire, voir *infra*, note 42 du texte, p. 155 et 240-241.

32.   Il le traite de « dissolu, impudent, bouffon, flatteur ».

33.   Sur les emprunts de Diderot à La Mettrie, voir *infra*,
notes. Voir aussi, sur l'emprunt de La Mettrie à Diderot les
notes 98 et 99.

34.   *In* 2e partie, ch. XII : « L'athéisme est-il compatible avec
la morale ? » éd. 1770, T. II, p. 348, note. Sur le sens profond de
ce différend, voir *supra*, p. 88 *sqq.*

35.   Voir Diderot (*op. cit.*) : « La Mettrie... était fait pour la

vie des cours et la faveur des grands. Il est mort comme il devait mourir, victime de son intempérance et de sa folie. »

36.   *Essai sur La Mettrie* (1873), voir bibl. *infra*, p. 126.

37.   P. 43 *sq.*

38.   P. 43-44.

39.   P. 44.

40.   P. 46.

41.   Sur cette affaire de la dédicace, voir *infra*, note 3 du texte, pp. 219-223.

42.   Article *Catius*, remarque D, éd. 1734, p. II, p. 364.

43.   Il s'agit de l'« Épître à Mlle A.C.P. ou la Machine terrassée », reproduite à la fin du tome II des *Œuvres philosophiques* (p. 235 *sq.*).

44.   *Op. cit.*, p. 237.

45.   Voir les *Éloges* de Fontenelle.

46.   *Op. cit.*, p. 238.

47.   Voir note 3 du texte de *L'Homme-Machine*.

48.   Voir *infra*, p. 180, note 85.

49.   Voir l'éloge de Frédéric II, reproduit au début des *Œuvres*, p. III-IV.

50.   *Op. cit.*, p. 243-244.

51.   Il emploie cette expression laudative à deux reprises dans le *Discours sur le bonheur* ou *Anti-Sénèque* (1748), in O.P., II, p. 171 et 230 : « Rois, imitez le Salomon du Nord. Soyez les héros de l'humanité, comme vous en êtes les chefs. Descendre à la qualité de mécènes c'est s'élever. » « Ô ! que ma reconnaissance et mon zèle s'exerceraient avec plaisir à célébrer les vertus du Salomon du Nord... »

52.   Elles eurent dix éditions jusqu'en 1796.

53.   Sur l'articulation de ces deux dimensions, plus étroite qu'on ne l'a cru, voir *supra*, p. 88.

54.   *Op. cit.*, p. 245-246.

55.   Sur la conception lamettrienne de la mort inspirée de Pétrone, voir *infra*, note 31 du texte de *L'Homme-Machine*. Sur les causes, voir Dr Raymond Boissier, *La Mettrie*, pp. 23-24 (« entéropathie, appendicite, péritonite, volvulus ou obstruction »).

56.   Voir sur ce point Antoine Adam, *Le Mouvement philoso-phique dans la première partie du* XVIIIᵉ *siècle*, p. 1, p. 7 *sqq.*

57.   Tralles écrivit une réfutation en latin en 1749 sous le titre *De machina et anima humana, prorsus a se invicem distinctis, commentatio, libello latere amantis auctoris Gallico, Homo machina inscripto, opposita et ad illustrissimum virum Albertum Haller exarata a Balthas.* En 1751 Godefroy Ploucquet publia une *Dissertatio de Materialismo cum supplementis et confutatione libelli L'Homme Machine incripti.*

58.   Haller écrivit un compte rendu réfutatif. Voir la note 3 du texte de *L'Homme-Machine*, p. 221-222.

59.   Gotthold Ephraïm Lessing, bientôt apôtre éminent des Lumières en Allemagne, écrivit en effet un poème intitulé *Aus einem Gedichte über die menschliche Glücksichkeit* où il récuse l'idée d'un monde sans Dieu et machinal régi par le hasard et y oppose son idée de la félicité. On y trouve notamment une récusation de la morale lamettrienne : « Un sage n'apprécie pas un jeu où seul le hasard gouverne, où la sagesse ne gagne rien, et où la sottise ne perd rien. Perdre sans que ce soit de ma faute est un présent trop amer, et le bonheur qui échoit aux fous ne me réjouit pas » (v. 76-79). Il est intéressant de noter la protestation de la morale des Lumières rationaliste en Allemagne, qui a le mérite d'expliciter les raisons de son rejet, alors qu'en France on se contente d'insulter La Mettrie. Voir Georges Pons, *Gotthold Ephraïm Lessing et le christianisme* (1964), p. 46-50.

60.   Robert Lenoble, *in Histoire de la science*, Encyclopédie de la Pléiade, 1957, p. 479.

61.   Georges Gusdorf, *La Révolution galiléenne*, t. I, p. 222 (1ʳᵉ partie, III I, « Machine »).

62.   *On the Usefulness of experimental philosophy*, I, 4 (1663), cité par Gusdorf, *op. cit.*, p. 227.

63.   *Léviathan*, Introduction (1651).

64.   Voir *infra*, p. 204.

65.   In *Traité de l'homme, in Œuvres*, p. 807.

66.   In *Principes de la philosophie*, 1. IV, § 203.

67.   Leibniz spécifiera le mécanisme par la théorie des forces vives mais travaille en effet dans le modèle mécanique.

68.   Voir sur toute cette question l'*Histoire de la philosophie*

cartésienne, t. I, ch. VII, p. 138 *sqq.* et Henri Busson, *La Pensée religieuse de Charron à Pascal*, p. 188 à 202.

69.   *Quod animalia bruta saepe ratione utantur melius homine* (1648).

70.   Voir *Apologie de Raymond Sebonde*.

71.   La Sagesse, livre I, ch. 8.

72.   *Maragarita-Antoniana.*

73.   *Discours de la méthode*, 5ᵉ partie, *in fine.*

74.   Lettre de Descartes à Réneri pour Pollot (avril-mai 1638).

75.   Lettre de Descartes au marquis de Newcastle du 23 novembre 1646.

76.   *Harmonie universelle, Traités de la voix et des chants*, 1. II, prop. XXII, p. 159-160. Cité par Lenoble, in *Mersenne ou la naissance du mécanisme* (1943), p. 74-75.

77.   *Système de philosophie*, livre VII, part. 2, ch. 17 : « Nous aimons mieux suspendre notre jugement à cet égard... nous avons cru qu'il était plus à propos d'expliquer toutes leurs fonctions par la machine que de recourir pour cet effet à une âme dont l'existence est si incertaine, qu'il est impossible, tandis que les bêtes ne parleront point, de s'en assurer. »

78.   *Traité de la connaissance de Dieu et de soi-même*, ch. cinquième, « De la différence entre l'homme et la bête », in § XIII, éd. Hachette, p. 267.

79.   Dans le *Traité de l'existence de Dieu* (1ʳᵉ partie, ch. II), où il dit d'ailleurs refuser d'entrer dans la discussion philosophique sur la question, Fénelon présente l'animal comme « une machine qui se répare et se renouvelle sans cesse elle-même », composée d'« un nombre prodigieux de mouvements entièrement indélibérés, qui sont exécutés selon les plus fines règles de la mécanique » (éd. Hachette, p. 26). Mais ce n'est qu'un argument téléologique pour démontrer l'existence de la Providence. Voir aussi les *Dialogues des morts* où il ne tranche pas entre la thèse cartésienne et la thèse aristotélicienne.

80.   Voir son *Traité sur la nature de l'instinct.*

81.   *Recherche de la vérité*, livre 3, ch. 2. Malebranche en discute sur le plan théologique. Voir aussi I. II, IIIᵉ part., ch. V ; 1. III, Iʳᵉ part., ch. VI ; 1. VI, IIᵉ part., ch. VII.

82. Voir les *Entretiens de philosophie*, 2ᵉ entretien, *in* rééd. 1978 par Pierre Clairs, éd. C.N.R.S., p. 138 *sqq.*

83. Il est intéressant de relever, avec Bouillier, qu'« il semble que nul sentiment de Descartes n'ait été accueilli avec plus de ferveur à Port-Royal. Arnauld le soutenait avec vivacité, et Pascal lui-même, à ce que nous apprend Marguerite Perrier, était de l'avis de Descartes sur l'automate ». À tel point que : « Sur la foi de Descartes, on était devenu à Port-Royal sans pitié pour les animaux ; on ne s'y faisait plus scrupule de disséquer des bêtes vivantes, de fouiller dans leurs entrailles », sous prétexte que les cris plaintifs n'étaient pas autre chose que les sons d'un orgue dont on appuie les cordes (*op. cit.*, p. 144). — Rappelons que La Mettrie a été formé dans sa jeunesse par les jansénistes. On peut se demander si, par son mécanicisme, il ne prolonge pas une thématique chère à cette tradition dont il a renié par ailleurs l'idéologie.

84. Voir aussi l'article « Bêtes » du *Dictionnaire philosophique* : « Quelle pitié, quelle pauvreté, d'avoir dit que les bêtes sont des machines privées de connaissance et de sentiment... »

85. Bouillier, *op. cit.*, p. 151.

86. Par exemple, *L'Anti-Lucrèce* du cardinal de Polignac (6ᵉ chant) ou Louis Racine, dans ses épîtres, ou bien le cardinal Gerdil dans son *Essai sur les caractères distinctifs de l'homme et des animaux bruts* — on le voit, dans un contexte qui n'a rien de matérialiste. Voir *in* Bouillier, note 1 de la p. 151-152, la bibliographie abondante des ouvrages opposés à l'automatisme ou diversement favorables, depuis La Fontaine, Molière et Mᵐᵉ de Sévigné.

87. Voir *infra.*

88. Voir depuis Descartes, le P. André Martin (*Philosophia christiana*), le P. Poisson, Darmanson (*La bête transformée en machine*), qui lient le fait que les animaux sont machines et le fait que, n'ayant péché, les bêtes ne peuvent souffrir... Cela montre bien la plasticité idéologique de la thèse. Notons qu'inversement le curé Meslier, athée et matérialiste, s'oppose avec virulence à la thèse des animaux-machines (voir Étienne Verlet, *in Études sur le curé Meslier*, p. 71-86).

89. *Traité de l'homme*, début, p. 807.

90.   Entretien avec Burman. Voir aussi le *Nouveau Cours de
médecine dressé selon les principes de la nature et des mécaniques, nou-
vellement expliqué par MM. Descartes, Hogelande, Regius, Arberius,
Willis, les docteurs de Louvain et autres*, véritable bréviaire de
médecine mécaniste paru en 1683.

91.   *Exercitatio anatomica... de motu cordis et sanguinis in animalibus* (1628). Voir *infra*, note 108 du texte de *L'Homme-
Machine*. Sur Harvey, voir Louis Chauvois, *William Harvey*
(1957).

92.   Voir *infra*, p. 141 et note 17 du texte de *L'Homme-
Machine*.

93.   Voir *supra*.

94.   Voir *infra*, p. 196 et note 127 du texte de *L'Homme-
Machine*.

95.   *Les Physiciens hollandais et la méthode expérimentale en
France au* XVIIIe *siècle* (1926).

96.   Brunet, *op. cit.*, p. 106. Voir également p. 119-120 et
p. 124.

97.   Nous nous référons pour l'exposé du système de Boer-
haave tel qu'il est perçu au XVIIIe siècle à l'ouvrage de Savérien,
Histoire des philosophes modernes (éd. de 1773), ensemble de
monographies sur les personnalités des savants et philosophes
du temps, qui offre le panorama de la représentation que l'on se
faisait de la recherche scientifique à ce moment. L'article
consacré à Boerhaave conclut le tome septième du recueil
(p. 85-97). — *Op. cit.*, p. 88.

98.   *Op. cit.*, p. 89.

99.   Voir notes 19, 21, 22 et 168 du texte de *L'Homme-
Machine*.

100.   Voir *infra*, p. 214 et note 167 du texte de *L'Homme-
Machine*.

101.   *Op. cit.*, p. 90.

102.   *Op. cit.*, p. 93. La comparaison avec la *machina hydrau-
lica* se trouve chez Willis (*De febribus* t. 1, p. 71).

103.   Voir l'étude d'André Doyon et Lucien Liaigre, dans
l'article « Automate » de l'*Encyclopédie universalis* (t. 1).

104.   Lion qui se présenta au-devant de Louis XII lors de son
entrée à Milan en 1499 : on notera le lien symbolique de l'auto-

mate avec le pouvoir. Le lion s'arrêta devant le roi et découvrit les fleurs de lys qu'il portait à la place du cœur.

105.   Salomon de Caus (1576-1625) inventa en effet des dispositifs permettant la commande automatique par tambour d'un flux d'air et d'eau.

106.   *Jacques Vaucanson, mécanicien de génie* (1966). Voir aussi leur « Méthodologie comparée du biomécanisme et de la mécanique comparée », *in Dialectica*, X, 4 (1956).

107.   Voir *Theologia platonica*, III, 3.

108.   Mémoire à l'académie de Lyon (1741).

109.   Mémoire à l'académie de Rouen (1744).

110.   Vaucanson construira en effet un tel automate avec l'appui de Louis XV, pour lequel il fera préparer au chimiste Macquer des tubes de caoutchouc.

111.   Voir p. 164 et 247-248 (notes 63 et 64).

112.   *Les Sciences de la vie dans la pensée française au* XVIIIe *siècle* (1963, rééd. 1971), 2e partie, ch. I, § III, p. 206 *sqq.*

113.   *Op. cit.*, p. 207.

114.   Voir p. 201 et note 139.

115.   *Op. cit.*, p. 221.

116.   *Op. cit.*, p. 222. Voir le cinquième écrit contre Clarke, § 114.

117.   Voir *La Structure des révolutions scientifiques*, Flammarion.

118.   *In* O.P. II, 79. C'est le début de l'écrit.

119.   Voir *infra* et note 3 du texte de *L'Homme-Machine*.

120.   Pour le développement précis de ces idées essentielles pour la compréhension de la physiologie lamettrienne, nous renvoyons à la note 117 du texte de *L'Homme-Machine*.

121.   Relevons de plus un curieux fait quant à l'emprunt que La Mettrie aurait fait de cette idée à l'école boerhaavienne. Un certain Gaubius, élève renommé de Boerhaave, professeur de pathologie et de chimie à l'université de Leyde, affirme, dans une lettre à Charles Bonnet en date du 25 mars 1761, en évoquant le discours académique qu'il prononça en 1747, *De Regimine mentis quod Medicorum est :* « Des esprits malins en tirent des conséquences irréligieuses. M. de La Mettrie était assis sur les degrés de la chaire fort attentif, quand je prononçais ce discours

à la fin de mon rectorat, et peu après il publia son *Homme-Machine* » (*in Mémoires autobiographiques* de Charles Bonnet, éd. Savioz 1948, p. 194). On trouve donc là l'indication, quelle que soit l'importance de l'influence de Gaubius, d'une filiation entre certaines idées sur l'âme professées dans le sillage de Boerhaave et le matérialisme qu'en tire La Mettrie.

122. Édité en 1973 par Alain Niderst. Voir dans son introduction l'évocation de cette littérature matérialiste clandestine.

123. *Op. cit.*, p. VI.

124. O.P., I, p. 65-228.

125. Voir *infra*, et note 135 du texte de *L'Homme-Machine*.

126. O.P., II, p. 51 *sqq.*

127. *Mersenne ou la naissance du mécanisme*, introduction, p. 5-12.

128. *D'Holbach et la philosophie scientifique au* XVIIIe *siècle* (1942. réed. 1967), 5e partie, A, p. 361-368.

129. *Op. cit.*, p. 365.

130. *Op. cit.*, p. 366.

131. *Op. cit.*, p. 368.

132. *Op. cit.*, p. 366.

133. D'Holbach écrira en effet une *Éthocratie* en 1776 dont le sous-titre est « Le gouvernement fondé sur la morale ».

134. *La Philosophie des lumières* (1932. tr. fr. 1970), p. 96-97.

135. O.P., I.

136. O.P., I, 15.

137. Voir *infra*, p. 169.

138. La Mettrie emploie cette expression au début de *L'Art de jouir* (O.P., III, 203).

139. *La Volupté*. O.P., III, 65.

140. *Surveiller et punir* (1975), III, ch. I : « Il y a eu, au cours de l'âge classique, toute une découverte du corps comme objet et cible du pouvoir... Le grand livre de *L'Homme-Machine* a été écrit simultanément sur deux registres : celui, anatomo-métaphysique, dont Descartes avait écrit les premières pages et que les médecins, les philosophes ont continué ; celui, technico-politique, qui fut constitué par tout un ensemble de règlements militaires, scolaires, hospitaliers et par des procédés empiriques et réfléchis pour contrôler ou corriger les opérations du corps... de

l'une à l'autre, des points de croisement. *L'Homme-Machine* de La Mettrie est à la fois une réduction matérialiste de l'âme et une théorie générale du dressage, au centre desquelles règne la notion de "docilité" qui joint au corps analysable le corps manipulable » (p. 138). Dans cette perspective, *L'Homme-Machine* serait un cadeau à Frédéric II, grand amateur de « poupées politiques », « roi minutieux des petites machines, des régiments bien dressés et des longs exercices ».

   141.   *Système d'Épicure*, § XLVI, *in* O.P., II, p. 26. Voir *infra*, note 165 du texte de *L'Homme-Machine*.

BIBLIOGRAPHIE
LAMETTRIENNE

La présente édition critique de *L'Homme-Machine* en constitue la première parue en français (Denoël, 1981).

En anglais, on dispose de :

Vartanian A., *La Mettrie's « L'Homme-Machine ». A study in the origins of an idea*, Princeton University Press, 1960.
Le texte a été réédité dans les *Œuvres philosophiques* de La Mettrie (dix éditions entre 1750 et 1796).
Il fut réédité en 1860 par Asseza (précédé d'une introduction à *L'Homme-Machine*), puis en 1921 par Solovine (Bossard), avec une introduction à *L'Homme-Machine*.
On en trouve des extraits dans l'édition de La Mettrie, textes choisis, Éditions sociales, « Les Classiques du peuple », avec une introduction de Marcelle Bottigelli-Tisserand (1954 et 1974).

Ouvrages sur La Mettrie

Bergmann, *Die Satiren des Herrn Machine*, 1913.
Boissier R., *La Mettrie. Médecin, pamphlétaire et philosophe*, Les Belles Lettres, 1931.
Jauch U. P., *Philosophie, Ironie und Ästhetik bei Julien Offray de La Mettrie*, Carl Hanser Verlag, München, 1998.

LEMÉE P., *Julien Offray de La Mettrie. Médecin, philosophe, polémiste*, Mortain, 1954.

MAÎTRE, *Un médecin philosophe : de La Mettrie*, 1919.

MORILHAT C., *La Mettrie. Un matérialisme radical*, Presses universitaires de France, 1997.

PICAVET, *La Mettrie et la critique allemande*, 1889.

PORITZKI, *La Mettrie, sa vie et ses ouvrages*, 1900.

QUEPAT, Nérée, *La Philosophie matérialiste au XVIIIe siècle. Essai sur La Mettrie, sa vie et ses œuvres*, 1873.

TULOUP, *Un précurseur méconnu : Offray de La Mettrie, médecin philosophe*, 1938.

VERGUE, *Du caractère médical de l'œuvre de La Mettrie*, 1907.

WELLMAN K., *La Mettrie. Medicine, philosophy and enlightenment*, Londres, Duke University Press., 1992.

Publication collective

La Mettrie, Corpus, revue de philosophie, n° 5/6, 1987.

Articles et études sur La Mettrie

DESNE R., « *L'humanisme de La Mettrie* », *La Pensée*, n° 109, 1963.

DUBOIS-REYMOND E., *Rede über La Mettrie*, Académie des sciences de Berlin, 1875.

FRÉDÉRIC II, *Éloge de La Mettrie*.

LEVOT P., « La Mettrie », in *Biographie bretonne*, 1852-1857.

RETAT, « Le cœur de La Mettrie », in *Mélanges de littérature offerts à M. René Pintard*, Strasbourg, 1975.

VARTANIAN A., « Le philosophe selon La Mettrie », *Dix-huitième siècle*, n° 1, 1969.

Ouvrages sur le contexte
de la pensée de La Mettrie

CALLOT E., *La Philosophie de la vie au* XVIIIe *siècle*, 1965 (chap. VI).

CANGUILHEM G., *La Connaissance de la vie*, Vrin, 1992.

DAMIRON, *Mémoires pour servir à l'histoire de la philosophie au* XVIIIe *siècle*, t. II, 1832.

DUCHESNEAU F., *La Physiologie des Lumières*, La Haye, M. Nijhoff, 1982.

EHRARD J., *L'idée de nature en France dans la première moitié du* XVIIIe *siècle*, SEVPEN, 1963, 2 vol.

KIRKINEN H., *Les Origines de la conception moderne de l'Homme-Machine*, Helsinki, 1960.

LANGE F., *Histoire du matérialisme*, 1866, trad. franç. Schleicher, t. I, 1877, 4e partie, II.

MAUZI R., *L'Idée de bonheur dans la littérature et la pensée française au* XVIIIe *siècle*, Armand Colin, 1960.

ROGER P., *Les Sciences de la vie dans la pensée française au* XVIIIe *siècle*, Armand Colin, 1963, 3e partie, chap. I, § 2.

ROSENFIELD L.C., *From Beast-Machine to Man-Machine*, New York, Oxford University Press, 1840.

SPINK J.-S., *La Libre-pensée française de Gassendi à Voltaire*, Éditions sociales, 1966.

Publications collectives

« Le matérialisme des Lumières », *Dix-huitième siècle*, n° 24, 1992.

BLOCH O. *et alii*, *Le Matérialisme du* XVIIIe *siècle et la littérature clandestine*, Vrin, 1982.

L'Homme-Machine

par Julien Offroy de La Mettrie

AVERTISSEMENT
DE
L'IMPRIMEUR [1]

On sera peut-être surpris que j'aie osé mettre mon nom à un livre aussi hardi que celui-ci. Je ne l'aurais certainement pas fait, si je n'avais cru la religion à l'abri de toutes les tentatives qu'on fait pour la renverser ; et si j'eusse pu me persuader qu'un autre imprimeur n'eût pas fait très volontiers ce que j'aurais refusé par principe de conscience. Je sais que la prudence veut qu'on ne donne pas occasion aux esprits faibles d'être séduits. Mais en les supposant tels, j'ai vu à la première lecture qu'il n'y avait rien à craindre pour eux. Pourquoi être si attentif, et si alerte à supprimer les arguments contraires aux idées de la Divinité et de la religion ? Cela ne peut-il pas faire croire au peuple qu'on le *leurre ?* et dès qu'il commence à douter, adieu la conviction et par conséquent la religion ! Quel moyen, quelle espérance, de confondre jamais les irréligionnaires, si on semble les redouter ? Comment les ramener, si en leur défendant de se servir de leur raison, on se contente de déclamer contre leurs mœurs, à tout hasard, sans s'informer si elles méritent la même censure que leur façon de penser.

Une telle conduite donne gain de cause aux incrédules ; ils se moquent d'une religion, que notre ignorance voudrait ne pouvoir être conciliée avec la philosophie : ils chantent victoire dans leurs retranchements, que notre manière de combattre leur fait croire invincibles. Si la religion n'est pas victorieuse, c'est la faute des mauvais auteurs qui la défendent. Que les bons prennent la plume, qu'ils se montrent bien armés, et la théologie l'emportera de haute lutte sur une aussi faible rivale. Je compare les athées à ces géants qui voulurent escalader les cieux : ils auront toujours le même sort.

Voilà ce que j'ai cru devoir mettre à la tête de cette petite brochure, pour prévenir toute inquiétude. Il ne me convient pas de réfuter ce que j'imprime, ni même de dire mon sentiment sur les raisonnements qu'on trouvera dans cet écrit. Les connaisseurs verront aisément que ce ne sont que des difficultés qui se présentent toutes les fois qu'on veut expliquer l'union de l'Âme avec le Corps. Si les conséquences que l'auteur en tire, sont dangereuses, qu'on se souvienne qu'elles n'ont qu'une hypothèse pour fondement. En faut-il davantage pour les détruire ? Mais s'il m'est permis de supposer ce que je ne crois pas, quand même ces conséquences seraient difficiles à renverser, on n'en aurait qu'une plus belle occasion de briller. *À vaincre sans péril, on triomphe sans gloire.*

L'auteur, que je ne connais point, m'a envoyé son ouvrage de *Berlin*, en me priant seulement d'en envoyer six exemplaires à l'adresse de M. le Marquis d'Argens[2]. Assurément on ne peut mieux s'y prendre pour garder l'*incognito*, car je suis persuadé que cette adresse même n'est qu'un persiflage.

À MONSIEUR HALLER
PROFESSEUR
EN MÉDECINE
À GOETTINGUE[3]

Ce n'est point ici une dédicace ; vous êtes fort au-dessus de tous les éloges que je pourrais vous donner ; et je ne connais rien de si inutile, ni de si fade, si ce n'est un *Discours académique*. Ce n'est point une exposition de la nouvelle méthode que j'ai suivie pour relever un sujet usé et rebattu. Vous lui trouverez du moins ce mérite ; et vous jugerez au reste si votre disciple et votre ami a bien rempli sa carrière. C'est le plaisir que j'ai eu à composer cet ouvrage, dont je veux parler ; c'est moi-même, et non mon livre que je vous adresse, pour m'éclairer sur la nature de cette sublime volupté de l'étude. Tel est le sujet de ce Discours[4]. Je ne serais pas le premier écrivain, qui, n'ayant rien à dire, pour réparer la stérilité de son imagination, aurait pris un texte, où il n'y en eut jamais. Dites-moi donc, double enfant d'Apollon, Suisse illustre, Fracastor[5] moderne, vous qui savez tout à la fois connaître, mesurer la Nature, qui plus est la sentir, qui plus est encore l'exprimer ; savant médecin, encore plus grand poète, dites-moi par quels charmes l'étude peut

changer les heures en moments ; quelle est la nature
de ces plaisirs de l'esprit, si différents des plaisirs
vulgaires... Mais la lecture de vos charmantes poésies m'en a trop pénétré moi-même pour que je n'es-
saie pas de dire ce qu'elles m'ont inspiré. L'homme,
considéré dans ce point de vue, n'a rien d'étranger à
mon sujet.

La volupté des sens, quelque aimable et chérie
qu'elle soit, quelques éloges que lui ait donnés la
plume apparemment aussi reconnaissante que délicate d'un jeune médecin français, n'a qu'une seule
jouissance qui est son tombeau. Si le plaisir parfait
ne la tue point sans retour, il lui faut un certain
temps pour ressusciter. Que les ressources des plaisirs de l'esprit sont différentes ! plus on s'approche
de la Vérité, plus on la trouve charmante. Non seulement sa jouissance augmente les désirs, mais on
jouit ici, dès qu'on cherche à jouir. On jouit longtemps, et cependant plus vite que l'éclair ne par-
court. Faut-il s'étonner si la volupté de l'esprit est
aussi supérieure à celle des sens, que l'esprit est au-
dessus du corps ? l'esprit n'est-il pas le premier des
sens, et comme le rendez-vous de toutes les sensations ? N'y aboutissent-elles pas toutes, comme
autant de rayons, à un centre qui les produit ? Ne
cherchons donc plus par quels invincibles charmes,
un cœur que l'amour de la Vérité enflamme, se
trouve tout à coup transporté, pour ainsi dire, dans
un monde plus beau, où il goûte des plaisirs dignes
des dieux. De toutes les attractions de la Nature, la
plus forte, du moins pour moi, comme pour vous,
cher Haller, est celle de la philosophie. Quelle gloire

plus belle, que d'être conduit à son temple par la raison et la sagesse ! quelle conquête plus flatteuse que de se soumettre tous les esprits !

Passons en revue tous les objets de ces plaisirs inconnus aux âmes vulgaires. De quelle beauté, de quelle étendue ne sont-ils pas ? le temps, l'espace, l'infini, la terre, la mer, le firmament, tous les éléments, toutes les sciences, tous les arts, tout entre dans ce genre de volupté. Trop resserrée dans les bornes du monde, elle en imagine un million. La nature entière est son aliment, et l'imagination son triomphe. Entrons dans quelque détail.

Tantôt c'est la poésie ou la peinture, tantôt c'est la musique ou l'architecture, le chant, la danse, etc., qui font goûter aux connaisseurs des plaisirs ravissants. Voyez la Delbar (femme de Piron[6]) dans une loge d'opéra ; pâle et rouge tour à tour, elle a la mesure avec Rebel, s'attendrit avec Iphigénie, entre en fureur avec Roland, etc. Toutes les impressions de l'orchestre passent sur son visage, comme sur une toile. Ses yeux s'adoucissent, se pâment, rient, ou s'arment d'un courage guerrier. On la prend pour une folle. Elle ne l'est point, à moins qu'il n'y ait de la folie à sentir le plaisir. Elle n'est que pénétrée de mille beautés qui m'échappent.

Voltaire ne peut refuser des pleurs à sa Mérope[7] ; c'est qu'il sent le prix et de l'ouvrage et de l'actrice. Vous avez lu ses écrits, et malheureusement pour lui, il n'est point en état de lire les vôtres. Dans les mains, dans la mémoire de qui ne sont-ils pas ? et quel cœur assez dur pour ne point en être attendri !

comment tous ses goûts ne se communiqueraient-
ils pas ? Il en parle avec transport.

Qu'un grand peintre, je l'ai vu avec plaisir en
lisant ces jours passés la préface de Richardson[8],
parle de la peinture, quels éloges ne lui donne-t-il
pas ? il adore son art, il le met au-dessus de tout, il
doute presque qu'on puisse être heureux sans être
peintre. Tant il est enchanté de sa profession !

Qui n'a pas senti les mêmes transports que Scaliger[9], ou le père Malebranche[10], en lisant quelques
belles tirades des poètes tragiques, grecs, anglais,
français, ou certains ouvrages philosophiques ?
Jamais Mme Dacier n'eût compté sur ce que son mari
lui promettait[11], et elle trouva cent fois plus. Si l'on
éprouve une sorte d'enthousiasme à traduire et
développer les pensées d'autrui, qu'est-ce donc si
l'on pense soi-même ? qu'est-ce que cette génération, cet enfantement d'idées que produit le goût de
la Nature et la recherche du vrai ? Comment
peindre cet acte de la volonté ou de la mémoire, par
lequel l'âme se reproduit en quelque sorte, en joignant une idée à une autre trace semblable, pour
que de leur ressemblance et comme de leur union, il
en naisse une troisième ; car admirez les productions de la nature. Telle est son uniformité, qu'elles
se font presque toutes de la même manière.

Les plaisirs des sens mal réglés perdent toute leur
vivacité et ne sont plus des plaisirs. Ceux de l'esprit
leur ressemblent à un certain point. Il faut les suspendre pour les aiguiser. Enfin l'étude a ses extases,
comme l'amour. S'il m'est permis de le dire, c'est
une catalepsie ou immobilité de l'esprit si délicieu-

sement enivré de l'objet qui le fixe et l'enchante, qu'il semble détaché par abstraction de son propre corps et de tout ce qui l'environne, pour être tout entier à ce qu'il poursuit. Il ne sent rien, à force de sentir. Tel est le plaisir qu'on goûte, et en cherchant et en trouvant la vérité. Jugez de la puissance de ses charmes par l'extase d'Archimède ; vous savez qu'elle lui coûta la vie [12].

Que les autres hommes se jettent dans la foule, pour ne pas se connaître ou plutôt se haïr, le sage fuit le grand monde et cherche la solitude. Pourquoi ne se plaît-il qu'avec lui-même, ou avec ses semblables ? C'est que son âme est un miroir fidèle, dans lequel son juste amour-propre trouve son compte à se regarder. Qui est vertueux, n'a rien à craindre de sa propre connaissance, si ce n'est l'agréable danger de s'aimer.

Comme aux yeux d'un homme qui regarderait la terre du haut des cieux, toute la grandeur des autres hommes s'évanouirait, les plus superbes palais se changeraient en cabanes, et les plus nombreuses armées ressembleraient à une troupe de fourmis, combattant pour un grain avec la plus ridicule furie — ainsi paraissent les choses à un sage tel que vous. Il rit des vaines agitations des hommes, quand leur multitude embarrasse la terre et se pousse pour rien, dont il est juste qu'aucun d'eux ne soit content.

Que Pope débute d'une manière sublime dans son *Essai sur l'Homme !* Que les grands et les rois sont petits devant lui [13]. Ô vous, moins mon maître que mon ami, qui aviez reçu de la nature la même force de génie que lui, dont vous avez abusé, ingrat, qui ne méritiez pas d'exceller dans les sciences ; vous m'avez appris à rire, comme ce grand poète, ou plutôt à gémir des jouets et des bagatelles, qui occupent sérieusement les monarques. C'est à vous que je dois mon bonheur. Non, la conquête du monde entier ne vaut pas le plaisir qu'un philosophe goûte dans son cabinet, entouré d'amis muets, qui lui disent cependant tout ce qu'il désire d'entendre. Que Dieu ne m'ôte point le nécessaire et la santé, c'est tout ce que je lui demande. Avec la santé, mon cœur sans dégoût aimera la vie. Avec le nécessaire, mon esprit content cultivera toujours la sagesse.

Oui, l'étude est un plaisir de tous les âges, de tous les lieux, de toutes les saisons et de tous les moments. À qui Cicéron n'a-t-il pas donné envie d'en faire l'heureuse expérience [14] ? Amusement dans la jeunesse, dont il tempère les passions fougueuses ; pour le bien goûter, j'ai quelquefois été forcé de me livrer à l'amour. L'amour ne fait point de peur à un sage : il sait tout allier et tout faire valoir l'un par l'autre. Les nuages qui offusquent son entendement, ne le rendent point paresseux ; ils ne lui indiquent que le remède qui doit les dissiper. Il est vrai que le soleil n'écarte pas plus vite ceux de l'atmosphère.

Dans la vieillesse, âge glacé, où on n'est plus propre, ni à donner ni à recevoir d'autres plaisirs, quelle plus grande ressource que la lecture et la méditation ! Quel plaisir de voir tous les jours sous ses yeux et par ses mains croître et se former un ouvrage qui charmera les siècles à venir, et même ses contemporains ! je voudrais, me disait un jour un homme dont la vanité commençait à sentir le plaisir d'être auteur, passer ma vie à aller de chez moi chez l'imprimeur. Avait-il tort ? et lorsqu'on est applaudi, quelle mère tendre fut jamais plus charmée d'avoir fait un enfant aimable ?

Pourquoi tant vanter les plaisirs de l'étude ? Qui ignore que c'est un bien qui n'apporte point le dégoût ou les inquiétudes des autres biens ? un trésor inépuisable, le plus sûr contrepoison du cruel ennui, qui se promène et voyage avec nous, et en un mot nous suit partout ? Heureux qui a brisé la chaîne de tous ses préjugés ! celui-là seul goûtera ce plaisir dans toute sa pureté. Celui-là seul jouira de cette douce tranquillité d'esprit, de ce parfait contentement d'une âme forte et sans ambition, qui est le père du bonheur, s'il n'est le bonheur même.

Arrêtons-nous un moment à jeter des fleurs sur les pas de ces grands hommes que Minerve a, comme vous, couronnés d'un lierre immortel. Ici c'est Flore qui vous invite avec Linnœus [15], à monter par de nouveaux sentiers sur le sommet glacé des Alpes pour y admirer sous une autre montagne de neige un jardin planté par les mains de la Nature : jardin qui fut jadis tout l'héritage du célèbre professeur suédois. De là vous descendez dans ces prairies, dont les fleurs l'attendent pour se ranger dans un ordre qu'elles semblaient avoir jusqu'alors dédaigné.

Là je vois Maupertuis [16], l'honneur de la nation française, dont une autre a mérité de jouir. Il sort de la table d'un ami qui est le plus grand des rois. Où va-t-il ? dans le Conseil de la Nature, où l'attend Newton.

Que dirai-je du chimiste, du géomètre, du physicien, du mécanicien, de l'anatomiste, etc. ? Celui-ci a presque autant de plaisir à examiner l'homme mort qu'on en a eu à lui donner la vie.

Mais tout cède au grand art de guérir. Le médecin est le seul philosophe qui mérite de sa patrie, on l'a dit avant moi ; il paraît comme les frères d'Hélène dans les tempêtes de la vie. Quelle magie, quel enchantement ! sa seule vue calme le sang, rend la paix à une âme agitée et fait renaître la douce espérance au cœur des malheureux mortels. Il annonce la vie et la mort, comme un astronome prédit une éclipse [17]. Chacun a son flambeau qui l'éclaire. Mais si l'esprit a eu du plaisir à trouver les règles qui le guident, quel triomphe — vous en faites tous les jours l'heureuse expérience —, quel triomphe, quand l'événement en a justifié la hardiesse !

La première utilité des sciences est donc de les cultiver ; c'est déjà un bien réel et solide. Heureux qui a du goût pour l'étude ! plus heureux qui réussit à délivrer par elle son esprit de ses illusions et son cœur de sa vanité ; but désirable, où vous avez été conduit dans un âge encore tendre par les mains de la sagesse, tandis que tant de pédants, après un demi-siècle de veilles et de travaux, plus courbés sous le faix des préjugés que sous celui du temps, semblent avoir tout appris excepté à penser. Science rare à la vérité, surtout dans les savants, et qui cependant devrait être du moins le fruit de tous les autres. C'est à cette seule science que je me suis appliqué dès l'enfance. Jugez, Monsieur, si j'ai réussi, et que cet hommage de mon amitié soit éternellement chéri de la vôtre.

« L'HOMME-MACHINE »

Est-ce là ce Rayon de l'Essence Suprême ?
Que l'on nous peint si lumineux ?
Est-ce là cet Esprit survivant à nous-même ?
Il naît avec nos sens, croît, s'affaiblit comme eux :
Hélas ! il périra de même.

VOLTAIRE.

Il ne suffit pas à un sage d'étudier la Nature et la Vérité, il doit oser la dire en faveur du petit nombre de ceux qui veulent et peuvent penser[18] ; car pour les autres, qui sont volontairement esclaves des préjugés, il ne leur est pas plus possible d'atteindre la Vérité qu'aux grenouilles de voler.

Je réduis à deux les systèmes des philosophes sur l'âme de l'homme. Le premier, et le plus ancien, est le système du matérialisme ; le second est celui du spiritualisme[19].

Les métaphysiciens, qui ont insinué que la matière pourrait bien avoir la faculté de penser, n'ont pas déshonoré leur raison[20]. Pourquoi ? C'est qu'ils ont un avantage (car ici c'en est un) de s'être mal exprimés. En effet, demander si la matière peut penser, sans la considérer autrement qu'en elle-même, c'est demander si la matière peut marquer les heures. On voit d'avance que nous éviterons cet écueil, où M. Locke a eu le malheur d'échouer.

Les leibniziens[21], avec leurs *Monades*, ont élevé une hypothèse inintelligible. Ils ont plutôt spiritualisé la matière que matérialisé l'âme. Comment peut-on définir un être, dont la nature nous est absolument inconnue ?

Descartes et tous les cartésiens, parmi lesquels il y a longtemps qu'on a compté les malebranchistes, ont fait la même faute[22]. Ils ont admis deux substances distinctes dans l'homme, comme s'ils les avaient vues et bien comptées.

Les plus sages ont dit que l'âme ne pouvait se connaître que par les seules lumières de la foi[23] : cependant en qualité d'êtres raisonnables, ils ont cru pouvoir se réserver le droit d'examiner ce que l'Écriture a voulu dire par le mot *esprit*, dont elle se sert en parlant de l'âme humaine ; et dans leurs recherches, s'ils ne sont pas d'accord sur ce point avec les théologiens, ceux-ci le sont-ils davantage entre eux sur tous les autres ?

Voici en peu de mots le résultat de toutes leurs réflexions.

S'il y a un Dieu, il est auteur de la Nature, comme de la révélation ; il nous a donné l'une pour expliquer l'autre, et la raison pour les accorder ensemble.

Se défier des connaissances qu'on peut puiser dans les corps animés, c'est regarder la Nature et la révélation comme deux contraires qui se détruisent et, par conséquent, c'est oser soutenir cette absurdité : que Dieu se contredit dans ses divers ouvrages et nous trompe.

S'il y a une révélation, elle ne peut donc démentir la Nature. Par la Nature seule, on peut découvrir le sens des paroles de l'Évangile, dont l'expérience seule est la véritable interprète ! En effet, les autres commentateurs jusqu'ici n'ont fait qu'embrouiller la vérité. Nous allons en juger par l'auteur du *Spectacle de la Nature*[24]. « Il est étonnant, dit-il (au sujet de M. Locke), qu'un homme qui dégrade notre âme jusqu'à la croire une âme de boue, ose établir la raison pour juge et souveraine arbitre des mystères de la foi ; car, ajoute-t-il, quelle idée étonnante aurait-on du christianisme, si l'on voulait suivre la raison ? »

Outre que ces réflexions n'éclaircissent rien par rapport à la foi, elles forment de si frivoles objections contre la méthode de ceux qui croient pouvoir interpréter les livres saints, que j'ai presque honte de perdre le temps à les réfuter.

1° L'excellence de la raison ne dépend pas d'un grand mot vide de sens (*l'immatérialité*[25]), mais de sa force, de son étendue, ou de sa clairvoyance. Ainsi une *âme de boue*, qui découvrirait, comme d'un coup d'œil, les rapports et les suites d'une infinité d'idées, difficiles à saisir, serait évidemment préférable à une âme sotte et stupide, qui serait faite des éléments les plus précieux. Ce n'est pas être philosophe que de rougir avec Pline de la misère de notre origine. Ce qui paraît vil, est ici la chose la plus précieuse, et pour laquelle la Nature semble avoir mis le plus

d'art et le plus d'appareil. Mais comme l'homme,
quand même il viendrait d'une source encore plus
vile en apparence, n'en serait pas moins le plus parfait de tous les êtres, quelle que soit l'origine de son
âme, si elle est pure, noble, sublime, c'est une belle
âme, qui rend respectable quiconque en est doué.

La seconde manière de raisonner de M. Pluche
me paraît vicieuse, même dans son système, qui
tient un peu du fanatisme ; car si nous avons une
idée de la foi, qui soit contraire aux principes les plus
clairs, aux vérités les plus incontestables, il faut
croire, pour l'honneur de la révélation et de son
auteur, que cette idée est fausse et que nous ne
connaissons point encore le sens des paroles de
l'Évangile.

De deux choses l'une : ou tout est illusion, tant la
Nature même que la révélation, ou l'expérience
seule peut rendre raison de la foi. Mais quel plus
grand ridicule que celui de notre auteur ? Je m'imagine entendre un péripatéticien qui dirait : « Il ne
faut pas croire l'expérience de Torricelli[26], car si
nous la croyions, si nous allions bannir l'horreur du
vide, quelle étonnante philosophie aurions-nous ? »

J'ai fait voir combien le raisonnement de
M. Pluche est vicieux[*], afin de prouver première-
ment que s'il y a une révélation, elle n'est point suffi-
samment démontrée par la seule autorité de l'Église
et sans aucun examen de la raison, comme le prétendent tous ceux qui la craignent ; secondement,
pour mettre à l'abri de toute attaque la méthode de

---

[*] Il pèche évidemment par une pétition de principe.

ceux qui voudraient suivre la voie que je leur ouvre d'interpréter les choses surnaturelles, incompréhensibles en foi, par les lumières que chacun a reçues de la Nature.

L'expérience et l'observation doivent donc seules nous guider ici. Elles se trouvent sans nombre dans les fastes des médecins qui ont été philosophes, et non dans les philosophes qui n'ont pas été médecins. Ceux-ci ont parcouru, ont éclairé le labyrinthe de l'homme ; ils nous ont seuls dévoilé ces ressorts cachés sous des enveloppes, qui dérobent à nos yeux tant de merveilles. Eux seuls, contemplant tranquillement notre âme, l'ont mille fois surprise, et dans sa misère et dans sa grandeur, sans plus la mépriser dans l'un de ses états, que l'admirer dans l'autre. Encore une fois, voilà les seuls physiciens qui aient droit de parler ici. Que nous diraient les autres, et surtout les théologiens ? N'est-il pas ridicule de les entendre décider sans pudeur sur un sujet qu'ils n'ont point été à portée de connaître, dont ils ont été au contraire entièrement détournés par des études obscures, qui les ont conduits à mille préjugés et, pour tout dire en un mot, au fanatisme qui ajoute encore à leur ignorance dans le mécanisme des corps.

Mais, quoique nous ayons choisi les meilleurs guides, nous trouverons encore beaucoup d'épines et d'obstacles dans cette carrière.

L'homme est une machine si composée, qu'il est impossible de s'en faire d'abord une idée claire, et conséquemment de la définir. C'est pourquoi toutes les recherches que les plus grands philosophes ont

faites *a priori*, c'est-à-dire en voulant se servir en
quelque sorte des ailes de l'esprit, ont été vaines.
Ainsi ce n'est qu'*a posteriori*, ou en cherchant à
démêler l'âme comme au travers des organes du
corps, qu'on peut, je ne dis pas découvrir avec évidence la nature même de l'homme, mais atteindre le
plus grand degré de probabilité possible sur ce sujet.

Prenons donc le bâton de l'expérience[27], et laissons à l'histoire de toutes les vaines opinions des
philosophes. Être aveugle et croire pouvoir se passer
de ce bâton, c'est le comble de l'aveuglement.
Qu'un moderne a bien raison de dire qu'il n'y a que
la vanité seule, qui ne tire pas des causes secondes le
même parti que des premières ! On peut et on doit
même admirer tous ces beaux génies dans leurs travaux les plus inutiles, les Descartes, les Malebranche, les Leibniz, les Wolf, etc., mais quel fruit,
je vous prie, a-t-on retiré de leurs profondes méditations et de tous leurs ouvrages[28] ? Commençons
donc et voyons, non ce qu'on a pensé, mais ce qu'il
faut penser pour le repos de la vie[29].

Autant de tempéraments, autant d'esprits, de
caractères et de mœurs différentes. Galien même a
connu cette vérité, que Descartes, et non Hippocrate, comme le dit l'auteur de l'*Histoire de l'âme*[30],
a poussé loin, jusqu'à dire que la médecine seule
pouvait changer les esprits et les mœurs avec le
corps. Il est vrai que la mélancolie, la bile, le flegme,
le sang, etc., suivant la nature, l'abondance et la
diverse combinaison de ces humeurs, de chaque
homme font un homme différent.

Dans les maladies, tantôt l'âme s'éclipse et ne

montre aucun signe d'elle-même ; tantôt on dirait qu'elle est double, tant la fureur la transporte ; tantôt l'imbécillité se dissipe, et la convalescence d'un sot fait un homme d'esprit. Tantôt le plus beau génie, devenu stupide, ne se reconnaît plus. Adieu toutes ces belles connaissances acquises à si grands frais et avec tant de peine !

Ici c'est un paralytique qui demande si sa jambe est dans son lit, là c'est un soldat qui croit avoir le bras qu'on lui a coupé. La mémoire de ses anciennes sensations et du lieu où son âme les rapportait, fait son illusion et son espèce de délire. Il suffit de lui parler de cette partie qui lui manque, pour lui en rappeler et faire sentir tous les mouvements ; ce qui se fait avec je ne sais quel déplaisir d'imagination qu'on ne peut exprimer.

Celui-ci pleure, comme un enfant, aux approches de la mort, que celui-là badine. Que fallait-il à Canus Julius, à Sénèque, à Pétrone [31], pour changer leur intrépidité en pusillanimité ou en poltronnerie ? Une obstruction dans la rate, dans le foie, un embarras dans la veine porte. Pourquoi ? Parce que l'imagination se bouche avec les viscères, et de là naissent tous ces singuliers phénomènes de l'affection hystérique et hypocondriaque [32].

Que dirais-je de nouveau sur ceux qui s'imaginent être transformés en *loups-garous*, en *coqs*, en *vampires*, qui croient que les morts les sucent ? Pourquoi m'arrêterais-je à ceux qui voient leur nez ou autres membres de verre, et à qui il faut conseiller de coucher sur la paille de peur qu'ils ne se cassent ; afin qu'ils en retrouvent l'usage et la véritable chair, lorsque mettant le feu à la paille, on leur fait craindre d'être brûlés : frayeur qui a quelquefois guéri la paralysie. Je dois légèrement passer sur des choses connues de tout le monde.

Je ne serai donc pas plus long sur le détail des effets du sommeil. Voyez ce soldat fatigué ! il ronfle dans la tranchée, au bruit de cent pièces de canon ! Son âme n'entend rien, son sommeil est une parfaite apoplexie. Une bombe va l'écraser ; il sentira peut-être moins ce coup qu'un insecte qui se trouve sous le pied.

D'un autre côté, cet homme que la jalousie, la haine, l'avarice ou l'ambition dévore, ne peut trouver aucun repos. Le lieu le plus tranquille, les boissons les plus fraîches et les plus calmantes, tout est inutile à qui n'a pas délivré son cœur du tourment des passions.

L'âme et le corps s'endorment ensemble[33]. À mesure que le mouvement du sang se calme, un doux sentiment de paix et de tranquillité se répand dans toute la machine ; l'âme se sent mollement s'appesantir avec les paupières et s'affaisser avec les fibres du cerveau : elle devient ainsi peu à peu comme paralytique, avec tous les muscles du corps. Ceux-ci ne peuvent plus porter le poids de la tête ; celle-là ne peut plus soutenir le fardeau de la pensée ; elle est dans le sommeil comme n'étant point.

La circulation se fait-elle avec trop de vitesse ? l'âme ne peut dormir. L'âme est-elle trop agitée, le sang ne peut se calmer ; il galope dans les veines avec un bruit qu'on entend : telles sont les deux causes réciproques de l'insomnie. Une seule frayeur dans les songes fait battre le cœur à coups redoublés et nous arrache à la nécessité ou à la douceur du repos, comme feraient une vive douleur ou des besoins urgents. Enfin comme la seule cessation des fonctions de l'âme procure le sommeil, il est, même pendant la veille (qui n'est alors qu'une demi-veille), des sortes de petits sommeils d'âme très fréquents, des *rêves à la Suisse,* qui prouvent que l'âme n'attend pas toujours le corps pour dormir ; car si elle ne dort pas tout à fait, de combien peu s'en faut-il ! puisqu'il lui est impossible d'assigner un seul objet auquel elle ait prêté quelque attention, parmi cette foule innombrable d'idées confuses, qui, comme autant de nuages, remplissent, pour ainsi dire, l'atmosphère de notre cerveau [34].

L'opium [35] a trop de rapport avec le sommeil qu'il procure, pour ne pas le placer ici. Ce remède enivre, ainsi que le vin, le café, etc., chacun à sa manière, et suivant sa dose. Il rend l'homme heureux dans un état qui semblerait devoir être le tombeau du sentiment, comme il est l'image de la mort. Quelle douce léthargie ! L'âme n'en voudrait jamais sortir. Elle était en proie aux plus grandes douleurs ; elle ne sent plus que le seul plaisir de ne plus souffrir et de jouir de la plus charmante tranquillité. L'opium change jusqu'à la volonté ; il force l'âme, qui voulait veiller et se divertir, d'aller se mettre au lit malgré elle. Je passe sous silence l'histoire des poisons.

C'est en fouettant l'imagination que le café, cet antidote du vin, dissipe nos maux de tête et nos chagrins, sans nous en ménager, comme cette liqueur, pour le lendemain.

Contemplons l'âme dans ses autres besoins.

Le corps humain est une machine qui monte elle-même ses ressorts : vivante image du mouvement perpétuel [36]. Les aliments entretiennent ce que la fièvre excite. Sans eux l'âme languit, entre en fureur et meurt abattue. C'est une bougie dont la lumière se ranime, au moment de s'éteindre. Mais nourrissez le corps, versez dans ses tuyaux des sucs vigoureux, des liqueurs fortes : alors l'âme, généreuse comme elles, s'arme d'un fier courage, et le soldat que l'eau eût fait fuir, devenu féroce, court gaiement à la mort au bruit des tambours. C'est ainsi que l'eau chaude agite un sang que l'eau froide eût calmé.

Quelle puissance d'un repas ! La joie renaît dans un cœur triste, elle passe dans l'âme des convives qui l'expriment par d'aimables chansons, où le Français excelle. Le mélancolique seul est accablé, et l'homme d'étude n'y est plus propre.

La viande crue rend les animaux féroces [37], les hommes le deviendraient par la même nourriture ; cela est si vrai que la nation anglaise, qui ne mange pas la chair si cuite que nous, mais rouge et sanglante, paraît participer de cette férocité plus ou moins grande, qui vient en partie de tels aliments et d'autres causes, que l'éducation peut seule rendre impuissantes. Cette férocité produit dans l'âme l'orgueil, la haine, le mépris des autres nations, l'indocilité et autres sentiments qui dépravent le caractère, comme des aliments grossiers font un esprit lourd, épais, dont la paresse et l'indolence sont les attributs favoris.

M. Pope a bien connu tout l'empire de la gour-
mandise, lorsqu'il dit : « Le grave Catius parle toujours de vertu et croit que, qui souffre les vicieux, est
vicieux lui-même. Ces beaux sentiments durent jusqu'à l'heure du dîner ; alors il préfère un scélérat qui
a une table délicate, à un saint frugal.

« Considérez, dit-il ailleurs, le même homme en
santé ou en maladie, possédant une belle charge ou
l'ayant perdue ; vous le verrez chérir la vie ou la
détester, fou à la chasse, ivrogne dans une assemblée
de province, poli au bal, bon ami en ville, sans foi à
la cour. »

Nous avons eu en Suisse un Baillif, nommé
M. Steiger de Wittighofen ; il était à jeun le plus
intègre et même le plus indulgent des juges ; mais
malheur au misérable qui se trouvait sur la sellette [38], lorsqu'il avait fait un grand dîner ! Il était
homme à faire pendre l'innocent comme le coupable.

Nous pensons, et même nous ne sommes honnêtes gens, que comme nous sommes gais ou bra-
ves ; tout dépend de la manière dont notre machine
est montée. On dirait en certains moments que
l'âme habite dans l'estomac, et que Van Helmont [39],
en mettant son siège dans le pylore, ne se serait
trompé qu'en prenant la partie pour le tout.

À quels excès la faim cruelle peut nous porter !
Plus de respect pour les entrailles auxquelles on
doit, ou on a donné la vie ; on les déchire à belles
dents, on s'en fait d'horribles festins ; et dans la
fureur dont on est transporté, le plus faible est toujours la proie du plus fort.

La grossesse, cette émule désirée des pâles couleurs ne se contente pas d'amener le plus souvent à sa suite les goûts dépravés qui accompagnent ces deux états ; elle a quelquefois fait exécuter à l'âme les plus affreux complots : effets d'une manie subite qui étouffe jusqu'à la Loi naturelle. C'est ainsi que le cerveau, cette matrice de l'esprit, se pervertit à sa manière avec celle du corps.

Quelle autre fureur d'homme ou de femme dans ceux que la continence et la santé poursuivent ! C'est peu pour cette fille timide et modeste d'avoir perdu toute honte et toute pudeur ; elle ne regarde plus l'inceste que comme une femme galante regarde l'adultère. Si ses besoins ne trouvent pas de prompts soulagements, ils ne se borneront point aux simples accidents d'une passion utérine, à la manie, etc. ; cette malheureuse mourra d'un mal dont il y a tant de médecins.

Il ne faut que des yeux pour voir l'influence nécessaire de l'âge sur la raison. L'âme suit les progrès du corps, comme ceux de l'éducation. Dans le beau sexe, l'âme suit encore la délicatesse du tempérament : de là cette tendresse, cette affection, ces sentiments vifs, plutôt fondés sur la passion que sur la raison ; ces préjugés, ces superstitions, dont la force empreinte peut à peine s'effacer, etc. L'homme, au contraire, dont le cerveau et les nerfs participent de la fermeté de tous les solides, a l'esprit, ainsi que les traits du visage, plus nerveux : l'éducation, dont manquent les femmes, ajoute encore de nouveaux degrés de force à son âme. Avec de tels secours de la nature et de l'art, comment ne serait-il pas plus

reconnaissant, plus généreux, plus constant en amitié, plus ferme dans l'adversité, etc. ? Mais, suivant
à peu près la pensée de l'auteur des *Lettres sur les
physionomies*[40] : qui joint les grâces de l'esprit et du
corps à presque tous les sentiments du cœur les plus
tendres et les plus délicats, ne doit point nous envier
une double force, qui ne semble avoir été donnée à
l'homme, l'une, que pour se mieux pénétrer des
attraits de la beauté, l'autre, que pour mieux servir à
ses plaisirs.

Il n'est pas plus nécessaire d'être aussi grand phy-
sionomiste que cet auteur, pour deviner la qualité de
l'esprit par la figure ou la forme des traits, lorsqu'ils
sont marqués jusqu'à un certain point, qu'il ne l'est
d'être grand médecin, pour connaître un mal
accompagné de tous ses symptômes évidents. Exa-
minez les portraits de Locke, de Steele, de Boerhaave, de Maupertuis[41], etc., vous ne serez point
surpris de leur trouver des physionomies fortes, des
yeux d'aigle. Parcourez-en une infinité d'autres,
vous distinguerez toujours le beau du grand génie,
et même souvent l'honnête homme du fripon. On a
remarqué, par exemple, qu'un poète célèbre réunit
(dans son portrait) l'air d'un filou avec le feu de Prométhée[42].

L'histoire nous offre un mémorable exemple de la
puissance de l'air. Le fameux duc de Guise était si
fort convaincu qu'Henri III, qui l'avait eu tant de
fois en son pouvoir, n'oserait jamais l'assassiner,
qu'il partit pour Blois. Le chancelier Chiverny,
apprenant son départ, s'écria : *voilà un homme perdu*.
Lorsque sa fatale prédiction fut justifiée par l'événe-

ment, on lui en demanda la raison. *Il y a vingt ans,* dit-il, *que je connais le Roi ; il est naturellement bon et même faible, mais j'ai observé qu'un rien l'impatiente et le met en fureur, lorsqu'il fait froid.*

Tel peuple a l'esprit lourd et stupide, tel autre l'a vif, léger, pénétrant. D'où cela vient-il, si ce n'est en partie, et de la nourriture qu'il prend, et de la semence de ses pères*, et de ce chaos de divers éléments qui nagent dans l'immensité de l'air ? L'esprit a, comme le corps, ses maladies épidémiques et son scorbut.

Tel est l'empire du climat, qu'un homme qui en change, se ressent malgré lui de ce changement. C'est une plante ambulante qui s'est elle-même transplantée[43] ; si le climat n'est plus le même, il est juste qu'elle dégénère ou s'améliore.

On prend tout encore de ceux avec qui l'on vit, leurs gestes, leurs accents, etc., comme la paupière se baisse à la menace du coup dont on est prévenu, ou par la même raison que le corps du spectateur imite machinalement, et malgré lui, tous les mouvements d'un bon pantomime.

Ce que je viens de dire prouve que la meilleure compagnie pour un homme d'esprit est la sienne, s'il n'en trouve une semblable. L'esprit se rouille avec ceux qui n'en ont point, faute d'être exercé : à la paume, on renvoie mal la balle à qui la sert mal. J'aimerais mieux un homme intelligent, qui n'aurait eu aucune éducation, que s'il en eût eu une mau-

* *L'Histoire des animaux et des hommes* prouve l'empire de la semence des pères sur l'esprit et le corps des enfants[44].

vaise, pourvu qu'il fût encore assez jeune. Un esprit mal conduit est un acteur que la province a gâté.

Les divers états de l'âme sont donc toujours corrélatifs à ceux du corps. Mais pour mieux démontrer toute cette dépendance et ses causes, servons-nous ici de l'anatomie comparée [45] ; ouvrons les entrailles de l'homme et des animaux. Le moyen de connaître la nature humaine, si l'on n'est éclairé par un juste parallèle de la structure des uns et des autres !

En général, la forme et la composition du cerveau des quadrupèdes est à peu près la même que dans l'homme. Même figure, même disposition partout, avec cette différence essentielle, que l'homme est, de tous les animaux, celui qui a le plus de cerveau [46], et le cerveau le plus tortueux, en raison de la masse de son corps : ensuite le singe, le castor, l'éléphant, le chien, le renard, le chat, etc., voilà les animaux qui ressemblent le plus à l'homme ; car on remarque aussi chez eux la même analogie graduée, par rapport au corps calleux, dans lequel Lancisi [47] avait établi le siège de l'âme, avant feu M. de la Peyronie [48], qui cependant a illustré cette opinion par une foule d'expériences.

Après tous les quadrupèdes, ce sont les oiseaux qui ont le plus de cerveau. Les poissons ont la tête grosse, mais elle est vide de sens, comme celle de bien des hommes. Ils n'ont point de corps calleux et fort peu de cerveau, lequel manque aux insectes.

Je ne me répandrai point en un plus long détail des variétés de la Nature, ni en conjectures, car les unes et les autres sont infinies, comme on en peut juger en lisant les seuls Traités de Willis *De Cerebro* et *De Anima Brutorum*[49].

Je conclurai seulement ce qui s'ensuit clairement de ces incontestables observations : 1° que plus les animaux sont farouches, moins ils ont de cerveau ; 2° que ce viscère semble s'agrandir en quelque sorte, à proportion de leur docilité ; 3° qu'il y a ici une singulière condition imposée éternellement par la Nature, qui est que plus on gagnera du côté de l'esprit, plus on perdra du côté de l'instinct. Lequel l'emporte de la perte ou du gain ?

Ne croyez pas au reste que je veuille prétendre par là que le seul volume du cerveau suffise pour faire juger du degré de docilité des animaux ; il faut que la qualité réponde encore à la quantité, et que les solides et les fluides soient dans cet équilibre convenable qui fait la santé[50].

Si l'imbécile ne manque pas de cerveau, comme on le remarque ordinairement, ce viscère péchera par une mauvaise consistance, par trop de mollesse, par exemple. Il en est de même des fous ; les vices de leur cerveau ne se dérobent pas toujours à nos recherches ; mais si les causes de l'imbécillité, de la folie, etc., ne sont pas sensibles, où aller chercher celles de la variété de tous les esprits ? Elles échappent aux yeux des Lynx et des Argus[51]. *Un rien, une petite fibre, quelque chose que la plus subtile anatomie ne peut découvrir,* eût fait deux sots d'Erasme et de Fontenelle, qui le remarque lui-même dans un de ses meilleurs *Dialogues*[52].

Outre la mollesse de la moelle du cerveau dans les enfants, dans les petits chiens et dans les oiseaux,

Willis a remarqué que les *corps cannelés* sont effacés et comme décolorés dans tous ces animaux, et que leurs *stries* sont aussi imparfaitement formées que dans les paralytiques. Il ajoute, ce qui est vrai, que l'homme a la protubérance annulaire fort grosse ; et ensuite, toujours diminutivement par degrés, le singe et les autres animaux nommés ci-devant, tandis que le veau, le bœuf, le loup, la brebis, le cochon, etc., qui ont cette partie d'un très petit volume, ont les *Nates* et *Testes* fort gros [53].

On a beau être discret et réservé sur les conséquences qu'on peut tirer de ces observations et de tant d'autres sur l'espèce d'inconstance des vaisseaux et des nerfs, etc. : tant de variétés ne peuvent être des jeux gratuits de la Nature. Elles prouvent du moins la nécessité d'une bonne et abondante organisation, puisque, dans tout le règne animal, l'âme se raffermissant avec le corps acquiert de la sagacité, à mesure qu'il prend des forces.

Arrêtons-nous à contempler la différente docilité des animaux. Sans doute, l'analogie la mieux entendue conduit l'esprit à croire que les causes dont nous avons fait mention, produisent toute la diversité qui se trouve entre eux et nous, quoiqu'il faille avouer que notre faible entendement, borné aux observations les plus grossières, ne puisse voir les liens qui règnent entre la cause et les effets. C'est une espèce d'*harmonie* que les philosophes ne connaîtront jamais [54].

Parmi les animaux, les uns apprennent à parler et à chanter ; ils retiennent des airs et prennent tous les tons aussi exactement qu'un musicien. Les autres,

qui montrent cependant plus d'esprit, tels que le
singe, n'en peuvent venir à bout. Pourquoi cela, si ce
n'est par un vice des organes de la parole ?

Mais ce vice est-il tellement de conformation
qu'on n'y puisse apporter aucun remède ? En un
mot, serait-il absolument impossible d'apprendre
une langue à cet animal[55] ? Je ne le crois pas.

Je prendrais le grand singe préférablement à tout
autre, jusqu'à ce que le hasard nous eût fait découvrir quelque autre espèce plus semblable à la nôtre,
car rien ne répugne qu'il y en ait dans des régions
qui nous sont inconnues. Cet animal nous ressemble si fort, que les naturalistes l'ont appelé
homme sauvage, ou *homme des bois*[56]. Je le prendrais
aux mêmes conditions des écoliers d'Amman[57],
c'est-à-dire que je voudrais qu'il ne fût ni trop jeune
ni trop vieux, car ceux qu'on nous apporte en
Europe sont communément trop âgés. Je choisirais
celui qui aurait la physionomie la plus spirituelle, et
qui tiendrait le mieux dans mille petites opérations
ce qu'elle m'aurait promis. Enfin, ne me trouvant
pas digne d'être son gouverneur, je le mettrais à
l'école de l'excellent maître que je viens de nommer,
ou d'un autre aussi habile, s'il en est.

Vous savez par le livre d'Amman, et par tous
ceux* qui ont traduit sa méthode, tous les prodiges
qu'il a su opérer sur les sourds de naissance, dans les
yeux desquels il a, comme il le fait entendre lui-
même, trouvé des oreilles, et en combien peu de
temps enfin il leur a appris à entendre, parler, lire et

* L'auteur de *L'Histoire naturelle de l'âme*, etc.

écrire. Je veux que les yeux d'un sourd voient plus clair et soient plus intelligents que s'il ne l'était pas, par la raison que la perte d'un membre ou d'un sens peut augmenter la force ou la pénétration d'un autre ; mais le singe voit et entend, il comprend ce qu'il entend et ce qu'il voit ; il conçoit si parfaitement les signes qu'on lui fait, qu'à tout autre jeu, ou tout autre exercice, je ne doute point qu'il ne l'emportât sur les disciples d'Amman. Pourquoi donc l'éducation des singes serait-elle impossible ? Pourquoi ne pourrait-il enfin, à force de soins, imiter, à l'exemple des sourds, les mouvements nécessaires pour prononcer ? Je n'ose décider si les organes de la parole du singe ne peuvent, quoi qu'on fasse, rien articuler ; mais cette impossibilité absolue me surprendrait, à cause de la grande analogie du singe et de l'homme, et qu'il n'est point d'animal connu jusqu'à présent, dont le dedans et le dehors lui ressemblent d'une manière si frappante. M. Locke, qui certainement n'a jamais été suspect d'incrédulité, n'a pas fait difficulté de croire l'histoire, que le Chevalier Temple fait dans ses Mémoires, d'un perroquet qui répondait à propos et avait appris, comme nous, à avoir une espèce de conversation suivie[58]. Je sais qu'on s'est moqué* de ce grand métaphysicien ; mais qui aurait annoncé à l'Univers qu'il y a des générations qui se font sans œufs et sans femmes, aurait-il trouvé beaucoup de partisans ? Cependant M. Trembley[59] en a découvert, qui se font sans accouplement et par la seule section. Amman n'eût-

---

* *Ibid.*

il pas aussi passé pour un fou, s'il se fût vanté, avant
d'en faire l'heureuse expérience, d'instruire, et en
aussi peu de temps, des écoliers tels que les siens ?
Cependant ses succès ont étonné l'Univers et,
comme l'auteur de l'*Histoire des polypes*, il a passé de
plein vol à l'immortalité. Qui doit à son génie les
miracles qu'il opère, l'emporte à mon gré sur qui
doit les siens au hasard. Qui a trouvé l'art d'embellir
le plus beau des règnes, et de lui donner des perfec-
tions qu'il n'avait pas, doit être mis au-dessus d'un
faiseur oisif de systèmes frivoles, ou d'un auteur
laborieux de stériles découvertes. Celles d'Amman
sont bien d'un autre prix ; il a tiré les hommes de
l'instinct auquel ils semblaient condamnés ; il leur a
donné des idées, de l'esprit, une âme en un mot,
qu'ils n'eussent jamais eue. Quel plus grand pouvoir !

Ne bornons point les ressources de la Nature ;
elles sont infinies, surtout aidées d'un grand art[60].

La même mécanique, qui ouvre le canal d'Eustache[61] dans les sourds, ne pourrait-elle le déboucher
dans les singes ? Une heureuse envie d'imiter la pro-
nonciation du maître, ne pourrait-elle mettre en
liberté les organes de la parole dans des animaux qui
imitent tant d'autres signes avec tant d'adresse et
d'intelligence ? Non seulement je défie qu'on me
cite aucune expérience vraiment concluante, qui
décide mon projet impossible et ridicule, mais la
similitude de la structure et des opérations du singe
est telle, que je ne doute presque point, si on exer-
çait parfaitement cet animal, qu'on ne vînt à bout de
lui apprendre à prononcer, et par conséquent à

savoir une langue. Alors ce ne serait plus ni un homme sauvage, ni un homme manqué : ce serait un homme parfait, un petit homme de ville, avec autant d'étoffe ou de muscles que nous-mêmes, pour penser et profiter de son éducation.

Des animaux à l'homme, la transition n'est pas violente ; les vrais philosophes en conviendront. Qu'était l'homme, avant l'invention des mots et la connaissance des langues ? Un animal de son espèce, qui avec beaucoup moins d'instinct naturel que les autres, dont alors il ne se croyait pas roi, n'était distingué du singe et des autres animaux que comme le singe l'est lui-même, je veux dire par une physionomie qui annonçait plus de discernement. Réduit à la seule *connaissance intuitive* [62] des leibniziens, il ne voyait que des figures et des couleurs, sans pouvoir rien distinguer entre elles ; vieux comme jeune, enfant à tout âge, il bégayait ses sensations et ses besoins, comme un chien affamé ou ennuyé du repos demande à manger ou à se promener.

Les mots, les langues, les lois, les sciences, les beaux-arts sont venus, et par eux enfin le diamant brut de notre esprit a été poli. On a dressé un homme comme un animal ; on est devenu auteur comme portefaix. Un géomètre a appris à faire les démonstrations et les calculs les plus difficiles, comme un singe à ôter ou mettre son petit chapeau et à monter sur son chien docile. Tout s'est fait par des signes ; chaque espèce a compris ce qu'elle a pu comprendre : et c'est de cette manière que les

hommes ont acquis *la connaissance symbolique,* ainsi
nommée encore par nos philosophes d'Allemagne.

Rien de si simple, comme on voit, que la mécanique de notre éducation ! Tout se réduit à des sons
ou à des mots, qui de la bouche de l'un passent par
l'oreille de l'autre dans le cerveau, qui reçoit en
même temps par les yeux la figure des corps dont ces
mots sont les signes arbitraires.

Mais qui a parlé le premier ? Qui a été le premier
précepteur du genre humain ! Qui a inventé les
moyens de mettre à profit la docilité de notre organisation ? Je n'en sais rien ; le nom de ces heureux et
premiers génies a été perdu dans la nuit des temps.
Mais l'art est le fils de la Nature ; elle a dû longtemps le précéder.

On doit croire que les hommes les mieux organisés, ceux pour qui la Nature aura épuisé les bienfaits, auront instruit les autres. Ils n'auront pu
entendre un bruit nouveau, par exemple, éprouver
de nouvelles sensations, être frappés de tous ces
beaux objets divers qui forment le ravissant spectacle de la Nature, sans se trouver dans le cas de ce
sourd de Chartres dont le grand Fontenelle nous a
le premier donné l'histoire, lorsqu'il entendit pour
la première fois à quarante ans le bruit étonnant des
cloches[63].

De là serait-il absurde de croire que ces premiers
mortels essayèrent, à la manière de ce sourd, ou à
celle des animaux et des muets (autre espèce d'animaux), d'exprimer leurs nouveaux sentiments par
des mouvements dépendant de l'économie de leur
imagination, et conséquemment ensuite par des

sons spontanés propres à chaque animal, expression naturelle de leur surprise, de leur joie, de leurs transports ou de leurs besoins[64] ? Car, sans doute, ceux que la Nature a doués d'un sentiment plus exquis ont eu aussi plus de facilité pour l'exprimer.

Voilà comme je conçois que les hommes ont employé leur sentiment ou leur instinct pour avoir de l'esprit, et enfin leur esprit pour avoir des connaissances. Voilà par quels moyens, autant que je peux les saisir, on s'est rempli le cerveau des idées, pour la réception desquelles la Nature l'avait formé. On s'est aidé l'un par l'autre, et les plus petits commencements s'agrandissant peu à peu, toutes les choses de l'Univers ont été aussi facilement distinguées qu'un cercle.

Comme une corde de violon ou une touche de clavecin frémit et rend un son, les cordes du cerveau, frappées par les rayons sonores, ont été excitées à rendre ou à redire les mots qui les touchaient[65]. Mais comme telle est la construction de ce viscère, que dès qu'une fois les yeux bien formés pour l'optique ont reçu la peinture des objets, le cerveau ne peut pas ne pas voir leurs images et leurs différences : de même lorsque les signes de ces différences ont été marqués ou gravés dans le cerveau, l'âme en a nécessairement examiné les rapports : examen qui lui était impossible, sans la découverte des signes ou l'invention des langues. Dans ce temps, où l'Univers était presque muet, l'âme était à l'égard de tous les objets, comme un homme, qui, sans avoir aucune idée de proportions, regarderait un tableau ou une pièce de sculpture : il n'y pourrait rien distinguer ; ou comme un petit enfant (car alors l'âme était dans son enfance) qui, tenant dans sa main un certain nombre de petits brins de paille ou de bois, les voit en général d'une vue vague et super-ficielle, sans pouvoir les compter, ni les distinguer. Mais qu'on mette une espèce de pavillon ou d'éten-dard à cette pièce de bois, par exemple, qu'on appelle mât, qu'on en mette un autre à un autre pareil corps ; que le premier venu se nombre par le signe 1 et le second par le signe ou chiffre 2 ; alors cet enfant pourra les compter, et ainsi de suite il apprendra toute l'arithmétique. Dès qu'une figure lui paraîtra égale à une autre par son signe *numératif,* il conclura sans peine que ce sont deux corps, que 1 et 1 font 2, que 2 et 2 font 4 *, etc.

C'est cette similitude réelle ou apparente des figures, qui est la base fondamentale de toutes les vérités et de toutes nos connaissances, parmi les-quelles il est évident que celles dont les signes sont moins simples et moins sensibles, sont plus difficiles à apprendre que les autres, en ce qu'elles deman-dent plus de génie pour embrasser et combiner cette immense quantité de mots, par lesquels les sciences dont je parle expriment les vérités de leur ressort ; tandis que les sciences, qui s'annoncent par des chiffres ou autres petits signes, s'apprennent facile-ment, et c'est sans doute cette facilité qui a fait la fortune des calculs algébriques, plus encore que leur évidence[66].

---

* Il y a encore aujourd'hui des peuples qui, faute d'un plus grand nombre de signes, ne peuvent compter que jusqu'à 20.

Tout ce savoir dont le vent enfle le ballon du cerveau de nos pédants orgueilleux, n'est donc qu'un vaste amas de mots et de figures, qui forment dans la tête toutes les traces, par lesquelles nous distinguons et nous nous rappelons les objets. Toutes nos idées se réveillent, comme un jardinier qui connaît les plantes se souvient de toutes leurs phases à leur aspect. Ces mots et ces figures qui sont désignées par eux, sont tellement liés ensemble dans le cerveau qu'il est assez rare qu'on imagine une chose sans le nom ou le signe qui lui est attaché.

Je me sers toujours du mot *imaginer*, parce que je crois que tout s'imagine, et que toutes les parties de l'âme peuvent être justement réduites à la seule imagination [67], qui les forme toutes ; et qu'ainsi le jugement, le raisonnement, la mémoire ne sont que des parties de l'âme nullement absolues, mais de véritables modifications de cette espèce de *toile médullaire*, sur laquelle les objets peints dans l'œil sont renvoyés comme d'une lanterne magique [68].

Mais si tel est ce merveilleux et incompréhensible résultat de l'organisation du cerveau, si tout se conçoit par l'imagination, si tout s'explique par elle, pourquoi diviser le principe sensitif qui pense dans l'homme ? N'est-ce pas une contradiction manifeste dans les partisans de la simplicité de l'esprit ? Car une chose qu'on divise ne peut plus être sans absurdité regardée comme indivisible. Voilà où conduit l'abus des langues et l'usage de ces grands mots, *spiritualité*, *immatérialité*, etc., placés à tout hasard, sans être entendus même par des gens d'esprit.

Rien de plus facile que de prouver un système

fondé, comme celui-ci, sur le sentiment intime et l'expérience propre de chaque individu. L'imagination, ou cette partie fantastique du cerveau, dont la nature nous est aussi inconnue que sa manière d'agir, est-elle naturellement petite ou faible ? elle aura à peine la force de comparer l'analogie ou la ressemblance de ses idées ; elle ne pourra voir que ce qui sera vis-à-vis d'elle, ou ce qui l'affectera le plus vivement, et encore de quelle manière ! Mais toujours est-il vrai que l'imagination seule aperçoit que c'est elle qui se représente tous les objets, avec les mots et les figures qui les caractérisent ; et qu'ainsi c'est elle encore une fois qui est l'âme, puisqu'elle en fait tous les rôles. Par elle, par son pinceau flatteur, le froid squelette de la raison prend des chairs vives et vermeilles ; par elle les sciences fleurissent, les arts s'embellissent, les bois parlent, les échos soupirent, les rochers pleurent, le marbre respire, tout prend vie parmi les corps inanimés. C'est elle encore qui ajoute à la tendresse d'un cœur amoureux le piquant attrait de la volupté ; elle la fait germer dans le cabinet du philosophe et du pédant poudreux ; elle forme enfin les savants comme les orateurs et les poètes. Sottement décriée par les uns, vainement distinguée par les autres, qui tous l'ont mal connue, elle ne marche pas seulement à la suite des grâces et des beaux-arts, elle ne peint pas seulement la Nature, elle peut aussi la mesurer. Elle raisonne, juge, pénètre, compare, approfondit. Pourrait-elle si bien sentir les beautés des tableaux qui lui sont tracés, sans en découvrir les rapports ? Non ; comme elle ne peut se replier sur les plaisirs des sens, sans en goûter toute la perfection ou la volupté, elle ne peut réfléchir sur ce qu'elle a mécaniquement conçu, sans être alors le jugement même.

Plus on exerce l'imagination, ou le maigre génie, plus il prend, pour ainsi dire, d'embonpoint ; plus il s'agrandit, devient nerveux, robuste, vaste et capable de penser. La meilleure organisation a besoin de cet exercice.

L'organisation est le premier mérite de l'homme ; c'est en vain que tous les auteurs de morale ne mettent point au rang des qualités estimables celles qu'on tient de la Nature, mais seulement les talents qui s'acquièrent à force de réflexions et d'industrie : car d'où nous vient, je vous prie, l'habileté, la science et la vertu, si ce n'est d'une disposition qui nous rend propres à devenir habiles, savants et vertueux ? Et d'où nous vient encore cette disposition, si ce n'est de la Nature ? Nous n'avons de qualités estimables que par elle ; nous lui devons tout ce que nous sommes. Pourquoi donc n'estimerais-je pas autant ceux qui ont des qualités naturelles, que ceux qui brillent par des vertus acquises et comme d'emprunt ? Quel que soit le mérite, de quelque endroit qu'il naisse, il est digne d'estime ; il ne s'agit que de savoir le mesurer. L'esprit, la beauté, les richesses, la noblesse, quoique enfants du hasard, ont tous leur prix, comme l'adresse, le savoir, la vertu, etc. Ceux que la Nature a comblés de ses dons les plus précieux, doivent plaindre ceux à qui ils ont été refusés ; mais ils peuvent sentir leur supériorité sans orgueil et en connaisseurs. Une belle femme serait aussi ridicule de se trouver laide, qu'un homme d'esprit de se croire un sot. Une modestie outrée (défaut rare à la vérité) est une sorte d'ingratitude envers la Nature. Une honnête fierté au contraire est la marque d'une âme belle et grande, que décèlent des traits mâles, moulés comme par le sentiment.

Si l'organisation est un mérite, et le premier mérite, et la source de tous les autres, l'instruction est le second [69]. Le cerveau le mieux construit, sans elle, le serait en pure perte ; comme, sans l'usage du monde, l'homme le mieux fait ne serait qu'un paysan grossier. Mais aussi quel serait le fruit de la plus excellente école, sans une matrice parfaitement ouverte à l'entrée ou à la conception des idées ? Il est aussi impossible de donner une seule idée à un homme, privé de tous les sens, que de faire un enfant à une femme, à laquelle la Nature aurait poussé la distraction jusqu'à oublier de faire une vulve, comme je l'ai vu dans une, qui n'avait ni fente, ni vagin, ni matrice, et qui pour cette raison fut démariée après dix ans de mariage [70].

Mais si le cerveau est à la fois bien organisé et bien instruit, c'est une terre féconde parfaitement ensemencée, qui produit le centuple de ce qu'elle a reçu, où (pour quitter le style figuré souvent nécessaire, pour mieux exprimer ce qu'on sent et donner des grâces à la vérité même) l'imagination élevée par l'art à la belle et rare dignité de génie, saisit exactement tous les rapports des idées qu'elle a conçues, embrasse avec facilité une foule étonnante d'objets, pour en tirer enfin une longue chaîne de conséquences, lesquelles ne sont encore que de nouveaux rapports, enfantés par la comparaison des premiers, auxquels l'âme trouve une parfaite ressemblance. Telle est, selon moi, la génération de l'esprit. Je dis *trouve*, comme j'ai donné ci-devant l'épithète d'*apparente*, à la similitude des objets : non que je pense que nos sens soient toujours trompeurs, comme l'a prétendu le P. Malebranche[71], ou que nos yeux naturellement un peu ivres ne voient pas les objets, tels qu'ils sont en eux-mêmes, quoique les microscopes nous le prouvent tous les jours, mais pour n'avoir aucune dispute avec les pyrrhoniens, parmi lesquels Bayle s'est distingué[72].

Je dis de la vérité en général ce que M. de Fontenelle dit de certaines en particulier, qu'il faut la sacrifier aux agréments de la société[73]. Il est de la douceur de mon caractère, d'obvier à toute dispute, lorsqu'il ne s'agit pas d'aiguiser la conversation. Les cartésiens viendraient ici vainement à la charge avec leurs *idées innées*, je ne me donnerais certainement pas le quart de la peine qu'a prise M. Locke pour attaquer de telles chimères. Quelle utilité en effet de faire un gros livre, pour prouver une doctrine qui était érigée en axiome, il y a trois mille ans[74] ?

Suivant les principes que nous avons posés, et que nous croyons vrais, celui qui a le plus d'imagination doit être regardé comme ayant le plus d'esprit ou de génie, car tous ces mots sont synonymes ; et encore une fois, c'est par un abus honteux qu'on croit dire des choses différentes, lorsqu'on ne dit que différents mots ou différents sons, auxquels on n'a attaché aucune idée ou distinction réelle.

La plus belle, la plus grande, ou la plus forte imagination, est donc la plus propre aux sciences, comme aux arts. Je ne décide point s'il faut plus d'esprit pour exceller dans l'art des Aristote ou des Descartes, que dans celui des Euripide ou des Sophocle ; et si la Nature s'est mise en plus grands frais, pour faire Newton, que pour former Corneille, ce dont je doute fort ; mais il est certain que c'est la seule imagination diversement appliquée, qui a fait leur différent triomphe et leur gloire immortelle[75].

Si quelqu'un passe pour avoir peu de jugement avec beaucoup d'imagination, cela veut dire que l'imagination trop abandonnée à elle-même, presque toujours comme occupée à se regarder dans le miroir de ses sensations, n'a pas assez contracté l'habitude de les examiner elles-mêmes avec attention ; plus profondément pénétrée des traces, ou des images, que de leur vérité ou de leur ressemblance.

Il est vrai que telle est la vivacité des ressorts de l'imagination, que si l'attention, cette clé ou mère des sciences, ne s'en mêle, il ne lui est guère permis que de parcourir et d'effleurer les objets.

Voyez cet oiseau sur la branche, il semble toujours prêt à s'envoler ; l'imagination est de même. Toujours emportée par le tourbillon du sang et des esprits ; une onde fait une trace, effacée par celle qui suit ; l'âme court après, souvent en vain, il faut qu'elle s'attende à regretter ce qu'elle n'a pas assez vite saisi et fixé : et c'est ainsi que l'imagination, véritable image du temps, se détruit et se renouvelle sans cesse.

Tel est le chaos et la succession continuelle et rapide de nos idées ; elles se chassent, comme un flot pousse l'autre, de sorte que si l'imagination n'emploie, pour ainsi dire, une partie de ses muscles pour être comme en équilibre sur les cordes du cerveau, pour se soutenir quelque temps sur un objet qui va fuir, et s'empêcher de tomber sur un autre, qu'il n'est pas encore temps de contempler, jamais elle ne sera digne du beau nom de jugement. Elle exprimera vivement ce qu'elle aura senti de même ; elle formera les orateurs, les musiciens, les peintres, les poètes, et jamais un seul philosophe. Au contraire, si dès l'enfance on accoutume l'imagination à se brider elle-même, à ne point se laisser emporter à sa propre impétuosité, qui ne fait que de brillants enthousiastes, à arrêter, contenir ses idées, à les retourner dans tous les sens, pour voir toutes les faces d'un objet : alors l'imagination prompte à juger, embrassera par le raisonnement la plus grande sphère d'objets, et sa vivacité, toujours de si bon augure dans les enfants, et qu'il ne s'agit que de régler par l'étude et l'exercice, ne sera plus qu'une pénétration clairvoyante, sans laquelle on fait peu de progrès dans les sciences.

Tels sont les simples fondements sur lesquels a été bâti l'édifice de la logique. La Nature les avait jetés pour tout le genre humain, mais les uns en ont profité, les autres en ont abusé.

Malgré toutes ces prérogatives de l'homme sur les animaux, c'est lui faire honneur que de le ranger dans la même classe [76]. Il est vrai que jusqu'à un certain âge, il est plus animal qu'eux, parce qu'il apporte moins d'instinct en naissant.

Quel est l'animal qui mourrait de faim au milieu

d'une rivière de lait ? L'homme seul. Semblable à ce vieux enfant dont un moderne parle d'après Arnobe[77], il ne connaît ni les aliments qui lui sont propres, ni l'eau qui peut le noyer, ni le feu qui peut le réduire en poudre. Faites briller pour la première fois la lumière d'une bougie aux yeux d'un enfant, il y portera machinalement le doigt comme pour savoir quel est le nouveau phénomène qu'il aperçoit ; c'est à ses dépens qu'il connaîtra le danger, mais il n'y sera pas repris.

Mettez-le encore avec un animal sur le bord d'un précipice : lui seul y tombera ; il se noie, où l'autre se sauve à la nage. À quatorze ou quinze ans, il entrevoit à peine les grands plaisirs qui l'attendent dans la reproduction de son espèce ; déjà adolescent, il ne sait pas trop comment s'y prendre dans un jeu, que la Nature apprend si vite aux animaux : il se cache, comme s'il était honteux d'avoir du plaisir et d'être fait pour être heureux, tandis que les animaux se font gloire d'être *cyniques*[78]. Sans éducation, ils sont sans préjugés. Mais voyons ce chien et cet enfant qui ont tous deux perdu leur maître dans un grand chemin : l'enfant pleure, il ne sait à quel saint se vouer ; le chien, mieux servi par son odorat, que l'autre par sa raison, l'aura bientôt trouvé.

La Nature nous avait donc faits pour être au-dessous des animaux, ou du moins pour faire par là même mieux éclater les prodiges de l'éducation, qui seule nous tire du niveau et nous élève enfin au-dessus d'eux. Mais accordera-t-on la même distinction aux sourds, aux aveugles-nés[79], aux imbéciles, aux fous, aux hommes sauvages, ou qui ont été élevés dans les bois avec les bêtes [80] ; à ceux dont l'affection hypocondriaque a perdu l'imagination, enfin à toutes ces bêtes à figure humaine, qui ne montrent que l'instinct le plus grossier [81] ? Non, tous ces hommes de corps, et non d'esprit, ne méritent pas une classe particulière.

Nous n'avons pas dessein de nous dissimuler les objections qu'on peut faire en faveur de la distinction primitive de l'homme et des animaux, contre notre sentiment. Il y a, dit-on, dans l'homme une Loi naturelle, une connaissance du bien et du mal, qui n'a pas été gravée dans le cœur des animaux.

Mais cette objection, ou plutôt cette assertion, est-elle fondée sur l'expérience, sans laquelle un philosophe peut tout rejeter ? En avons-nous quelqu'une qui nous convainque que l'homme seul a été éclairé d'un rayon refusé à tous les autres animaux ? S'il n'y en a point, nous ne pouvons pas plus connaître par elle ce qui se passe dans eux, et même dans les hommes, que ne pas sentir ce qui affecte l'intérieur de notre être. Nous savons que nous pensons et que nous avons des remords : un sentiment intime ne nous force que trop d'en convenir ; mais pour juger des remords d'autrui, ce sentiment qui est dans nous est insuffisant : c'est pourquoi il en faut croire les autres hommes sur leur parole, ou sur les signes sensibles et extérieurs que nous avons remarqués en nous-mêmes, lorsque nous éprouvions la même conscience et les mêmes tourments.

Mais pour décider si les animaux qui ne parlent point ont reçu la Loi naturelle, il faut s'en rapporter conséquemment à ces signes dont je viens de parler,

supposé qu'ils existent. Les faits semblent le prouver. Le chien qui a mordu son maître qui l'agaçait, a
paru s'en repentir le moment suivant ; on l'a vu
triste, fâché, n'osant se montrer, et s'avouer coupable par un air rampant et humilié. L'Histoire nous
offre un exemple célèbre d'un lion qui ne voulut pas
déchirer un homme abandonné à sa fureur, parce
qu'il le reconnut pour son bienfaiteur. Qu'il serait à
souhaiter que l'homme même montrât toujours la
même reconnaissance pour les bienfaits, et le même
respect pour l'humanité ! On n'aurait plus à
craindre les ingrats, ni ces guerres qui sont le fléau
du genre humain et les vrais bourreaux de la Loi
naturelle.

Mais un être à qui la Nature a donné un instinct
si précoce, si éclairé, qui juge, combine, raisonne et
délibère, autant que s'étend et lui permet la sphère
de son activité ; un être qui s'attache par les bienfaits, qui se détache par les mauvais traitements et va
essayer un meilleur maître ; un être d'une structure
semblable à la nôtre, qui fait les mêmes opérations,
qui a les mêmes passions, les mêmes douleurs, les
mêmes plaisirs, plus ou moins vifs, suivant l'empire
de l'imagination et la délicatesse des nerfs ; un tel
être enfin ne montre-t-il pas clairement qu'il sent
ses torts et les nôtres, qu'il connaît le bien et le mal,
en un mot a conscience de ce qu'il fait ? Son âme qui
marque comme la nôtre les mêmes joies, les mêmes
mortifications, les mêmes déconcertements, serait-
elle sans aucune répugnance à la vue de son semblable déchiré, ou après l'avoir lui-même impi-
toyablement mis en pièces ? Cela posé, le don pré-

cieux dont il s'agit n'aurait point été refusé aux animaux, car puisqu'ils nous offrent des signes évidents de leur repentir, comme de leur intelligence, qu'y a-t-il d'absurde à penser que des êtres, des machines presque aussi parfaites que nous, soient comme nous faites pour penser et pour sentir la Nature ?

Qu'on ne m'objecte point que les animaux sont pour la plupart des êtres féroces, qui ne sont pas capables de sentir les maux qu'ils font ; car tous les hommes distinguent-ils mieux les vices et les vertus ? Il est dans notre espèce de la férocité, comme dans la leur. Les hommes qui sont dans la barbare habitude d'enfreindre la Loi naturelle, n'en sont pas si tourmentés que ceux qui la transgressent pour la première fois, et que la force de l'exemple n'a point endurcis. Il en est de même des animaux, comme des hommes ; les uns et les autres peuvent être plus ou moins féroces par tempérament, et ils le deviennent encore plus avec ceux qui le sont. Mais un animal doux, pacifique, qui vit avec d'autres animaux semblables, et d'aliments doux, sera ennemi du sang et du carnage ; il rougira intérieurement de l'avoir versé, avec cette différence peut-être que, comme chez eux tout est immolé aux besoins, aux plaisirs et aux commodités de la vie, dont ils jouissent plus que nous, leurs remords ne semblent pas devoir être si vifs que les nôtres, parce que nous ne sommes pas dans la même nécessité qu'eux[82]. La coutume émousse et peut-être étouffe les remords, comme les plaisirs.

Mais je veux supposer pour un moment que je me

trompe, et qu'il n'est pas juste que presque tout
l'Univers ait tort à ce sujet, tandis que j'aurais seul
raison ; j'accorde que les animaux, même les plus
excellents, ne connaissent pas la distinction du bien
et du mal moral, qu'ils n'ont aucune mémoire des
attentions qu'on a eues pour eux, du bien qu'on leur
a fait, aucun sentiment de leurs propres vertus ; que
ce lion, par exemple, dont j'ai parlé après tant
d'autres, ne se souvienne pas de n'avoir pas voulu
ravir la vie à cet homme qui fut livré à sa furie, dans
un spectacle plus inhumain que tous les lions, les
tigres et les ours ; tandis que nos compatriotes se
battent, Suisses contre Suisses, frères contre frères,
se reconnaissent, s'enchaînent, ou se tuent sans
remords, parce qu'un prince paye leurs meurtres ; je
suppose enfin que la Loi naturelle n'ait pas été donnée aux animaux, quelles en seront les conséquences ? L'homme n'est pas pétri d'un limon plus précieux ; la Nature n'a employé qu'une seule et même
pâte, dont elle a seulement varié les levains [83]. Si
donc l'animal ne se repent pas d'avoir violé le sentiment intérieur dont je parle, ou plutôt s'il en est
absolument privé, il faut nécessairement que
l'homme soit dans le même cas : moyennant quoi
adieu la Loi naturelle et tous ces beaux traités qu'on
a publiés sur elle ! Tout le règne animal en serait
généralement dépourvu. Mais, réciproquement, si
l'homme ne peut se dispenser de convenir qu'il distingue toujours, lorsque la santé le laisse jouir de lui-
même, ceux qui ont de la probité, de l'humanité, de
la vertu, de ceux qui ne sont ni humains, ni vertueux, ni honnêtes gens ; qu'il est facile de distin-

guer ce qui est vice ou vertu, par l'unique plaisir ou la propre répugnance qui en sont comme les effets naturels, il s'ensuit que les animaux formés de la même matière, à laquelle il n'a peut-être manqué qu'un degré de fermentation pour égaler les hommes en tout, doivent participer aux mêmes prérogatives de l'animalité, et qu'ainsi il n'est point d'âme, ou de substance sensitive, sans remords. La réflexion suivante va fortifier celles-ci.

On ne peut détruire la Loi naturelle. L'empreinte en est si forte dans tous les animaux, que je ne doute nullement que les plus sauvages et les plus féroces n'aient quelques moments de repentir. Je crois que la fille sauvage de Châlons-en-Champagne aura porté la peine de son crime, s'il est vrai qu'elle ait mangé sa sœur[84]. Je pense la même chose de tous ceux qui commettent des crimes, même involontaires, ou de tempérament : de Gaston d'Orléans qui ne pouvait s'empêcher de voler ; de certaine femme qui fut sujette au même vice dans la grossesse, et dont ses enfants héritèrent ; de celle qui dans le même état mangea son mari ; de cette autre qui égorgeait les enfants, salait leurs corps, et en mangeait tous les jours comme du petit salé ; de cette fille de voleur anthropophage, qui le devint à douze ans, quoique ayant perdu père et mère à l'âge de un an, elle eût été élevée par d'honnêtes gens, pour ne rien dire de tant d'autres exemples dont nos observateurs sont remplis, et qui prouvent tous qu'il est mille vices et vertus héréditaires, qui passent des parents aux enfants, comme ceux de la nourrice à ceux qu'elle allaite. Je dis donc et j'accorde que ces

malheureux ne sentent pas pour la plupart sur-le-
champ l'énormité de leur action. La *boulimie*, par
exemple, ou la faim canine peut éteindre tout sentiment ; c'est une manie d'estomac qu'on est forcé de
satisfaire. Mais revenues à elles-mêmes, et comme
désenivrées, quels remords pour ces femmes qui se
rappellent le meurtre qu'elles ont commis dans ce
qu'elles avaient de plus cher ! quelle punition d'un
mal involontaire, auquel elles n'ont pu résister, dont
elles n'ont eu aucune conscience ! cependant ce
n'est point assez apparemment pour les juges.
Parmi les femmes dont je parle, l'une fut rouée et
brûlée, l'autre enterrée vive. Je sens tout ce que
demande l'intérêt de la société. Mais il serait sans
doute à souhaiter qu'il n'y eût pour juges que d'excellents médecins. Eux seuls pourraient distinguer
le criminel innocent du coupable. Si la raison est
esclave d'un sens dépravé ou en fureur, comment
peut-elle le gouverner ?

Mais si le crime porte avec soi sa propre punition
plus ou moins cruelle[85] ; si la plus longue et la plus
barbare habitude ne peut tout à fait arracher le
repentir des cœurs les plus inhumains ; s'ils sont
déchirés par la mémoire même de leurs actions,
pourquoi effrayer l'imagination des esprits faibles
par un enfer, par des spectres et des précipices de
feu, moins réels encore que ceux de Pascal* ?

---

* Dans un cercle, ou à table, il lui fallait toujours un rempart de
chaises, ou quelqu'un dans son voisinage du côté gauche, pour l'empêcher de voir les abîmes épouvantables dans lesquels il craignait
quelquefois de tomber, quelque connaissance qu'il eût de ces illusions. Quel effrayant effet de l'imagination, ou d'une singulière circulation dans un lobe du cerveau ! Grand homme d'un côté, il était

Qu'est-il besoin de recourir à des fables, comme un pape de bonne foi l'a dit lui-même, pour tourmenter les malheureux mêmes qu'on fait périr, parce qu'on ne les trouve pas assez punis par leur propre conscience, qui est leur premier bourreau ? Ce n'est pas que je veuille dire que tous les criminels soient injustement punis ; je prétends seulement que ceux dont la volonté est dépravée et la conscience éteinte, le sont assez par leurs remords, quand ils reviennent à eux-mêmes ; remords, j'ose encore le dire, dont la Nature aurait dû en ce cas, ce me semble, délivrer des malheureux entraînés par une fatale nécessité.

Les criminels, les méchants, les ingrats, ceux enfin qui ne sentent pas la Nature, tyrans malheureux et indignes du jour, ont beau se faire un cruel plaisir de leur barbarie, il est des moments calmes et de réflexions où la conscience vengeresse s'élève, dépose contre eux, et les condamne à être presque sans cesse déchirés de ses propres mains. Qui tourmente les hommes, est tourmenté par lui-même ; et les maux qu'il sentira seront la juste mesure de ceux qu'il aura faits.

D'un autre côté, il y a tant de plaisir à faire du bien, à sentir, à reconnaître celui qu'on reçoit, tant de contentement à pratiquer la vertu, à être doux, humain, tendre, charitable, compatissant et généreux (ce seul mot renferme toutes les vertus), que je

à moitié fou de l'autre. La folie et la sagesse avaient chacune leur département ou leur *lobe*, séparé par la *faux*. De quel côté tenait-il si fort à MM. de Port-Royal ? J'ai lu ce fait dans un extrait du *Traité du vertige* de M. de La Mettrie [86].

tiens pour assez puni, quiconque a le malheur de n'être pas né vertueux.

Nous n'avons pas originairement été faits pour être savants ; c'est peut-être par une espèce d'abus de nos facultés organiques que nous le sommes devenus[87], et cela à la charge de l'État, qui nourrit une multitude de fainéants, que la vanité a décorés du nom de *Philosophes*. La Nature nous a tous créés uniquement pour être heureux ; oui tous, depuis le ver qui rampe jusqu'à l'aigle qui se perd dans la nue. C'est pourquoi elle a donné à tous les animaux quelque portion de la Loi naturelle, portion plus ou moins exquise selon que la comportent les organes bien conditionnés de chaque animal.

À présent, comment définirons-nous la Loi naturelle ? C'est un sentiment, qui nous apprend ce que nous ne devons pas faire, parce que nous ne voudrions pas qu'on nous le fît[88]. Oserais-je ajouter à cette idée commune qu'il me semble que ce sentiment n'est qu'une espèce de crainte ou de frayeur, aussi salutaire à l'espèce qu'à l'individu ; car peut-être ne respectons-nous la bourse et la vie des autres, que pour nous conserver nos biens, notre honneur et nous-mêmes ; semblables à ces *Ixions du christianisme*[89] qui n'aiment Dieu et n'embrassent tant de chimériques vertus que parce qu'ils craignent l'enfer.

Vous voyez que la Loi naturelle n'est qu'un sentiment intime qui appartient encore à l'imagination, comme tous les autres, parmi lesquels on compte la pensée. Par conséquent, elle ne suppose évidemment ni éducation, ni révélation, ni législateur, à moins qu'on ne veuille la confondre avec les lois civiles, à la manière ridicule des théologiens.

Les armes du fanatisme peuvent détruire ceux qui soutiennent ces vérités, mais elles ne détruiront jamais ces vérités mêmes [90].

Ce n'est pas que je révoque en doute l'existence d'un Être suprême ; il me semble, au contraire, que le plus grand degré de probabilité est pour elle ; mais comme cette existence ne prouve pas plus la nécessité d'un culte que toute autre, c'est une vérité théorique qui n'est guère d'usage dans la pratique : de sorte que, comme on peut dire d'après tant d'expériences que la religion ne suppose pas l'exacte probité, les mêmes raisons autorisent à penser que l'athéisme ne l'exclut pas [91].

Qui sait d'ailleurs si la raison de l'existence de l'homme ne serait pas dans son existence même ? Peut-être a-t-il été jeté au hasard sur un point de la surface de la terre, sans qu'on puisse savoir ni comment, ni pourquoi ; mais seulement qu'il doit vivre et mourir, semblable à ces champignons qui paraissent d'un jour à l'autre, ou à ces fleurs qui bordent les fossés et couvrent les murailles [92].

Ne nous perdons point dans l'infini, nous ne sommes pas faits pour en avoir la moindre idée ; il nous est absolument impossible de remonter à l'origine des choses [93]. Il est égal d'ailleurs pour notre repos que la matière soit éternelle ou qu'elle ait été créée, qu'il y ait un Dieu ou qu'il n'y en ait pas. Quelle folie de tant se tourmenter pour ce qu'il est impossible de connaître, et ce qui ne nous rendrait pas plus heureux, quand nous en viendrions à bout !

Mais, dit-on, lisez tous les ouvrages des Fénelon, des Nieuwentyt, des Abbadie, des Derham, des Raïs, etc.[94], eh bien ! que m'apprendront-ils ? ou plutôt que m'ont-ils appris ? ce ne sont que d'ennuyeuses répétitions d'écrivains zélés, dont l'un n'ajoute à l'autre qu'un verbiage, plus propre à fortifier qu'à saper les fondements de l'athéisme. Le volume des preuves qu'on tire du spectacle de la nature ne leur donne pas plus de force. La structure seule d'un doigt, d'une oreille, d'un œil, une observation de Malpighi, prouve tout, et sans doute beaucoup mieux que Descartes et Malebranche[95], ou tout le reste ne prouve rien. Les déistes et les chrétiens mêmes devraient donc se contenter de faire observer que dans tout le règne animal, les mêmes vues sont exécutées par une infinité de divers moyens tous cependant exactement géométriques. Car de quelles plus fortes armes pourrait-on terrasser les athées ? Il est vrai que si ma raison ne me trompe pas, l'homme et tout l'Univers semblent avoir été destinés à cette unité de vues. Le soleil, l'air, l'eau, l'organisation, la forme des corps, tout est arrangé dans l'œil comme dans un miroir qui présente fidèlement à l'imagination les objets qui y sont peints, suivant les lois qu'exige cette infinie variété de corps qui servent à la vision. Dans l'oreille nous trouvons partout une diversité frappante, sans que cette diverse fabrique de l'homme, des animaux, des oiseaux, des poissons, produise différents usages. Toutes les oreilles sont si mathématiquement faites, qu'elles tendent également au seul et même but, qui est d'entendre. Le hasard, demande le déiste, serait-il donc assez grand géomètre, pour varier ainsi à son gré les ouvrages dont on le suppose auteur, sans que tant de diversité pût l'empêcher d'atteindre la même fin ? Il objecte encore ces parties évidemment contenues dans l'animal pour de futurs usages : le papillon dans la chenille, l'homme dans le ver spermatique, un polype entier dans chacune de ses parties, la valvule du trou ovale, le poumon dans le fœtus, les dents dans leurs alvéoles, les os dans les fluides, qui s'en détachent et se durcissent d'une manière incompréhensible. Et comme les partisans de ce système, loin de rien négliger pour le faire valoir, ne se lassent jamais d'accumuler preuves sur preuves, ils veulent profiter de tout, et de la faiblesse même de l'esprit en certains cas. Voyez, disent-ils, les Spinoza [96], les Vanini, les Desbarreaux, les Boindin [97], apôtres qui font plus d'honneur que de tort au déisme ! la durée de la santé de ces derniers a été la mesure de leur incrédulité, et il est rare en effet, ajoutent-ils, qu'on n'abjure pas l'athéisme, dès que les passions se sont affaiblies avec le corps qui en est l'instrument.

Voilà certainement tout ce qu'on peut dire de plus favorable à l'existence d'un Dieu, quoique le dernier argument soit frivole, en ce que ces conversions sont courtes, l'esprit reprenant presque toujours ses anciennes opinions, et se conduisant en conséquence, dès qu'il a recouvré ou plutôt retrouvé ses forces dans celles du corps. En voilà du moins beaucoup plus que n'en dit le médecin Diderot dans ses *Pensées philosophiques* [98], sublime ouvrage qui ne convaincra pas un athée. Que répondre en effet à un homme qui dit : « Nous ne connaissons point la Nature : des causes cachées dans son sein pourraient avoir tout produit. Voyez à votre tour le polype de Trembley ! ne contient-il pas en soi les causes qui donnent lieu à sa régénération ? quelle absurdité y aurait-il donc à penser qu'il est des causes physiques pour lesquelles tout a été fait, et auxquelles toute la chaîne de ce vaste Univers est si nécessairement liée et assujettie, que rien de ce qui arrive, ne pouvait pas ne pas arriver ; des causes dont l'ignorance absolument invincible nous a fait recourir à un Dieu, qui n'est pas même un *être de raison*, suivant certains ? Ainsi détruire le hasard, ce n'est pas prouver l'existence d'un Être suprême, puisqu'il peut y avoir autre chose qui ne serait ni hasard, ni Dieu, je veux dire la Nature, dont l'étude par conséquent ne peut faire que des incrédules, comme le prouve la façon de penser de tous ses plus heureux scrutateurs. »

Le *poids de l'Univers* n'ébranle donc pas un véritable athée, loin de *l'écraser*[99], et tous ces indices mille et mille fois rebattus d'un Créateur, indices qu'on met fort au-dessus de la façon de penser dans nos semblables, ne sont évidents, quelque loin qu'on pousse cet argument, que pour les antipyrrhoniens ou pour ceux qui ont assez de confiance dans leur raison, pour croire pouvoir juger sur certaines apparences, auxquelles, comme vous voyez, les athées peuvent en opposer d'autres peut-être aussi fortes et absolument contraires. Car si nous écoutons encore les naturalistes, ils nous diront que les mêmes causes qui, dans les mains d'un chimiste et par le hasard de divers mélanges, ont fait le premier miroir, dans celles de la Nature ont fait l'eau pure, qui en sert à la simple bergère ; que le mouvement qui conserve le monde a pu le créer ; que chaque corps a pris la place que la Nature lui a assignée ; que l'air a dû entourer la terre, par la même raison que le fer et les autres métaux sont l'ouvrage de ses entrailles ; que le soleil est une production aussi naturelle que celle de l'électricité ; qu'il n'a pas plus été fait pour échauffer la terre et tous ses habitants, qu'il brûle quelquefois, que la pluie pour faire pousser les grains, qu'elle gâte souvent ; que le miroir et l'eau n'ont pas plus été faits pour qu'on pût s'y regarder, que tous les corps polis qui ont la même propriété ; que l'œil est à la vérité une espèce de trumeau dans lequel l'âme peut contempler l'image des objets, tels qu'ils lui sont représentés par ces corps ; mais qu'il n'est pas démontré que cet organe ait été réellement fait exprès pour cette contemplation, ni exprès placé dans l'orbite ; qu'enfin il se pourrait bien faire que Lucrèce, le médecin Lamy [100] et tous les épicuriens anciens et modernes eussent raison, lorsqu'ils avancent que l'œil ne voit que parce qu'il se trouve organisé et placé comme il l'est ; que posées une fois les mêmes règles de mouvement que suit la Nature dans la génération et le développement des corps, il n'était pas possible que ce merveilleux organe fût organisé et placé autrement.

Tel est le pour et le contre, et l'abrégé des grandes raisons qui partageront éternellement les philosophes. Je ne prends aucun parti.

Non nostrum inter vos tantas componere lites [101].

C'est ce que je disais à un Français de mes amis, aussi franc pyrrhonien que moi, homme de beaucoup de mérite et digne d'un meilleur sort. Il me fit à ce sujet une réponse fort singulière. Il est vrai, me dit-il, que le pour et le contre ne doit point inquiéter l'âme d'un philosophe, qui voit que rien n'est démontré avec assez de clarté pour forcer son consentement, et même que les idées indicatives qui s'offrent d'un côté, sont aussitôt détruites par celles qui se montrent de l'autre. Cependant, reprit-il, l'Univers ne sera jamais heureux, à moins qu'il ne soit athée. Voici quelles étaient les raisons de cet *abominable* homme [102]. Si l'athéisme, disait-il, était généralement répandu, toutes les branches de la religion seraient alors détruites et coupées par la racine. Plus de guerres théologiques, plus de soldats de religion, soldats terribles ! la Nature infectée d'un poison sacré reprendrait ses droits et sa pureté. Sourds à toute autre voix, les mortels tranquilles ne suivraient que les conseils spontanés de leur propre individu, les seuls qu'on ne méprise point impunément et qui peuvent seuls nous conduire au bonheur par les agréables sentiers de la vertu.

Telle est la Loi naturelle : quiconque en est rigide observateur, est honnête homme et mérite la confiance de tout le genre humain. Quiconque ne la suit pas scrupuleusement, a beau affecter les spécieux dehors d'une autre religion, est un fourbe ou un hypocrite dont je me défie.

Après cela qu'un vain peuple pense différemment, qu'il ose affirmer qu'il y va de la probité même à ne pas croire la révélation ; qu'il faut en un mot une autre religion que celle de la Nature, quelle qu'elle soit ! quelle misère ! quelle pitié ! et la bonne opinion que chacun nous donne de celle qu'il a embrassée ! Nous ne briguons point ici le suffrage du vulgaire. Qui dresse dans son cœur des autels à la superstition, est né pour adorer des idoles, et non pour sentir la vertu.

Mais puisque toutes les facultés de l'âme dépendent tellement de la propre organisation du cerveau et de tout le corps qu'elles ne sont visiblement que cette organisation même, voilà une machine bien éclairée ! car enfin, quand l'homme seul aurait reçu en partage la Loi naturelle, en serait-il moins une machine ? Des roues, quelques ressorts de plus que dans les animaux les plus parfaits, le cerveau proportionnellement plus proche du cœur, et recevant aussi plus de sang, la même raison donnée ; que sais-je enfin ? des causes inconnues produiraient toujours cette conscience délicate, si facile à blesser, ces remords qui ne sont pas plus étrangers à la matière que la pensée, et en un mot toute la différence qu'on suppose ici. L'organisation suffirait-elle donc à tout ? oui, encore une fois ; puisque la pensée se développe visiblement avec les organes, pourquoi la matière dont ils sont faits ne serait-elle pas aussi susceptible de remords, quand une fois elle a acquis avec le temps la faculté de sentir ?

L'âme n'est donc qu'un vain terme dont on n'a point d'idée, et dont un bon esprit ne doit se servir que pour nommer la partie qui pense en nous[103]. Posé le moindre principe de mouvement, les corps animés auront tout ce qu'il leur faut pour se mouvoir, sentir, penser, se repentir et se conduire, en un mot, dans le physique et dans le moral qui en dépend.

Nous ne supposons rien ; ceux qui croiraient que toutes les difficultés ne seraient pas encore levées, vont trouver des expériences, qui achèveront de les satisfaire.

1. Toutes les chairs des animaux palpitent après la mort, d'autant plus longtemps que l'animal est plus froid et transpire moins. Les tortues, les lézards, les serpents, etc., en font foi[104].

2. Les muscles séparés du corps se retirent, lorsqu'on les pique[105].

3. Les entrailles conservent longtemps leur mouvement péristaltique ou vermiculaire[106].

4. Une simple injection d'eau chaude ranime le cœur et les muscles, suivant Cowper[107].

5. Le cœur de la grenouille, surtout exposé au soleil, encore mieux sur une table ou une assiette chaude, se remue pendant une heure et plus, après avoir été arraché du corps. Le mouvement semble-t-il perdu sans ressource ? il n'y a qu'à piquer le cœur, et ce muscle creux bat encore. Harvey[108] a fait la même observation sur les crapauds.

6. Bacon de Verulam, dans son Traité *Sylva Sylvarum*[109], parle d'un homme convaincu de trahison, qu'on ouvrit vivant, et dont le cœur, jeté dans l'eau chaude, sauta à plusieurs reprises, toujours moins haut, à la distance perpendiculaire de 2 pieds.

7. Prenez un petit poulet encore dans l'œuf, arrachez-lui le cœur ; vous observerez les mêmes phénomènes, avec à peu près les mêmes circonstances [110]. La seule chaleur de l'haleine ranime un animal prêt à périr dans la machine pneumatique.

Les mêmes expériences que nous devons à Boyle [111] et à Stenon [112], se font dans les pigeons, dans les chiens, dans les lapins, dont les morceaux de cœur se remuent, comme les cœurs entiers. On voit le même mouvement dans les pattes de taupe arrachées.

8. La chenille, les vers, l'araignée, la mouche, l'anguille offrent les mêmes choses à considérer ; et le mouvement des parties coupées augmente dans l'eau chaude, à cause du feu qu'elle contient.

9. Un soldat ivre emporta d'un coup de sabre la tête d'un coq d'Inde. Cet animal resta debout, ensuite il marcha, courut ; venant à rencontrer une muraille, il se tourna, battit des ailes en continuant de courir, et tomba enfin [113]. Étendu par terre, tous les muscles de ce coq se remuaient encore. Voilà ce que j'ai vu [114], et il est facile de voir à peu près ces phénomènes dans les petits chats, ou chiens, dont on a coupé la tête.

10. Les polypes font plus que de se mouvoir, après la section ; ils se reproduisent dans huit jours en autant d'animaux qu'il y a de parties coupées [115]. J'en suis fâché pour le système des naturalistes sur la génération [116], ou plutôt j'en suis bien aise ; car que cette découverte nous apprend bien à ne jamais rien conclure de général, même de toutes les expériences connues, et les plus décisives !

Voilà beaucoup plus de faits qu'il n'en faut, pour prouver d'une manière incontestable que chaque petite fibre ou partie des corps organisés [117] se meut par un principe qui lui est propre, et dont l'action ne dépend point des nerfs, comme les mouvements volontaires, puisque les mouvements en question s'exercent, sans que les parties qui les manifestent aient aucun commerce avec la circulation. Or si cette force se fait remarquer jusque dans des morceaux de fibres, le cœur, qui est un composé de fibres singulièrement entrelacées, doit avoir la même propriété. L'histoire de Bacon n'était pas nécessaire pour me le persuader. Il m'était facile d'en juger, et par la parfaite analogie de la structure du cœur de l'homme et des animaux, et par la masse même du premier, dans laquelle ce mouvement ne se cache aux yeux que parce qu'il est étouffé, et enfin parce que tout est froid et affaissé dans les cadavres. Si les dissections se faisaient sur des criminels suppliciés, dont les corps sont encore chauds, on verrait dans leur cœur les mêmes mouvements, qu'on observe dans les muscles du visage des gens décapités.

Tel est ce principe moteur des corps entiers, ou des parties coupées en morceaux, qu'il produit des mouvements non déréglés, comme on l'a cru, mais très réguliers, et cela, tant dans les animaux chauds et parfaits, que dans ceux qui sont froids et imparfaits. Il ne reste donc aucune ressource à nos adversaires, si ce n'est de nier mille et mille faits que chacun peut facilement vérifier.

Si on me demande à présent quel est le siège de

cette force innée de nos corps, je réponds qu'elle réside très clairement dans ce que les anciens ont appelé *parenchyme*[118], c'est-à-dire dans la substance propre des parties, abstraction faite des veines, des artères, des nerfs, en un mot de l'organisation de tout le corps, et que par conséquent chaque partie contient en soi des ressorts plus ou moins vifs, selon le besoin qu'elles en avaient.

Entrons dans quelque détail de ces ressorts de la machine humaine. Tous les mouvements vitaux, animaux, naturels et automatiques se font par leur action[119]. N'est-ce pas machinalement que le corps se retire, frappé de terreur à l'aspect d'un précipice inattendu ? que les paupières se baissent à la menace d'un coup, comme on l'a dit ? que la pupille s'étrécit au grand jour pour conserver la rétine, et s'élargit pour voir les objets dans l'obscurité ? n'est-ce pas machinalement que les pores de la peau se ferment en hiver, pour que le froid ne pénètre pas l'intérieur des vaisseaux ? que l'estomac se soulève, irrité par le poison, par une certaine quantité d'opium, par tous les émétiques, etc. ? que le cœur, les artères, les muscles se contractent pendant le sommeil, comme pendant la veille ? que le poumon fait l'office d'un soufflet continuellement exercé ? n'est-ce pas machinalement qu'agissent tous les sphincters de la vessie, du rectum, etc. ? que le cœur a une contraction plus forte que tout autre muscle ? que les muscles érecteurs font dresser la verge dans l'homme comme dans les animaux qui s'en battent le ventre, et même dans l'enfant, capable d'érection, pour peu que cette partie soit irritée ? Ce qui

prouve, pour le dire en passant, qu'il est un ressort
singulier dans ce membre, encore peu connu, et qui
produit des effets qu'on n'a point encore bien
expliqués, malgré toutes les lumières de l'anatomie.

Je ne m'étendrai pas davantage sur tous ces petits
ressorts subalternes connus de tout le monde. Mais
il en est un autre plus subtil et plus merveilleux, qui
les anime tous ; il est la source de tous nos sentiments, de tous nos plaisirs, de toutes nos passions,
de toutes nos pensées : car le cerveau a ses muscles
pour penser, comme les jambes pour marcher. Je
veux parler de ce principe incitant et impétueux
qu'Hippocrate appelle ἐνορμῶν [120] (l'Âme). Ce principe existe, et il a son siège dans le cerveau à l'origine des nerfs, par lesquels il exerce son empire sur
tout le reste du corps. Par là s'explique tout ce qui
peut s'expliquer, jusqu'aux effets surprenants des
maladies de l'imagination [121].

Mais pour ne pas languir dans une richesse et une
fécondité mal entendue, il faut se borner à un petit
nombre de questions et de réflexions.

Pourquoi la vue ou la simple idée d'une belle
femme nous cause-t-elle des mouvements et des
désirs singuliers ? Ce qui se passe alors dans certains
organes, vient-il de la nature même de ces organes ?
Point du tout ; mais du commerce et de l'espèce de
sympathie de ces muscles avec l'imagination. Il n'y
a ici qu'un premier ressort excité par le *bene placitum*
des Anciens [122], ou par l'image de la beauté qui en
excite un autre, lequel était fort assoupi, quand
l'imagination l'a éveillé : et comment cela, si ce n'est
dans le désordre et le tumulte du sang et des esprits,

qui galopent avec une promptitude extraordinaire, et vont gonfler le corps caverneux ?

Puisqu'il est des communications évidentes entre la mère et l'enfant*, et qu'il est dur de nier des faits rapportés par Tulpius [123] et par d'autres écrivains aussi dignes de foi (il n'y en a point qui le soient plus), nous croirons que c'est par la même voie que le fœtus ressent l'impétuosité de l'imagination maternelle, comme une cire molle reçoit toutes sortes d'impressions, et que les mêmes traces ou envies de la mère peuvent s'imprimer sur le fœtus, sans que cela puisse se comprendre, quoi qu'en disent Blondel [124] et tous ses adhérents. Ainsi nous faisons réparation d'honneur au P. Malebranche, beaucoup trop raillé de sa crédulité par des auteurs qui n'ont point observé d'assez près la Nature, et ont voulu l'assujettir à leurs idées.

Voyez le portrait de ce fameux Pope [125], au moins le Voltaire des Anglais. Les efforts, les nerfs de son génie sont peints sur sa physionomie ; elle est toute en convulsion ; ses yeux sortent de l'orbite, ses sourcils s'élèvent avec les muscles du front. Pourquoi ? c'est que l'origine des nerfs est en travail et que tout le corps doit se ressentir d'une espèce d'accouchement aussi laborieux. S'il n'y avait une corde interne qui tirât ainsi celles du dehors, d'où viendraient tous ces phénomènes ? Admettre une *âme* pour les expliquer, c'est être réduit à l'*opération du Saint Esprit*.

En effet, si ce qui pense en mon cerveau n'est pas

---

* Au moins par les vaisseaux. Est-il sûr qu'il n'y en a point par les nerfs ?

une partie de ce viscère, et conséquemment de tout
le corps, pourquoi lorsque tranquille dans mon lit
je forme le plan d'un ouvrage, ou que je poursuis
un raisonnement abstrait, pourquoi mon sang
s'échauffe-t-il ? pourquoi la fièvre de mon esprit
passe-t-elle dans mes veines ? Demandez-le aux
hommes d'imagination, aux grands poètes, à ceux
qu'un sentiment bien rendu ravit, qu'un goût
exquis, que les charmes de la Nature, de la vérité, ou
de la vertu transportent ! Par leur enthousiasme, par
ce qu'ils vous diront avoir éprouvé, vous jugerez de
la cause par les effets ; par cette *Harmonie* [126] que
Borelli [127], qu'un seul anatomiste a mieux connue
que tous les leibniziens, vous connaîtrez l'unité
matérielle de l'homme. Car enfin, si la tension des
nerfs qui fait la douleur cause la fièvre, par laquelle
l'esprit est troublé et n'a plus de volonté, et que réciproquement l'esprit trop exercé trouble le corps et
allume ce feu de consomption qui a enlevé Bayle
dans un âge si peu avancé [128], si telle titillation me
fait vouloir, me force de désirer ardemment ce dont
je ne me souciais nullement le moment d'auparavant ; si à leur tour certaines traces du cerveau excitent le même prurit et les mêmes désirs, pourquoi
faire double ce qui n'est évidemment qu'un ? C'est
en vain qu'on se récrie sur l'empire de la volonté [129].
Pour un ordre qu'elle donne, elle subit cent fois le
joug. Et quelle merveille que le corps obéisse dans
l'état sain, puisqu'un torrent de sang et d'esprits
vient l'y forcer ; la volonté ayant pour ministres une
légion invisible de fluides plus vifs que l'éclair, et
toujours prêts à la servir ! Mais comme c'est par les

nerfs que son pouvoir s'exerce, c'est aussi par eux qu'il est arrêté. La meilleure volonté d'un amant épuisé, les plus violents désirs lui rendront-ils sa vigueur perdue ? Hélas ! non ; et elle en sera la première punie, parce que, posées certaines circonstances, il n'est pas dans sa puissance de ne pas vouloir du plaisir. Ce que j'ai dit de la paralysie, etc., revient ici.

La jaunisse nous surprend [130] ! ne savez-vous pas que la couleur des corps dépend de celle des verres au travers desquels on les regarde ? Ignorez-vous que telle est la teinte des humeurs, telle est celle des objets, au moins par rapport à nous, vains jouets de mille illusions ? Mais ôtez cette teinte de l'humeur aqueuse de l'œil ; faites couler la bile par son tamis naturel ; alors l'âme, ayant d'autres yeux, ne verra plus jaune. N'est-ce pas encore ainsi qu'en abattant la cataracte, ou en injectant le canal d'Eustache, on rend la vue aux aveugles et l'ouïe aux sourds ? Combien de gens qui n'étaient peut-être que d'habiles charlatans dans des siècles ignorants, ont passé pour faire de grands miracles ! La belle âme et la puissante volonté qui ne peut agir qu'autant que les dispositions du corps le lui permettent, et dont les goûts changent avec l'âge et la fièvre ! Faut-il donc s'étonner si les philosophes ont toujours eu en vue la santé du corps, pour conserver celle de l'âme ? Si Pythagore a aussi soigneusement ordonné la diète, que Platon a défendu le vin [131] ? Le régime qui convient au corps, est toujours celui par lequel les médecins sensés prétendent qu'on doit préluder, lorsqu'il s'agit de former l'esprit, de l'élever à la

connaissance de la vérité et de la vertu ; vains sons
dans le désordre des maladies et le tumulte des
sens ! Sans les préceptes de l'hygiène, Épictète,
Socrate, Platon, etc., prêchent en vain : toute
morale est infructueuse, pour qui n'a pas la sobriété
en partage, c'est la source de toutes les vertus,
comme l'intempérance est celle de tous les vices.

En faut-il davantage (et pourquoi irais-je me
perdre dans l'histoire des passions, qui toutes s'ex-
pliquent par l'ἐνορμῶν d'Hippocrate) pour prouver
que l'homme n'est qu'un animal, ou un assemblage
de ressorts, qui tous se montent les uns par les
autres, sans qu'on puisse dire par quel point du
cercle humain la Nature a commencé ? si ces ressorts diffèrent entre eux, ce n'est donc que par leur
siège et par quelques degrés de force, et jamais par
leur nature ; et par conséquent l'âme n'est qu'un
principe du mouvement, ou une partie matérielle
sensible du cerveau [132], qu'on peut, sans craindre
l'erreur, regarder comme un ressort principal de
toute la machine, qui a une influence visible sur tous
les autres, et même paraît avoir été fait le premier ;
en sorte que tous les autres n'en seraient qu'une
émanation, comme on le verra par quelques observations que je rapporterai et qui ont été faites sur
divers embryons.

Cette oscillation naturelle ou propre à notre
machine, et dont est douée chaque fibre et, pour
ainsi dire, chaque élément fibreux, semblable à celle
d'une pendule, ne peut toujours s'exercer [133]. Il faut
la renouveler à mesure qu'elle se perd ! lui donner
des forces quand elle languit ; l'affaiblir, lorsqu'elle

est opprimée par un excès de force et de vigueur. C'est en cela seul que la vraie médecine consiste.

Le corps n'est qu'une horloge, dont le nouveau chyle est l'horloger [134]. Le premier soin de la Nature, quand il entre dans le sang, c'est d'y exciter une sorte de fièvre que les chimistes qui ne rêvent que fourneaux ont dû prendre pour une fermentation. Cette fièvre procure une plus grande filtration d'esprits, qui machinalement vont animer les muscles et le cœur, comme s'ils y étaient envoyés par ordre de la volonté.

Ce sont donc les causes ou les forces de la vie, qui entretiennent ainsi durant cent ans le mouvement perpétuel des solides et des fluides, aussi nécessaire aux uns qu'aux autres. Mais qui peut dire si les solides contribuent à ce jeu plus que les fluides, et *vice versa* ? Tout ce qu'on sait, c'est que l'action des premiers serait bientôt anéantie, sans le secours des seconds. Ce sont des liqueurs qui par leur choc éveillent et conservent l'élasticité des vaisseaux, de laquelle dépend leur propre circulation. De là vient qu'après la mort, le ressort naturel de chaque substance est plus ou moins fort encore suivant les restes de la vie, auxquels il survit, pour expirer le dernier. Tant il est vrai que cette force des parties animales peut bien se conserver et s'augmenter par celle de la circulation, mais qu'elle n'en dépend point, puisqu'elle se passe même de l'intégrité de chaque membre ou viscère, comme on l'a vu.

Je n'ignore pas que cette opinion n'a pas été goûtée de tous les savants, et que Stahl [135] surtout l'a fort dédaignée. Ce grand chimiste a voulu nous persua-

der que l'âme était la seule cause de tous nos mouvements. Mais c'est parler en fanatique et non en philosophe.

Pour détruire l'hypothèse stahlienne, il ne faut
pas faire tant d'efforts que je vois qu'on en a faits
avant moi. Il n'y a qu'à jeter les yeux sur un joueur
de violon. Quelle souplesse ! quelle agilité dans les
doigts ! les mouvements sont si prompts, qu'il ne
paraît presque pas y avoir de succession. Or je prie,
ou plutôt je défie les stahliens de me dire, eux qui
connaissent si bien tout ce que peut notre âme,
comment il serait possible qu'elle exécutât si vite
tant de mouvements, des mouvements qui se passent si loin d'elle, et en tant d'endroits divers. C'est
supposer un joueur de flûte[136] qui pourrait faire de
brillantes cadences sur une infinité de trous qu'il ne
connaîtrait pas, et auxquels il ne pourrait seulement
pas appliquer le doigt.

Mais disons avec M. Hecquet[137] qu'il n'est pas
permis à tout le monde d'aller à Corinthe. Et pourquoi Stahl n'aurait-il pas été encore plus favorisé de
la Nature en qualité d'homme qu'en qualité de chimiste et de praticien ? Il fallait (l'heureux mortel !)
qu'il eût reçu une autre âme que le reste des
hommes, une âme souveraine, qui, non contente
d'avoir quelque empire sur les muscles *volontaires*,
tenait sans peine les rênes de tous les mouvements
du corps, pouvait les suspendre, les calmer, ou les
exciter à son gré ! Avec une maîtresse aussi despotique, dans les mains de laquelle étaient en quelque
sorte les battements du cœur et les lois de la circulation, point de fièvre sans doute, point de douleur,

point de langueur, ni honteuse impuissance, ni
fâcheux priapisme. L'âme veut et les ressorts jouent,
se dressent ou se débandent. Comment ceux de la
machine de Stahl se sont-ils si tôt détraqués ! Qui a
chez soi un si grand médecin devrait être immortel.

Stahl au reste n'est pas le seul qui ait rejeté le principe d'oscillation des corps organisés. De plus
grands esprits ne l'ont pas employé, lorsqu'ils ont
voulu expliquer l'action du cœur, l'érection du
pénis, etc. Il n'y a qu'à lire les *Institutions de médecine*
de Boerhaave [138], pour voir quels laborieux et sédui-
sants systèmes, faute d'admettre une force aussi
frappante dans tous les corps, ce grand homme a été
obligé d'enfanter à la sueur de son puissant génie.

Willis et Perrault [139], esprits d'une plus faible
trempe, mais observateurs assidus de la Nature, que
le fameux professeur de Leyde [140] n'a connue que
par autrui et n'a eue, pour ainsi dire, que de la
seconde main, paraissent avoir mieux aimé supposer une âme généralement répandue par tout le
corps, que le principe dont nous parlons. Mais dans
cette hypothèse qui fut celle de Virgile et de tous les
Épicuriens [141], hypothèse que l'histoire du polype [142]
semblerait favoriser à la première vue, les mouvements qui survivent au sujet dans lequel ils sont
inhérents, viennent d'un *reste d'âme*, que conservent
encore les parties qui se contractent, sans être désormais irritées par le sang et les esprits. D'où l'on voit
que ces écrivains, dont les ouvrages solides éclipsent
aisément toutes les fables philosophiques, ne se sont
trompés que sur le modèle de ceux qui ont donné à
la matière la faculté de penser, je veux dire, pour

s'être mal exprimés, en termes obscurs et qui ne signifient rien. En effet, qu'est-ce que ce *reste d'âme*, si ce n'est la force motrice des leibniziens[143], mal rendue par une telle expression, et que cependant Perrault surtout a véritablement entrevue ? Voir son *Traité de la mécanique des animaux*[144].

À présent qu'il est clairement démontré contre les cartésiens, les stahliens, les malebranchistes et les théologiens, peu dignes d'être ici placés, que la matière se meut par elle-même, non seulement lorsqu'elle est organisée, comme dans un cœur entier, par exemple, mais lors même que cette organisation est détruite, la curiosité de l'homme voudrait savoir comment un corps, par cela même qu'il est originairement doué d'un souffle de vie, se trouve en conséquence orné de la faculté de sentir, et enfin par celle-ci de la pensée. Et pour en venir à bout, ô bon Dieu, quels efforts n'ont pas faits certains philosophes ! et quel galimatias j'ai eu la patience de lire à ce sujet !

Tout ce que l'expérience nous apprend, c'est que tant que le mouvement subsiste, si petit qu'il soit, dans une ou plusieurs fibres, il n'y a qu'à les piquer pour réveiller, animer ce mouvement presque éteint[145], comme on l'a vu dans cette foule d'expériences dont j'ai voulu accabler les systèmes. Il est donc constant que le mouvement et le sentiment s'excitent tour à tour, et dans les corps entiers, et dans les mêmes corps, dont la structure est détruite ; pour ne rien dire de certaines plantes qui semblent nous offrir les mêmes phénomènes de la réunion du sentiment et du mouvement[146].

Mais de plus, combien d'excellents philosophes

ont démontré que la pensée n'est qu'une faculté de sentir, et que l'âme raisonnable n'est que l'âme sensitive appliquée à contempler les idées et à raisonner ! Ce qui serait prouvé par cela seul que, lorsque le sentiment est éteint, la pensée l'est aussi, comme dans l'apoplexie, la léthargie, la catalepsie, etc. Car ceux qui ont avancé que l'âme n'avait pas moins pensé dans les maladies soporeuses, quoiqu'elle ne se souvînt pas des idées qu'elle avait eues, ont soutenu une chose ridicule.

Pour ce qui est de ce développement, c'est une folie de prendre le temps à en rechercher le mécanisme. La nature du mouvement nous est aussi inconnue que celle de la matière. Le moyen de découvrir comment il s'y produit, à moins que de ressusciter avec l'auteur de l'*Histoire de l'âme* l'ancienne et inintelligible doctrine des *formes substantielles* [147] ! Je suis donc tout aussi consolé d'ignorer comment la matière, d'inerte et simple, devient active et composée d'organes, que de ne pouvoir regarder le soleil sans verre rouge, et je suis d'aussi bonne composition sur les autres merveilles incompréhensibles de la Nature, sur la production du sentiment et de la pensée dans un être qui ne paraissait autrefois à nos yeux bornés qu'un peu de boue.

Qu'on m'accorde seulement que la matière organisée est douée d'un principe moteur, qui seul la différencie de celle qui ne l'est pas (eh ! peut-on rien refuser à l'observation la plus incontestable ?) et que tout dépend dans les animaux de la diversité de cette organisation, comme je l'ai assez prouvé ; c'en est assez pour deviner l'énigme des substances et celle de l'homme. On voit qu'il n'y en a qu'une dans l'Univers et que l'homme est la plus parfaite [148]. Il est au singe, aux animaux les plus spirituels, ce que la pendule planétaire de Huyghens [149] est à une montre de Julien le Roi [150]. S'il a fallu plus d'instruments, plus de rouages, plus de ressorts pour marquer les mouvements des planètes que pour marquer les heures ou les répéter ; s'il a fallu plus d'art à Vaucanson [151] pour faire son *flûteur* que pour son *canard*, il eût dû en employer encore davantage pour faire un *parleur* : machine qui ne peut plus être regardée comme impossible, surtout entre les mains d'un nouveau Prométhée. Il était donc de même nécessaire que la Nature employât plus d'art et d'appareil pour faire et entretenir une machine, qui pendant un siècle entier pût marquer tous les battements du cœur et de l'esprit ; car si on n'en voit pas au pouls les heures, c'est du moins le baromètre de la chaleur et de la vivacité, par laquelle on peut juger de la nature de l'âme. Je ne me trompe point, le corps humain est une horloge, mais immense, et construite avec tant d'artifice et d'habileté, que si la roue qui sert à marquer les secondes vient à s'arrêter, celle des minutes tourne et va toujours son train ; comme la roue des quarts continue de se mouvoir, et ainsi des autres, quand les premières, rouillées ou dérangées par quelque cause que ce soit, ont interrompu leur marche. Car n'est-ce pas ainsi que l'obstruction de quelques vaisseaux ne suffit pas pour détruire ou suspendre le fort des mouvements, qui est dans le cœur, comme dans la pièce ouvrière de la machine ; puisque au contraire les fluides dont le volume est diminué, ayant moins de chemin à faire, le parcourent d'autant plus vite, emportés comme par un nouveau courant, que la force du cœur s'augmente en raison de la résistance qu'il trouve à l'extrémité des vaisseaux ? Lorsque le nerf optique, seul comprimé, ne laisse plus passer l'image des objets, n'est-ce pas ainsi que la privation de la vue n'empêche pas plus l'usage de l'ouïe, que la privation de ce sens, lorsque les fonctions de la *portion molle* sont interdites, ne suppose celle de l'autre [152] ? n'est-ce pas ainsi encore que l'un entend, sans pouvoir dire qu'il entend (si ce n'est après l'attaque du mal) et que l'autre qui n'entend rien, mais dont les nerfs linguaux sont libres dans le cerveau, dit machinalement tous les rêves qui lui passent par la tête ? Phénomènes qui ne surprennent point les médecins éclairés. Ils savent à quoi s'en tenir sur la nature de l'homme, et pour le dire en passant, de deux médecins, le meilleur, celui qui mérite le plus de confiance, c'est toujours, à mon avis, celui qui est le plus versé dans la physique ou la mécanique du corps humain, et qui, laissant l'âme et toutes les inquiétudes que cette chimère donne aux sots et aux ignorants, n'est occupé sérieusement que du pur naturalisme.

Laissons donc le prétendu M. Charp se moquer des philosophes qui ont regardé les animaux comme des machines [153]. Que je pense différemment ! Je crois que Descartes serait un homme respectable à tous égards, si, né dans un siècle qu'il n'eût pas dû éclairer, il eût connu le prix de l'expérience et de l'observation et le danger de s'en écarter [154]. Mais il n'est pas moins juste que je fasse ici une authentique réparation à ce grand homme, pour tous ces petits philosophes, mauvais plaisants et mauvais singes de Locke, qui, au lieu de rire impudemment au nez de Descartes, feraient mieux de sentir que sans lui le champ de la Philosophie, comme celui du bon esprit sans Newton, serait peut-être encore en friche.

Il est vrai que ce célèbre philosophe s'est beaucoup trompé, et personne n'en disconvient. Mais enfin il a connu la nature animale ; il a le premier parfaitement démontré que les animaux étaient de pures machines. Or, après une découverte de cette importance et qui suppose autant de sagacité, le moyen, sans ingratitude, de ne pas faire grâce à toutes ses erreurs !

Elles sont à mes yeux toutes réparées par ce grand aveu. Car enfin, quoi qu'il chante sur la distinction des deux substances, il est visible que ce n'est qu'un tour d'adresse, une ruse de style, pour faire avaler aux théologiens un poison caché à l'ombre d'une analogie qui frappe tout le monde, et qu'eux seuls ne voient pas. Car c'est elle, c'est cette forte analogie qui force tous les savants et les vrais juges d'avouer que ces êtres fiers et vains, plus distingués par leur orgueil que par le nom d'hommes, quelque envie qu'ils aient de s'élever, ne sont au fond que des animaux et des machines perpendiculairement rampantes. Elles ont toutes ce merveilleux instinct, dont l'éducation fait de l'esprit, et qui a toujours son siège dans le cerveau, et, à son défaut, comme lorsqu'il manque ou est ossifié, dans la moelle allongée, et jamais dans le cervelet ; car je l'ai vu considérablement blessé, d'autres* l'ont trouvé squirreux, sans que l'âme cessât de faire ses fonctions.

Être machine, sentir, penser, savoir distinguer le bien du mal, comme le bleu du jaune, en un mot, être né avec de l'intelligence et un instinct sûr de morale, et n'être qu'un animal, sont donc des choses qui ne sont pas plus contradictoires qu'être un singe ou un perroquet et savoir se donner du plaisir. Car puisque l'occasion se présente de le dire, qui eût jamais deviné *a priori* qu'une goutte de la liqueur qui se lance dans l'accouplement, fît ressentir des plaisirs divins, et qu'il en naîtrait une petite créature, qui pourrait un jour, posées certaines lois, jouir des mêmes délices ! Je crois la pensée si peu incompatible avec la matière organisée, qu'elle semble en être une propriété, telle que l'électricité, la faculté motrice, l'impénétrabilité, l'étendue, etc.

Voulez-vous de nouvelles observations ? En voici qui sont sans réplique et qui prouvent toutes que l'homme ressemble parfaitement aux animaux dans son origine, comme dans tout ce que nous avons déjà cru essentiel de comparer.

J'en appelle à la bonne foi de nos observateurs. Qu'ils nous disent s'il n'est pas vrai que l'homme dans son principe n'est qu'un ver qui devient homme, comme la chenille papillon. Les plus graves** auteurs nous ont appris comment il faut s'y prendre pour voir cet animalcule. Tous les curieux l'ont vu, comme Hartsoeker[155], dans la semence de

---

* Haller dans les *Transact. Philosoph.*
** Boerh. *Inst. méd.* et tant d'autres.

l'homme, et non dans celle de la femme ; il n'y a que les sots qui s'en soient fait scrupule. Comme chaque goutte de sperme contient une infinité de ces petits vers, lorsqu'ils sont lancés à l'ovaire, il n'y a que le plus adroit ou le plus vigoureux qui ait la force de s'insinuer et de s'implanter dans l'œuf que fournit la femme, et qui lui donne sa première nourriture. Cet œuf, quelquefois surpris dans les trompes de Fallope [156], est porté par ces canaux à la matrice, où il prend racine, comme un grain de blé dans la terre. Mais quoiqu'il y devienne monstrueux par sa croissance de neuf mois, il ne diffère point des œufs des autres femelles, si ce n'est que sa peau (l'*amnios* [157]) ne se durcit jamais et se dilate prodigieusement, comme on en peut juger en comparant le fœtus trouvé en situation et près d'éclore (ce que j'ai eu le plaisir d'observer dans une femme morte un moment avant l'accouchement) avec d'autres petits embryons très proches de leur origine ; car alors c'est toujours l'œuf dans sa coque, et l'animal dans l'œuf qui, gêné dans ses mouvements, cherche machinalement à voir le jour ; et, pour y réussir, il commence par rompre avec la tête cette membrane, d'où il sort, comme le poulet, l'oiseau, etc., de la leur. J'ajouterai une observation que je ne trouve nulle part, c'est que l'*amnios* n'en est pas plus mince, pour s'être prodigieusement étendu ; semblable en cela à la matrice dont la substance même se gonfle de sucs infiltrés, indépendamment de la réplétion et du déploiement de tous ses coudes vasculeux.

Voyons l'homme dans et hors de sa coque [158], exa-

minons avec un microscope les plus jeunes
embryons, de 4, de 6, de 8 ou de 15 jours ; après ce
temps les yeux suffisent. Que voit-on ? la tête seule ;
un petit œuf rond avec deux points noirs qui marquent les yeux. Avant ce temps, tout étant plus
informe, on n'aperçoit qu'une pulpe médullaire, qui
est le cerveau, dans lequel se forme d'abord l'origine
des nerfs ou le principe du sentiment, et le cœur qui
a déjà par lui-même dans cette pulpe la faculté de
battre : c'est le *punctum saliens*[159] de Malpighi, qui
doit peut-être déjà une partie de sa vivacité à l'influence des nerfs. Ensuite, peu à peu, on voit la tête
allonger le col, qui en se dilatant forme d'abord le
thorax, où le cœur a déjà descendu, pour s'y fixer ;
après quoi vient le bas-ventre qu'une cloison (le dia-
phragme) sépare. Ces dilatations donnent l'une les
bras, les mains, les doigts, les ongles et les poils ;
l'autre les cuisses, les jambes, les pieds, etc., avec la
seule différence de situation qu'on leur connaît, qui
fait l'appui et le balancier du corps. C'est une végé-
tation frappante. Ici ce sont des cheveux qui couvrent le sommet de nos têtes, là ce sont des feuilles
et des fleurs ; partout brille le même luxe de la Nature ; et enfin l'esprit recteur des plantes est placé où
nous avons notre âme, cette autre quintessence de
l'homme.

Telle est l'uniformité de la Nature qu'on
commence à sentir, et l'analogie du règne animal et
végétal, de l'homme à la plante[160]. Peut-être même
y a-t-il des plantes animales, c'est-à-dire qui, en
végétant, ou se battent comme les polypes, ou font
d'autres fonctions propres aux animaux.

Voilà à peu près tout ce qu'on sait de la génération[161]. Que les parties qui s'attirent, qui sont faites pour s'unir ensemble et pour occuper telle ou telle place, se réunissent toutes suivant leur nature, et qu'ainsi se forment les yeux, le cœur, l'estomac et enfin tout le corps, comme de grands hommes l'ont écrit, cela est possible. Mais comme l'expérience nous abandonne au milieu de ces subtilités, je ne supposerai rien, regardant tout ce qui ne frappe pas mes sens comme un mystère impénétrable. Il est si rare que les deux semences se rencontrent dans le congrès, que je serais tenté de croire que la semence de la femme est inutile à la génération.

Mais comment en expliquer les phénomènes, sans ce commode rapport de parties, qui rend si bien raison des ressemblances des enfants, tantôt au père et tantôt à la mère. D'un autre côté, l'embarras d'une explication doit-elle contrebalancer un fait ? Il me paraît que c'est le mâle qui fait tout, dans une femme qui dort, comme dans la plus lubrique. L'arrangement des parties serait donc fait de toute éternité dans le germe ou dans le ver même de l'homme. Mais tout ceci est fort au-dessus de la portée des plus excellents observateurs. Comme ils n'y peuvent rien saisir, ils ne peuvent pas plus juger de la mécanique de la formation et du développement des corps, qu'une taupe du chemin qu'un cerf peut parcourir.

Nous sommes de vraies taupes dans le chemin de la Nature ; nous n'y faisons guère que le trajet de cet animal ; et c'est notre orgueil qui donne des bornes à ce qui n'en a point. Nous sommes dans le cas d'une montre qui dirait (un fabuliste en ferait un personnage de conséquence dans un ouvrage frivole) : « Quoi ! c'est ce sot ouvrier qui m'a faite, moi qui divise le temps ! moi qui marque si exactement le cours du soleil ; moi qui répète à haute voix les heures que j'indique ! non, cela ne se peut pas. » Nous dédaignons de même, ingrats que nous sommes, cette mère commune de tous les *règnes*, comme parlent les chimistes. Nous imaginons ou plutôt nous supposons une cause supérieure à celle à qui nous devons tout, et qui a véritablement tout fait d'une manière inconcevable. Non, la matière n'a rien de vil qu'aux yeux grossiers qui la méconnaissent dans ses plus brillants ouvrages, et la Nature n'est point une ouvrière bornée [162]. Elle produit des millions d'hommes avec plus de facilité et de plaisir qu'un horloger n'a de peine à faire la montre la plus composée. Sa puissance éclate également et dans la production du plus vil insecte, et dans celle de l'homme le plus superbe ; le règne animal ne lui coûte pas plus que le végétal, ni le plus beau génie qu'un épi de blé. Jugeons donc par ce que nous voyons, de ce qui se dérobe à la curiosité de nos yeux et de nos recherches, et n'imaginons rien au-delà. Suivons le singe, le castor, l'éléphant, etc., dans leurs opérations. S'il est évident qu'elles ne peuvent se faire sans intelligence, pourquoi la refuser à ces animaux ? et si vous leur accordez une âme, fanatiques, vous êtes perdus ; vous aurez beau dire que vous ne décidez point sur sa nature, tandis que vous lui ôtez l'immortalité ; qui ne voit que c'est une assertion gratuite ? qui ne voit qu'elle doit être ou mortelle, ou immortelle, comme la nôtre, donc elle doit subir le même sort, quel qu'il soit ! et qu'ainsi c'est *tomber dans Scylla, pour vouloir éviter Charybde ?*

Brisez la chaîne de vos préjugés ; armez-vous du flambeau de l'expérience et vous ferez à la Nature l'honneur qu'elle mérite, au lieu de rien conclure à son désavantage, de l'ignorance où elle vous a laissé. Ouvrez les yeux seulement et laissez là ce que vous ne pouvez comprendre, et vous verrez que ce laboureur dont l'esprit et les lumières ne s'étendent pas plus loin que les bords de son sillon, ne diffère point essentiellement du plus grand génie, comme l'eût prouvé la dissection des cerveaux de Descartes et de Newton ; vous serez persuadé que l'imbécile ou le stupide sont des bêtes à figure humaine, comme le singe plein d'esprit est un petit homme sous une autre forme ; et qu'enfin, tout dépendant absolument de la diversité de l'organisation, un animal bien construit, à qui on a appris l'astronomie, peut prédire une éclipse comme la guérison ou la mort, lorsqu'il a porté quelque temps du génie et de bons yeux à l'école d'Hippocrate et au lit des malades [163]. C'est par cette file d'observations et de vérités qu'on parvient à lier à la matière l'admirable propriété de penser, sans qu'on en puisse voir les liens, parce que le sujet de cet attribut est essentiellement inconnu.

Ne disons point que toute machine, ou tout animal, périt tout à fait, ou prend une autre forme après la mort ; car nous n'en savons absolument rien. Mais assurer qu'une machine immortelle est une chimère ou un *être de raison*, c'est faire un raisonne-

ment aussi absurde que celui que feraient des chenilles qui, voyant les dépouilles de leurs semblables,
déploreraient amèrement le sort de leur espèce qui
leur semblerait s'anéantir. L'âme de ces insectes
(car chaque animal a la sienne) est trop bornée pour
comprendre les métamorphoses de la Nature.
Jamais un seul des plus rusés d'entre eux n'eût imaginé qu'il dût devenir papillon. Il en est de même de
nous. Que savons-nous plus de notre destinée que
de notre origine ? Soumettons-nous donc à une
ignorance invincible, de laquelle notre bonheur
dépend.

Qui pensera ainsi sera sage, juste, tranquille sur
son sort, et par conséquent heureux. Il attendra la
mort sans la craindre ni la désirer[164], et chérissant la
vie, comprenant à peine comment le dégoût vient
corrompre un cœur dans ce lieu plein de délices ;
plein de respect pour la Nature ; plein de reconnaissance, d'attachement et de tendresse, à proportion
du sentiment et des bienfaits qu'il en a reçus, heureux enfin de la sentir et d'être au charmant spectacle de l'Univers, il ne la détruira certainement
jamais dans soi ni dans les autres. Que dis-je ! plein
d'humanité, il en aimera le caractère jusque dans ses
ennemis. Jugez comme il traitera les autres. Il plain-
dra les vicieux, sans les haïr ; ce ne seront à ses yeux
que des hommes contrefaits. Mais en faisant grâce
aux défauts de la conformation de l'esprit et du
corps, il n'en admirera pas moins leurs beautés et
leurs vertus. Ceux que la Nature aura favorisés, lui
paraîtront mériter plus d'égards que ceux qu'elle
aura traités en marâtre. C'est ainsi qu'on a vu que

les dons naturels, la source de tout ce qui s'acquiert, trouvent dans la bouche et le cœur du matérialiste des hommages que tout autre leur refuse injustement. Enfin le matérialiste convaincu, quoi que murmure sa propre vanité, qu'il n'est qu'une machine ou qu'un animal, ne maltraitera point ses semblables, trop instruit sur la nature de ces actions, dont l'inhumanité est toujours proportionnée au degré d'analogie prouvée ci-devant, et ne voulant pas en un mot, suivant la Loi naturelle donnée à tous les animaux, faire à autrui ce qu'il ne voudrait pas qu'il lui fît[165].

Concluons donc hardiment que l'Homme est une Machine, et qu'il n'y a dans tout l'Univers qu'une seule substance diversement modifiée[166]. Ce n'est point ici une hypothèse élevée à force de demandes et de suppositions : ce n'est point l'ouvrage du préjugé, ni même de ma raison seule ; j'eusse dédaigné un guide que je crois si peu sûr, si mes sens portant, pour ainsi dire, le flambeau, ne m'eussent engagé à la suivre, en l'éclairant. L'expérience m'a donc parlé pour la raison ; c'est ainsi que je les ai jointes ensemble.

Mais on a dû voir que je ne me suis permis le raisonnement le plus vigoureux et le plus immédiatement tiré, qu'à la suite d'une multitude d'observations physiques qu'aucun savant ne contestera[167] ; et c'est encore eux seuls que je reconnais pour juges des conséquences que j'en tire, récusant ici tout homme à préjugés, et qui n'est ni anatomiste, ni au fait de la seule philosophie qui est ici de mise, celle du corps humain. Que pourraient contre un chêne

aussi ferme et solide, ces faibles roseaux de la théologie, de la métaphysique et des Écoles : armes pué-
riles, semblables aux fleurets de nos salles, qui peuvent bien donner le plaisir de l'escrime, mais jamais
entamer son adversaire. Faut-il dire que je parle de
ces idées creuses et triviales, de ces raisonnements
rebattus et pitoyables, qu'on fera sur la prétendue
incompatibilité de deux substances qui se touchent
et se remuent sans cesse l'une et l'autre, tant qu'il
restera l'ombre du préjugé ou de la superstition sur
la terre ? Voilà mon système, ou plutôt la vérité si je
ne me trompe fort [168]. Elle est courte et simple. Dispute à présent qui voudra !

NOTES *

1. *L'Homme-Machine* parut anonymement à Leyde à la fin de l'année 1747 et daté de 1748, chez Élie de Luzac. Cet « avertissement de l'imprimeur » est naturellement un artifice permettant à La Mettrie de prévenir l'effet de scandale attendu et inévitable en protestant de l'inoffensivité de son contenu. Mais on y trouve des thèmes dont l'exposé n'est pas simplement tactique, mais qui sont révélateurs de la conception que La Mettrie se faisait de la « vérité » et de l'efficace de ses écrits. Points qui demandent à être explicités pour comprendre le sens de cet « avertissement » et dans quel esprit son auteur s'est décidé à lancer un écrit tel que *L'Homme-Machine*. Ces thèmes ont été non fortuitement repris et développés dans le fameux *Discours préliminaire* aux *Œuvres philosophiques*, trois ans plus tard, véritable manifeste de la pensée lamettrienne.

1er. On y trouve d'abord une mise au point importante quant aux effets de l'écrit philosophique du point de vue religieux. La Mettrie le déclare inoffensif. Bien entendu il le conçoit en fait comme une arme contre les dévots et compte bien sur sa portée critique. Mais il n'y a pas, dans cette dénégation, que ruse. Dans le *Discours préliminaire*, il se proposera de même de « prouver que la philosophie, toute contraire qu'elle est à la morale et à la religion, non seulement ne peut détruire ces deux liens de la société,

---

* La référence aux *Œuvres philosophiques* (éd., 1796) est indiquée par : O.P., suivi du tome et de la page.

comme on le croit communément, mais ne peut que les resserrer et les fortifier de plus en plus » (O.P., I., p. 1). Il y a plus : La Mettrie soutient aussi une sorte d'indifférence réciproque des plans — philosophique, moral, religieux, politique : idée qui ne va pas sans contradiction avec la précédente. De sorte qu'une vérité découverte dans l'ordre de la nature par les philosophes n'atteint pas nécessairement les autres sphères. De ce second point de vue, il affirme que la philosophie ne peut détruire les « liens sages et sacrés » qui sont l'assise d'une société civile (O.P., I, p. 41). Cet hiatus entre théorie et pratique, La Mettrie le constate et s'en accommode d'autant plus qu'il est agnostique, tant sur le plan religieux que sur celui de la connaissance.

2e. En conséquence la revendication de la vérité chez lui est à la fois inconditionnelle (voir note 18) et sceptique. La vérité est bonne à dire et doit être dite — c'est pourquoi il faut savoir être *hardi*. Mais deux bornes limitent son impact :

a) d'une part, elle ne saurait être *populaire* : elle aura toujours contre elle, outre l'*odium theologicum*, l'indifférence et l'incompréhension du peuple. Une phrase étonnante du *Discours préliminaire* est importante à méditer pour saisir la portée que La Mettrie attribue d'avance à son écrit : « Les matérialistes ont beau prouver que l'homme n'est qu'une machine, le peuple n'en croira jamais rien. Le même instinct qui le retient à la vie, lui donne assez de vanité pour croire son âme immortelle » (O.P., I, p. 18). Voilà qui limite son danger, d'autant que, même s'il le croyait, « la sévérité des lois » épargnerait « la destruction des autels » (*ibid.*, note) ;

b) d'autre part, La Mettrie excipe d'une étonnante théorie de la « double vérité » : « Chez moi, j'écris ce qui me paraît vrai ; chez les autres, je dis ce qui me paraît bon, salutaire, utile, avantageux : ici je préfère la vérité, comme philosophe ; là, l'erreur, comme citoyen ; l'erreur est en effet plus à la portée de tout le monde » (O.P., I, p. 38).

Tel est donc le statut de la « vérité philosophique » qu'il *faut* la dire tout en y intégrant avec humour l'hiatus qui sépare son annonce de sa réalisation et de sa communication. Aussi nécessaire à dire qu'impossible à réaliser et à comprendre, elle cherche à déleurrer tout en sachant la force du leurre. Aussi, quand il feint de rassurer ses ennemis, La Mettrie énonce en même temps sérieusement la limite qu'il perçoit, sans désespoir du reste, dans son entreprise. La vérité est en ce sens gratuite : c'est le droit à l'« hypothèse » dont arguait déjà Copernic, « théorie innocente et de pure curiosité » (O.P., I, p. 20). Voir aussi la note 19 pour le statut de l'hypothèse et du système.

2.   Il s'agit de Jean-Baptiste Boyer, marquis d'Argens (1704-1771), auteur de romans, de *Lettres juives* (1736) et de *Lettres cabalistiques* (1741) dans la tradition des *Lettres persanes*. Il fut militaire, puis se retira en Hollande avant d'être attiré par Frédéric II à Berlin. Sa vie d'aventurier n'est pas sans analogie avec celle de La Mettrie. Il se fit auteur après avoir renoncé à la carrière militaire, en 1734, et avoir été déshérité par son père. Il se consacra aux pamphlets antichrétiens en mobilisant une certaine érudition, expression de la tradition matérialiste et païenne. Il fit paraître également une *Philosophie du bon sens* et traduisit Julien l'Apostat, ainsi que des traités grecs d'inspiration matérialiste. La référence au marquis d'Argens, à la fin de cet avertissement, s'adresse donc à la fois au penseur matérialiste et indirectement à Frédéric II dont D'Argens était devenu le chambellan et le directeur de son académie. Ce n'est pas un hasard si le spiritualiste *Dictionnaire des sciences philosophiques* (1885) emploie à propos de La Mettrie et de D'Argens la même expression réprobative d'« enfant perdu de la philosophie » du xviii⁰ siècle (p. 91 et p. 907), soulignant ses « travers de conduite », son « dévergondage d'esprit » et sa philosophie résumée comme « le plus grossier matérialisme ». Voir E. Johnston, *Le Marquis d'Argens, sa vie et ses œuvres* (1928). Notons de plus que La Mettrie ne ménagea pas d'Argens, qui de son côté devait déclarer que « tous ses ouvrages (de La Mettrie) sont d'un homme dont la folie paraît à chaque pensée... C'est le vice qui s'explique par la voix de la démence. La Mettrie était fou au pied de la lettre » (*Ocellus Lucanus*, 1762). C'est à cet homme, qui lui conteste toute culture et tout intérêt, que *L'Homme-Machine* est envoyé !

3.   En dédiant son ouvrage à Albrecht von Haller (1708-1777), La Mettrie le place sous l'égide de la physiologie de son temps et de l'école de Boerhaave.

a) En effet c'est en 1747, quelques mois avant *L'Homme-Machine*, que parurent les *Primae Linae physiologiae*, que l'on peut considérer comme le premier ouvrage de physiologie proprement dite, puisqu'elle y est traitée comme discipline *sui generis*, indépendamment de la médecine. Dix ans plus tard, après la mort de La Mettrie, il donnera ses *Elementa physiologiae corporis humani*, somme de la physiologie de l'époque en 8 volumes (1757-1766).

b) En outre, c'est le représentant le plus autorisé de l'école de Boerhaave. Suisse d'expression allemande, Haller avait commencé ses études de médecine à Tübingen (1723) et les acheva à Leyde auprès de Boerhaave en 1727, à l'époque où La Mettrie obtenait le bonnet de médecin. Boerhaave mort en 1738, il publia ses *Commentari ad Hermanni Boerhaave praelectiones academicas in suas rei medicae institutiones* en 6 volumes de 1739 à 1759. — L'article « Physiologie » de *L'Encyclopédie* (tome XII, 1765) l'intronise comme le plus grand disciple de Boerhaave, déclaré « le plus grand théoricien que nous ayons jamais eu » sur la base de « ses institutions de médecine, dont le docteur Haller a enrichi le commentaire d'un nombre infini d'observations » (p. 538).

La Mettrie dédie son ouvrage à « Monsieur Haller professeur en médecine à Goettingue » : en effet la carrière de Haller s'est partagée entre Berne (1734-1736) et Göttingen, université fondée en 1735 par Frédéric II, où Haller enseigna de 1736 à 1753, avant de finir sa vie à Berne.

Cette dédicace constitue en elle-même un repère : en s'ouvrant par une référence à la physiologie incarnée par Haller, La Mettrie se recommande du drapeau de Boerhaave et présente même *L'Homme-Machine* comme une sorte de traité de physiologie. Encore faut-il préciser l'acception du terme, en la distinguant de celle qu'il a prise entre-temps au XIXᵉ siècle, depuis Magendie et Claude Bernard. *L'Encyclopédie* la définit : « Physiologie, de *phusis*, nature, et *logos*, discours, partie de la médecine, qui considère ce en quoi consiste la vie, ce que c'est que la santé, et quels en sont les effets. » La physiologie est « la base de la médecine », puisque, comme le dira Jean Sénebier dans son éloge de Haller (1778), « elle présente à celui qui l'exerce l'état naturel de la machine qu'il doit entretenir en prévenant les dérangements qui la menacent, et en les réparant quand ils sont arrivés », Haller lui-même définit la physiologie comme « la description des mouvements qui agitent la machine animée » (préface des *Elementa*) : « Celui qui traite de physiologie doit exposer les mouvements internes du corps animal. » Conçue par ailleurs comme une partie de la physique, elle « demande presque la connaissance de toutes les autres » (Sénebier). Relevons donc que dans cette conception la physiologie est conçue, selon les termes de Haller, comme une « anatomie animée ». C'est la physiologie du xixᵉ siècle qui introduira le primat de la fonction. Comme le dira Claude Bernard commentant, dans ses *Leçons de physiologie expérimentale appliquées à la médecine*, cette définition de Haller : une fois la localisation anatomique acquise, « la fonction se déduit ensuite en quelque sorte comme une conséquence de la connaissance anatomique exacte des parties sur le cadavre ». La physiologie dont se recommande La Mettrie à l'instar de Haller est donc une mécanique organique : l'organe étant donné, la fonction est donnée en sus, comme le jeu des organes. Ce type de pratique de la physiologie est le socle du mécanisme anthropologique de La Mettrie : c'est ce lien épistémologique que symbolise cette référence qui ouvre l'écrit.

Néanmoins il convient de prendre la dédicace à Haller *cum grano salis*. Notons d'abord que Haller, loin d'être flatté par le don qui lui était ainsi fait, refusa la dédicace. Il adressa deux lettres de récusation, l'une au *Journal des savants*, qui l'inséra, l'autre à La Mettrie personnellement, pour se démarquer de ce compromettant émule et même pour demander réparation, et c'est en vain que leur ami commun Maupertuis tenta de le calmer. Voici le texte de cette protestation insérée dans le *Journal des savants* en mai 1749 : « L'auteur anonyme de *L'Homme-Machine* m'ayant dédié cet ouvrage, également dangereux et peu fondé, je crois devoir à Dieu, à la religion et à moi-même, la présente déclaration, que je prie MM. les auteurs du *Journal des savants* d'insérer dans leur ouvrage. Je désavoue ce livre comme entièrement opposé à mes sentiments. Je regarde la dédicace comme un affront plus cruel que tous ceux que l'auteur anonyme a fait à tant d'honnêtes gens, et je prie le public d'être assuré que je n'ai jamais eu de liaison, de connaissance, de correspondance, ni d'amitié, avec l'auteur de *L'Homme-Machine*, et que je regarderais comme le plus grand des malheurs toute conformité d'opinion avec lui » (cité par Paul Hazard, in *La Pensée européenne au* XVIIIe *siècle*, p. 171-172).

Pourquoi donc La Mettrie s'est-il livré à ce jeu ? Il s'en explique dans le *Discours préliminaire* de 1752 : « C'est la nécessité de me cacher, qui m'a fait imaginer la *dédicace à M. Haller*. Je sens que c'est une extravagance de dédier amicalement un livre aussi hardi que *L'Homme-Machine*, à un savant que je n'ai jamais vu, et que cinquante ans n'ont pu délivrer de tous les préjugés de l'enfance ; mais je ne croyais pas que mon style m'eût trahi » (O.P., I, p. 60, note 1). Et il ajoute qu'il n'a pas eu le courage de « supprimer cette pièce qui a fait tant crier, gémir, renier celui à qui elle est adressée », compte tenu des « si grands éloges publics et d'écrivains » qu'elle a suscités. Lange commente ainsi : « Soit pour ménager un meilleur accueil ; soit pour mieux se cacher, La Mettrie la dédia à Albert Haller. Cette dédicace, dont Haller ne voulut pas, fit que la querelle se mêlât à la question scientifique » (*op. cit.*, p. 350). Solovine y voit, autant qu'un paravent, un bon tour bien dans la nature enjouée de La Mettrie : « La Mettrie, soit pour mieux garder l'anonymat, soit pour jouer un tour malicieux à son adversaire et le compromettre », aurait choisi Haller « dont les conceptions spiritualistes et la piété profonde étaient connues de tout le monde » (*op. cit.*, p. 23).

Selon nous, il y a plus qu'un bon tour, et l'épisode se comprend en tenant compte des éléments suivants qu'il convient de hiérarchiser et de sérier par ordre d'enjeux croissant en importance :

a) Fait conjoncturel et tactique : se couvrir par une autorité. *Cf.* l'avertissement de l'imprimeur : « On serait peut-être surpris que j'aie osé mettre mon nom à un livre aussi hardi que celui-ci » (p. 83). Le président de l'académie de Berlin que fut Haller apparaît comme une contrepartie et une garantie, accréditées par la convergence des faits scientifiques utilisés.

b) Mais cette tactique, en soi aléatoire, était rendue possible précisément par la référence à un contenu scientifique commun.

Autour de celui-ci, se jouait une rivalité quant à la filiation de Boerhaave. On a vu que La Mettrie contacta le maître sept ans seulement après Haller. De 1734 à 1741, il consacra l'essentiel de ses écrits à la traduction et au commentaire des ouvrages de Boerhaave — *Tractatus medicus de lue aphrodisiaca* en 1734, *Aphorismes sur la connaissance et la cure des maladies* et *Traité de la matière médicale* en 1739, *Institutions de médecine* en 1740, *Abrégé de la théorie chimique, tiré des propres écrits de M. Boerhaave* en 1741. C'est donc le disciple français du maître hollandais qui dédie son œuvre au grand disciple suisse et allemand, en une commune paternité.

c) Reste l'enjeu idéologique, qui nous semble le sens ultime de l'épisode : La Mettrie est le fils matérialiste de Boerhaave, comme Haller en est le fils spiritualiste. Dans leur entre-deux conflictuel, se joue le sens idéologique de l'apport scientifique que recèlent la médecine et la physiologie boerhaaviennes. Aussi bien tout oppose Haller, président du collège des chirurgiens de la Société royale de Göttingen, rédacteur des règlements de la société royale de Göttingen, membre du Conseil de la ville de Berne, capitaine provincial du canton, administrateur de la ville, réorganisateur de l'université de Lausanne et même directeur des salins de Roche, bien-pensant et respecté, et La Mettrie, sans carrière ni respectabilité, menant une vie de paria, petit médecin à scandales. Le débat porte sur le point de savoir si cet enfant naturel de Boerhaave, tirant de l'apport de ce médecin lui-même d'obédience spiritualiste une construction matérialiste, en exprime la « vérité » idéologique radicale : en se référant au fils légal, Haller, boerhaavien spiritualiste, La Mettrie se confronte à son double et contraire imaginaire en une filiation problématique et conflictuelle. On comprend dès lors ce qu'il faut mettre de provocation, d'ironie, de défi et de *sérieux* dans cette dédicace.

4. Le thème de la dédicace est à la fois un lieu commun, prétexte à variation rhétorique, et une introduction significative au discours qui suit. En s'interrogeant sur « la nature de cette sublime volupté de l'étude », La Mettrie se pose un problème généalogique : dès lors que tout mobile humain est fondé en dernière analyse sur le plaisir — « maître souverain des hommes et

des dieux, devant qui tout disparaît comme dit *L'Art de jouir* »
(O.P., III, p. 203) —, le logos philosophique lui-même suppose
une volupté spécifique, soit un « amour de la vérité » pris au sens
propre, la vérité étant l'objet d'un véritable investissement éro-
tique. Le matérialisme lamettrien a pour *primum movens* le plaisir spécifique à dire la vérité, d'où lui vient sa hardiesse (voir
infra, note 18), s'il est vrai qu'il n'y aurait pas de vérité à procla-
mer qui ne soit *aimable*. Ainsi la position traditionnelle du rapport du discours à la vérité est modifiée : ce n'est pas parce qu'il
y a un Vrai en soi qu'il faut le dire, c'est parce qu'il y a volupté
inestimable à le dire qu'il existe. La vérité n'existe que soutenue
à l'existence par le désir de ses amants philosophes. C'est pourquoi le développement de la vérité matérialiste doit être précédé
par une profession de foi amoureuse qui indique la racine du discours dans l'ardeur du désir ardent et voluptueux de vérité.

On peut rapprocher cette problématique de celle, contemporaine, de Hume, *in Traité de la nature humaine*, livre II, 3ᵉ partie,
section X, *La Curiosité et l'amour de la vérité :* « La satisfaction,
que nous recevons parfois de la découverte de la vérité, procède
non de la seule vérité comme telle, mais de la vérité seulement en
tant qu'elle est douée de certaines qualités » ; « le plaisir de
l'étude consiste essentiellement dans l'acte de l'esprit et dans
l'exercice de la sagacité et de l'entendement pour découvrir et
comprendre une vérité » (trad. fr., t. II, p. 561 et 563). Notons
que ce thème du plaisir de l'étude, à rapporter à l'hédonisme de
l'auteur du traité sur *La Volupté*, contraste avec un autre thème
cher à La Mettrie et à Diderot, à savoir que « nous n'avons pas
originairement été faits pour être savants » et que « c'est peut-
être par une espèce d'abus de nos facultés organiques que nous
le sommes devenus » (voir *supra*, p. 182 et note 87). Le plaisir de
l'étude serait donc pervers puisque le produit d'une répression
initiale des « facultés organiques ».

5.   Allusion à Girolamo Fracastoro (1478-1553), Véronais
illustre à la fois comme médecin et comme poète, disciple de
Pomponazzi à Padoue et condisciple de Copernic, connu surtout pour son poème sur la syphilis, *Syphilidis, sive morbis gallici,
libri tres* (1530). Fracastoro insiste sur l'aspect clinique des maladies et fonde en quelque sorte l'épidémiologie en insistant sur

l'aspect contagieux des maladies infectieuses (*cf.* notamment son *De contagionibus et contagiosis morbis et eorum curatione*, 1546). Conformément à son projet, La Mettrie manifeste de la sympathie pour l'école médicale de Padoue (voir notre introduction, p. 59). De plus « un Fracastor » est ici synonyme de gentilhomme cultivé et d'humaniste distingué, joignant le savoir aux lettres. Sans compter l'aspect incongru du rapprochement entre le chaste Haller et le théoricien de la syphilis...

6. Célébrité de l'époque, la Delbar était la femme d'Alexis Piron (1689-1773), libertin et auteur de pièces de théâtre et de poésie. La Mettrie évoque l'auteur de *L'Ode à Priape* dans *La Volupté* (O.P., III, 24).

7. *La Mérope* parut en 1743 et marque l'apogée littéraire de la renommée de Voltaire.

8. Allusion au peintre Jonathan Richardson, dit le Vieux (1665-1745), dont l'œuvre se compose essentiellement de portraits, considéré comme le premier portraitiste d'Angleterre, en même temps que théoricien de la peinture dont il exalte la portée esthétique : *cf.* sa *Theorie of Painting* (1715) et *The Connoisseur ; an Essay on the Whole Art of Criticism* (1719). Richardson hausse la pratique picturale au rang d'une vocation créatrice. Voir *infra* l'usage physionomoniste qu'en fait La Mettrie.

9. Jules César Scaliger, auteur de *La Poétique*, apparaît comme le type de l'humaniste érudit, tout entier mobilisé par la *libido sciendi* et faisant l'éloge d'une vie d'étude.

10. L'allusion à Malebranche concerne l'épisode fameux de l'émoi qui saisit Malebranche à la lecture de Descartes : ayant découvert en 1664 le *Traité de l'homme* par hasard chez un libraire de la rue Saint-Jacques, il le lut avec tant d'enthousiasme qu'il dut s'interrompre à plusieurs reprises à cause des violents battements de cœur que provoquait cette lecture. Cet épisode devint le symbole de l'exaltation sensible engendrée par le plaisir intellectuel.

11. Anne Lefèvre, devenue Mme Dacier (1654-1720), apparaît comme le Scaliger femme. Fille et femme d'érudits, elle traduisit Plaute, Térence et surtout Homère. Ses traductions de *L'Iliade* et de *L'Odyssée* (1699-1708) firent longtemps autorité et furent l'occasion d'une relance de la querelle des Anciens et des

Modernes. On parla à propos de son mariage avec Dacier du
« mariage du grec et du latin ». C'est pourquoi La Mettrie le présente avec ironie comme l'union fondée exclusivement sur le
plaisir de l'étude...

　　12.　Allusion à la mort d'Archimède, en 212 av. J.-C., lors du
siège de Syracuse dont il était l'ingénieur, assassiné par un soldat
alors que, dit-on, il était occupé à tracer des démonstrations sur
le sable. La Mettrie se sert de ce symbole pour illustrer le plaisir
de l'étude qui peut en arriver à coûter la vie...

　　13.　Voici le début de l'*Essai sur l'homme* (2ᵉ éd., 1738, p. 1) :
« Éveillons-nous, milord ; laissons les petits objets à la basse
ambition et à l'orgueil des rois. Puisque la vie ne s'étend et ne se
termine guère qu'à regarder ce qui nous environne, et à mourir,
parcourons donc au moins cette scène de l'homme : prodigieux
labyrinthe... » À partir de 1733-1734, date de parution des
quatre épîtres qui forment l'*Essay on Man*, Alexander Pope
(1688-1744) est extraordinairement populaire comme type de
l'Aufklärer qui commence à se dessiner. L'humanisme popien
donne en quelque sorte son point de départ à l'anthropologie
lamettrienne : la physiologie devient l'instrument d'investigation, sous sa forme la plus concrète, du labyrinthe humain.

　　14.　C'est un thème typiquement cicéronien que l'apologie
de l'étude (*otium* et *studium*).

　　15.　Linné (1707-1778), né à Rashult en Suède, fondateur
de l'histoire naturelle par son *Systema naturae* (1735) qui ira en
s'enrichissant jusqu'à la 10ᵉ édition (1758-1759). Ici c'est aussi
le botaniste, amateur de la flore qui est évoqué, c'est-à-dire l'auteur de la *Philosophia botanica* (1751), classifiant les plantes par
les caractères naturels. Cette conception d'un ordre végétal et
animal fondant une taxinomie est l'un des piliers de l'anthropologie lamettrienne.

　　16.　Pierre Louis de Maupertuis (1698-1759) s'illustra par
ses travaux mathématiques (problème des courbes algébriques
rectifiables sur la surface d'une sphère) et physiques (lois de l'attraction), et par son voyage en Laponie pour mesurer l'arc de
méridien, dans le but de trancher entre cassiniens et newtoniens
sur la question de « la figure de la terre ». Il s'illustre enfin par sa
théorie du principe de moindre action (1746). — Si La Mettrie

déclare ici qu'une autre nation a mérité de « jouir » de Maupertuis, c'est qu'à partir de 1740 il est élu à l'académie de Berlin dont il devient en 1745 le président de l'académie des sciences, s'installe en Prusse et devient l'époux de la protégée de la reine, Eleonor de Borck. Le « plus grand des rois » est donc bien Frédéric II, qui règne depuis 1740, auprès duquel La Mettrie trouvera refuge quelques semaines après avoir écrit ces lignes, et qui écrira son éloge. — Sur les liens de La Mettrie avec Maupertuis, voir Introduction : celui-ci le protégea à Berlin et arbitra son différend avec Haller, étant ami des deux ennemis ! (voir P. Brunet, *Maupertuis*, t. I, p. 120-121).

17. Cette remarquable formule combine curieusement la vieille idée qui lie la science des corps à la science des astres et la nouvelle idée d'une médecine scientifique désormais assurée de son déterminisme. Depuis Hippocrate en effet, on liait le rythme critique du corps au temps astrologique ; ce qui liait le personnage du médecin à celui du devin, en une même science du pronostic et de l'herméneutique. Mais la médecine du XVIII* siècle a le sentiment d'avoir produit la mutation décisive qui fait qu'elle peut s'appuyer sur une science du corps, anatomophysiologique (de Vésale à Haller). D'art, la médecine commence à se penser comme science. Et elle regarde du côté de cette science qui a ouvert la grande révolution mécaniste, celle de Copernic et de Galilée, soit l'*astronomie*. La prédiction des éclipses, illustration de la puissance du savoir anticipant l'événement à partir de lois rigoureusement déterminées, trouve donc son homologue dans une médecine qui rêve de prévoir rigoureusement les événements du corps, sains et pathologiques. C'est le propre d'une médecine mécaniste comme celle de La Mettrie que d'aspirer à éliminer toute contingence dans le savoir et le pouvoir médicaux. Si l'Homme est Machine, tout événement doit pouvoir se ramener à des lois aussi nécessaires, en leur genre, que celles des corps célestes. Voir Introduction, p. 47 *sqq*.

18. Ce principe caractérise le postulat des Lumières. *Cf.* la formule de Kant : « *Sapere aude !* Aie le courage de te servir de ton propre entendement. Voilà la devise des Lumières. » (*Qu'est-ce que les lumières*, 1784). Cela suppose d'*oser dire* la vérité, et conséquemment d'attaquer quiconque au nom de la raison : La

Mettrie s'appuie sur le principe énoncé à l'article Catius (rem.
D) du *Dictionnaire historique et critique* de Bayle : « Cette république (des lettres) est un état extrêmement libre. On n'y reconnaît que l'empire de la vérité et de la raison ; et sous leurs aus-
pices on fait la guerre innocemment à qui que ce soit... Chacun
y est tout ensemble souverain, et justiciable de chacun » (éd. de
1734, t. II, p. 364). Dans l'*Abrégé des systèmes* (1751), La Mettrie
renvoie à ce texte essentiel. Voir le testament de La Mettrie, *in
Discours préliminaire :* « Plus la mer est couverte d'écueils, et
fameuse en naufrages, plus je penserai qu'il est beau d'y chercher l'immortalité au travers de tant de périls : oui, j'oserai dire
librement ce que je pense ; et à l'exemple de Montaigne, parais-
sant aux yeux de l'univers, comme devant moi-même, les vrais
juges des choses me trouveront plus innocent que coupable dans
mes opinions les plus hardies et peut-être vertueux dans la
confession même de mes vices. Soyons donc libres dans nos
écrits, comme dans nos actions ; montrons-y la fière indépendance d'un républicain. » La Mettrie condamne l'écrivain « timide et circonspect » comme inutile : il se « met lui-même des
entraves qui l'empêchent de marcher », analogue en cela à « un
coureur dont les souliers ont une semelle de plomb, ou un
nageur qui met des vessies pleines d'eau sous ses aisselles ». Au
contraire : « Il faut qu'un écrivain écrive avec une noble hardiesse, ou qu'il s'attende à ramper comme ceux qui ne le sont
pas », faisant fi des « ruses et stratagèmes » en déclarant la guerre
aux « tyrans d'une raison sublime » (O.P., I, p. 52-54). En effet :
« quel funeste présent serait la vérité si elle n'était pas toujours
bonne à dire ? » (*Op. cit.*, p. 12-14.) Il faut en tirer les conséquences jusqu'au bout, d'où la conclusion de *L'Homme-
Machine :* « Concluons *hardiment* que l'Homme est une
Machine, et qu'il n'y a dans tout l'Univers qu'une seule substance diversement modifiée » (*supra*, p. 214). C'est cette témérité qui distingue La Mettrie des « philosophes », encore sou-
cieux de prudence de langage.

19.　Il convient de préciser le sens du terme « système », qui
désigne chez La Mettrie à la fois une construction philosophique
fondée sur une hypothèse et un abus de la raison emportée par
l'imagination métaphysique (voir *supra*, p. 144 et notes 21 et

22). On a pu établir que le terme « système », attesté depuis 1552, a fait une percée à la fin du XVIIe siècle avant d'être employé largement au XVIIIe. Le *Dictionnaire de l'Académie* (1696) définit « système » : « Supposition d'un ou de plusieurs principes d'où l'on tire des conséquences, et sur lesquels on établit une opinion, une doctrine, un dogme, etc. » Le terme est emprunté à l'astronomie, comme le signale le *Dictionnaire de Trévoux* (1704) qui le définit : « Sistème (*sic*) signifie en général en quelque science que ce soit, un arrangement de principes et de conclusions, un enchaînement, un tout de doctrine, dont toutes les parties sont liées ensemble et suivent ou dépendent les unes des autres. » Un système est donc « soit une explication ou doctrine générale en tant qu'elle rend compte d'une difficulté ou d'un problème, soit une articulation réglée d'énoncés ». Voir Robert Sasso, « Système et discours philosophique au XVIIe siècle », *in Recherches sur le* XVIIe *siècle*, éd. C.N.R.S., 1978 (2). C'est notamment avec le *Système de philosophie* du cartésien Pierre Sylvain Régis que se formule, en 1690, l'idée de systématicité comme ordre naturel et cohérence interne du discours, alors qu'il est employé par les grands métaphysiciens du siècle comme une « invention » permettant de résoudre une difficulté particulière. — Ce rappel est utile pour comprendre l'usage lamettrien du terme, qu'il prend tantôt au « sens faible » comme hypothèse explicative, tantôt au sens fort comme entreprise de déduction totale de la réalité. En ce second sens, système est synonyme de fiction et est appliqué polémiquement à ceux qui se détournent de la *vérité* expérimentale et qui, comme Leibniz et Wolf, ne produisent qu'une « longue chaîne de conséquences merveilleusement déduites, quoique de principes faux, chimériques » (*Discours préliminaire*, O.P., I, p. 50). C'est en ce sens que le terme devient péjoratif et réfutatif, chez La Mettrie comme chez Condillac. Mais au premier sens, toute explication a besoin d'un système conçu comme hypothèse permettant d'articuler le réel en un discours. Ainsi le *spiritualisme* et le *matérialisme* sont des systèmes tout d'abord au premier sens du terme — puisqu'ils s'efforcent d'expliquer « les difficultés qui se présentent toutes les fois qu'on veut expliquer l'union de l'âme avec le corps », comme le disait l'*Avertissement*, qui ajoutait que ce n'est qu'une

« hypothèse » (*supra*, p. 132). Mais *L'Homme-Machine* a justement pour finalité de montrer que le spiritualisme n'est qu'une
hypothèse fictive, étayée par les fictions métaphysiques — donc
n'est qu'un système au mauvais sens du terme en dernier ressort —, tandis que seul le matérialisme est un système fécond (au
premier sens du terme) dans la mesure où il permet d'éclairer la
vérité naturelle et de dissiper les « systèmes » (au second sens du
terme) : voir Conclusion, p. 214-215.

20.   La Mettrie fait ici allusion au § 6 du chapitre III du quatrième livre de *l'Essai sur l'entendement humain*, ouvrage majeur
de Locke (1690), intitulé : « De l'étendue de la connaissance
humaine » (traduction Coste, rééd. Vrin, 1972, p. 440 *sqq.*). Il
est pour La Mettrie le chef de file de ces « métaphysiciens, qui
ont insinué que la matière pourrait bien avoir la faculté de penser ». Que dit Locke en fait ? « Nous avons des idées de la matière
et de la pensée ; mais peut-être ne serons-nous jamais capables
de connaître si un être purement matériel pense ou non... » Il
s'agit de montrer que « notre connaissance ne saurait jamais
embrasser tout ce que nous pouvons désirer de connaître touchant les idées que nous avons », autrement dit que « l'étendue
de notre connaissance... ne répond pas à l'étendue de nos
propres idées ». Les idées de matière et de pensée sont ici un
exemple privilégié. Le choix entre l'hypothèse spiritualiste
— dualité des substances — et l'hypothèse matérialiste
— moniste — est donc présenté comme indécidable : « par rapport à ces notions il ne nous est pas plus malaisé de concevoir
que Dieu peut, s'il lui plaît, ajouter à notre idée de la matière la
faculté de penser, que de comprendre qu'il y joigne une autre
substance avec la faculté de penser. » La position de Locke est
agnostique. Après avoir précisé : « Je ne dis pas ceci pour dimi-
nuer en aucune sorte la croyance de l'immortalité de l'âme »
(p. 447), Locke soutient qu'« à l'égard de l'immatérialité de
l'âme,... nos facultés ne peuvent parvenir à une certitude
démonstrative », en sorte que le philosophe « peut trouver des
raisons capables de se déterminer entièrement pour ou contre la
matérialité de l'âme » (p. 448), compte tenu des « embarras et
des obscurités impénétrables de ces deux hypothèses ». — On
devine l'importance de ce texte quant à son enjeu idéologique :

cet enjeu idéologique a simplifié la position de Locke, les apologistes du christianisme y voyant une mise en doute du dogme religieux, encore que, comme on l'a vu, Locke sépare nettement la croyance et l'idée, La Mettrie l'infléchissant dans le sens matérialiste. Pour l'aboutissement de la question ici repérée, voir la conclusion de *L'Homme-Machine*, qui lie la propriété à la réalité de la matière (et non à l'idée) tout en la posant comme inconnaissable en soi : « C'est par cette file d'observations et de vérités qu'on parvient à lier à la matière l'admirable propriété de penser, sans qu'on en puisse voir les liens, parce que le sujet de cet attribut est essentiellement inconnu » (*supra*, p. 212). — On peut comparer sa position avec celle de Diderot commentant le même texte : « Locke avait dit dans son essai sur l'entendement humain, qu'il ne voyait aucune incompatibilité à ce que la matière pensât. Des hommes pusillanimes s'effrayeront de cette assertion. Et qu'importe que la matière pense ou non ? Qu'est-ce que cela fait à la justice ou à l'injustice, à l'immortalité, et à toutes les vérités du système, soit politique, soit religieux ? » (*in Encyclopédie*, t. IX, éd. 1765, p. 627, article « Locke »). — Sur la position générale de La Mettrie sur Locke, voir son *Abrégé des systèmes*, dont le § V y est consacré (O.P., I, p. 254-258). Il lui fait crédit des points suivants : d'avoir « fait l'aveu de son ignorance sur la nature de l'essence des corps », d'avoir démontré « l'inutilité des syllogismes », d'avoir « été le destructeur des idées innées », d'avoir renoncé à « la vanité de croire que l'âme pense toujours », enfin d'avoir été « le premier à débrouiller le chaos de la métaphysique », d'en avoir le premier donné les vrais principes, en « rappelant les choses à leur première origine », en s'appuyant sur « le flambeau de l'expérience ». En un mot il tient Locke pour le Boerhaave de la métaphysique, tout en faisant des réserves sur sa croyance que « les principes généraux » soient propres à « enseigner aux autres les connaissances qu'on a soi-même ».

21.   On remarquera que La Mettrie désigne les zélateurs des grands « systèmes » métaphysiques qui prétendent dépasser les limites de l'expérience comme autant de « sectes », leibniziens, cartésiens, malebranchistes. — Les émules de Leibniz auxquels il est fait allusion sont plus précisément les partisans de l'éclec-

tisme leibnizo-wolfien, Wolf enseignant triomphalement à l'université de Halle depuis 1740 où il a été rappelé par Frédéric II dès son accession au trône, une métaphysique rénovée, comportant une logique, une ontologie, une psychologie et une théologie naturelle. Il mourut en 1754 comblé d'honneurs. À l'époque de *L'Homme-Machine*, certains sont séduits, en France même, par cette synthèse rationnelle. C'est en partie contre les leibnizowolfiens que La Mettrie dirige ses traits. Voir les III-IV de son *Abrégé des systèmes* consacré à Leibniz et à Wolf : « Leibniz fait consister l'essence, l'être ou la substance... dans les *monades*... Tout le monde connaît ces monades, depuis la brillante acquisition que les leibniziens ont fait de Mme la M. du Châtelet » (O.P., I, p. 242). Ce passage suggère à quel genre de leibniziens pense La Mettrie à ce moment : la marquise du Châtelet, amie de Voltaire et traductrice de Newton, a eu une période leibnizienne, ayant été convertie, contre Voltaire, par un certain König : ses *Institutions de physique* (1740) combinent curieusement une adhésion à la physique newtonienne et une foi en la métaphysique newtonienne. L'*Abrégé* développe quelque peu la condamnation des *monades* esquissée ici : La Mettrie les qualifie d'« imaginations » : « Il est possible, je le veux, qu'elles se trouvent conformes aux réalités. Mais nous n'avons aucun moyen de nous assurer de cette conformité » (p. 244). À propos de l'harmonie établie et des modifications des monades, éléments simples de l'être, La Mettrie conclut : « Qu'on me dise ce que c'est que la matière, et quel est le mécanisme de l'organisation de mon corps, et je répondrai à ces questions. En attendant on me permettra de croire que nos idées, ou perceptions, ne sont autre chose que des modifications corporelles, quoique je ne conçoive pas comment des modifications pensent, aperçoivent, etc. » (p. 247). — De même, à « l'esprit de système » de Wolf, il oppose les « vrais génies, les Newton, les Boerhaave », qui sont restés « toujours attachés au char de la nature » (p. 253). Tel est l'enjeu de l'antileibnizianisme de La Mettrie.

22.　La polémique contre les cartésiens et malebranchistes (que La Mettrie rapproche ici en les distinguant des leibnizowolfiens) s'explique par l'importance prise au XVIIIe siècle. On en trouvera un tableau dans l'*Histoire de la philosophie cartésienne* de

Francisque Bouillier, tome II, ch. XXV-XXVII, p. 572-641 (1857). Par opposition aux cartésiens en physique qui s'accommodent d'un scepticisme en métaphysique, tel Fontenelle, le cartésianisme métaphysique est représenté par le secrétaire de l'Académie des sciences Dortous de Mairan (1741-1743) ; par le cardinal de Polignac, auteur de *L'Anti-Lucrèce* (publié après sa mort en 1747), bréviaire de cartésianisme malebranchisant et antimatérialiste que Haller recommandera à La Mettrie pour revenir sur le bon chemin ! Après la mort de La Mettrie, le malebranchisme se systématisera avec l'abbé Terrasson, Lelarge de Lignac, le P. Roche et surtout C. H. de Keranflech.

Descartes et Malebranche sont les deux premiers systématiciens examinés dans l'*Abrégé* (I et II). Quant au premier, La Mettrie le présente au fond comme un Locke imprudent, qui a eu le mérite de purger « la philosophie de toutes ces expressions ontologiques, par lesquelles on s'imagine pouvoir rendre intelligibles les idées abstraites de l'être » et d'avoir « dissipé ce chaos ». Mais après avoir avoué, « comme Locke, qu'il n'a eu aucune idée de l'être et de la substance », « cependant il la définit ». Après avoir confié qu'« on n'a aucune assurance du destin de l'âme après la mort », il avance « l'âme spirituelle, inétendue, immortelle », « vains sons pour endormir les Argus de la Sorbonne ». D'où la conclusion : « Descartes n'a parlé de l'âme, que parce qu'il était forcé d'en parler... Descartes n'avait qu'à ne pas rejeter les propriétés frappantes de la matière, et transporter à l'âme la définition qu'il a donnée de la matière, il eût évité mille erreurs ; et nous n'eussions point été privés des grands progrès que cet excellent esprit eût pu faire si, au lieu de se livrer à de vains systèmes, il eût toujours tenu le fil de sa géométrie, et ne se fût point écarté de sa propre méthode » (O.P., I, p. 231-236). Ainsi le matérialisme semble compatible à ses yeux avec la méthode cartésienne, voire sa conséquence naturelle, par opposition à ses conséquences métaphysiques, malebranchistes et même spinozistes.

Dans l'*Abrégé*, il qualifie les hypothèses malebranchistes de « visions qui ne méritent pas d'être sérieusement réfutées » enfantées par « un cerveau brûlé » (O.P., I, p. 241). L'occasionnalisme et la vision en Dieu lui apparaissent comme l'extrême expression, en son absurdité, du système dualiste.— Une phrase de l'*Histoire naturelle de l'âme* résume l'attitude face aux métaphysiciens : « Ce n'est ni Aristote, ni Platon, ni Descartes, ni Malebranche, qui vous apprendront ce que c'est que votre âme... L'essence de l'âme de l'homme et des animaux est et sera toujours aussi inconnue que l'essence de la matière et des corps. » L'agnosticisme fonde ici le monisme : « L'âme et le corps ont été faits ensemble dans le même instant, et comme d'un seul coup de pinceau » (O.P., I, p. 65-66).

23.   Allusion à la théorie formulée par Malebranche, dans *La Recherche de la vérité*, 2ᵉ partie, ch. VII, § IV (éd. Garnier, t. I, p. 413 *sqq*.). Alors que Dieu seul est connu par lui-même, et les corps par leurs idées, l'âme propre est connue « par notre conscience ou par le sentiment intérieur ». Mais Malebranche se hâte d'ajouter (ce qu'omet ici La Mettrie, qui se contente de relever la concession) : « Encore que nous n'ayons pas une entière connaissance de notre âme, celle que nous en avons par conscience ou sentiment intérieur suffit pour en démontrer l'immortalité, la spiritualité, la liberté... » Il ajoute que « c'est pour cela que Dieu ne nous la fait point connaître par son idée » (p. 415). Cette position revient à relativiser le principe absolu d'autoconnaissance de l'âme de Descartes (*cf.* Éclaircissement, XI de la *Recherche*). Voir aussi la neuvième des *Méditations chrétiennes* où le Verbe divin déclare : « Je ne dois point, mon Fils te donner maintenant une idée claire de ta substance » (§ XIX, éd. Aubier Montaigne, p. 181). — On voit que La Mettrie ne retient ici que la mise en question du privilège d'autoconnaissance de l'âme, fondé sur le dualisme cartésien : il n'y voit plus que le fil ténu d'un « sentiment intérieur », qu'il conçoit comme arbitraire. Malebranche est ainsi rendu complice d'un agnosticisme qui réintroduirait à terme le matérialisme. Le chapitre XIV du *Traité de l'âme* soutient que « la foi seule peut fixer notre croyance sur la nature de l'âme raisonnable » (O.P., I, p. 192).

24.   Il s'agit de l'abbé Pluche (dont il est question nommément plus loin) (1688-1761) : son *Spectacle de la nature*, dont le sous-titre est *Entretiens sur l'histoire naturelle et les sciences*, apparaît comme l'ouvrage de référence du finalisme à finalité apologétique. Pluche vulgarisa ainsi, à partir de 1732, une certaine

argumentation téléologique qui sert de cible à La Mettrie. Voir C.V. Doene, *Un succès littéraire au* XVIIIe *siècle : le Spectacle de la nature de l'abbé Pluche :* il eut 57 éditions.

25. L'enjeu de cette question de l'immatérialité est naturellement le dogme de l'immortalité. Voir le § VIII de l'*Abrégé des systèmes*, « De ceux qui ont cru l'âme mortelle et immortelle » (O.P., I, p. 263-275) qui conclut qu'autrefois « on pouvait croire l'âme mortelle, quoique spirituelle ; ou immortelle, quoique matérielle », alors que le dogme ordonne la spiritualité. Voir l'écrit matérialiste *L'Âme matérielle, supra*, p. 71-72. Voir aussi le ch. XIV du *Traité de l'âme*.

26. La référence à Évangelista Torricelli (1608-1647) a une portée exemplaire dans la conception historique de la conception scientifique. On sait l'importance de l'expérience réalisée en 1644 par ce physicien italien, élève de Galilée, et démontrant l'existence du vide. C'est de cette méthodologie expérimentée par lui-même deux ans plus tard que Pascal tira ses considérations de la préface du *Traité du vide*, dénonçant « l'aveuglement de ceux qui apportent la seule autorité pour preuve dans les matières physiques, au lieu du raisonnement ou des expériences » (§ 13, *in Œuvres*, Seuil, p. 231). C'est à ce paradigme expérimental et antiscolastique que se réfère La Mettrie en évoquant l'événement incarné par Torricelli.

27. L'expression est empruntée à madame du Châtelet, traductrice et émule de Newton. Mais elle exprime une philosophie de la connaissance inspirée également de l'école boerhaavienne : voir *supra*, notre introduction, p. 59 *sqq* et *infra*, note 167.

28. On reconnaît l'inspiration de l'*Abrégé des systèmes*, dont la table des matières reproduit l'ordre indiqué ici (§§ I-IV, auxquels il faut ajouter, à titre d'antidotes, Locke et Boerhaave, §§ V-VI, et d'enjeu Spinoza, § VII, tandis qu'un ultime développement examine « ceux qui ont cru l'âme mortelle et immortelle », § VIII). Cet ouvrage fut écrit « pour faciliter l'intelligence du *Traité de l'âme* » (comme l'indique le sous-titre), en démontrant l'indigence des systèmes. On peut rapprocher cette démarche de la théorie des systèmes critiquée par Condillac dans son *Traité des systèmes*, quelques mois seulement après *L'Homme-Machine*, en 1749. Condillac dénonce l'esprit de système défini comme

« l'habitude de raisonner sur des principes mal déterminés, c'est-à-dire sur des idées que, dans le vrai, nous n'avons pas, et que nous regardons cependant comme des connaissances premières qui doivent nous conduire à d'autres » (ch. IX, *in Œuvres complètes*, t. I, p. 194-195). Leur tort est de réduire la réalité à quelques « maximes générales et abstraites » ou « suppositions », au lieu de « faits bien constatés » (ch. I). Condillac développe sur huit exemples « les abus des systèmes abstraits » qui ne sont, comme dit aussi le *Traité de l'âme*, que « des châteaux en l'air » (O.P., I, p. 167). La Mettrie exprime ce mouvement antisysté-matique mais ce n'est pas pour se fier à un sensualisme, mais pour fonder un système induit des faits, matérialiste. Voir note 19.

   29.   C'est là l'avertissement qu'il faut se tourner vers les *faits*. C'est donc la fin du prologue doctrinal (voir l'analyse de la démarche de l'écrit, dans notre Introduction p. 76).

   30.   La Mettrie se corrige lui-même. Dans son *Traité de l'âme* ou *Histoire naturelle de l'âme*, au chapitre IX, traitant de l'âme sensitive des animaux, il écrivait : « Il en faudrait toujours revenir à Galien, comme à la vérité même. Hypocrate (*sic*) paraît aussi n'avoir pas ignoré où l'âme fait sa résidence » (O.P., I, p. 94-95). Il fait cette remarque à propos du lien du cerveau et de l'âme. Cette fois La Mettrie porte l'idée au compte de Descartes. Il pense sans doute au passage de la sixième partie du *Discours de la méthode* où, invoquant « l'invention d'une infinité d'artifices qui feraient qu'on jouirait sans aucune peine des fruits de la terre et de toutes les commodités qui s'y trouvent, mais principalement aussi pour la conservation de la santé, laquelle est sans doute le premier bien et le fondement de tous les autres biens de cette vie », il ajoute : « car même l'esprit dépend si fort du tempéra-ment et de la disposition des organes du corps, que, s'il est pos-sible de trouver quelque moyen qui rende communément les hommes plus sages et plus habiles qu'ils n'ont été jusqu'ici, je crois que c'est dans la médecine qu'on doit le chercher » (éd. Garnier, 1876, p. 47). Ainsi isolée, la formule rend un son éton-nant pour un lecteur matérialiste tel que La Mettrie. Mais il ren-voie au problème global des rapports de la sagesse et de la méde-

cine chez Descartes. Il faut noter pourtant que dans le *Traité des passions* Descartes n'applique pas la médecine à la morale.

31.   Ce rapprochement de Sénèque et de Pétrone n'est pas fortuit : ils incarnent réciproquement deux types de moralité, stoïcienne et épicurienne — Julius Canus étant cité par Sénèque dans son *De tranquillitate animi* (§ XIV) comme le type du sage, ayant enduré avec stoïcisme le supplice infligé par l'arbitraire de Caligula. Sénèque et Pétrone se sont l'un et l'autre donné la mort pour échapper à l'arbitraire de Néron. Mais depuis saint Evremond (*Jugement sur Sénèque, Plutarque et Pétrone*), un certain courant libertin oppose la mort emphatique du premier à la grâce du second qui « seul a fait venir la mollesse et la nonchalance dans la sienne » (*Œuvres*, Garnier p. 269) sans cesser d'être courageux. La Mettrie partage cette préférence. Notons que cette série de considérations prépare les conclusions à propos de la « Loi naturelle » et l'éthique (*infra*, p. 175). L'expression de « belle âme » employée à un autre endroit du texte (p. 197) semble la traduction du *magnus animus* sénéquien attribué notamment à Julius Canus. Ce n'est pas un hasard si La Mettrie écrivit un *Anti-Sénèque* ou *Discours sur le bonheur*, et par ailleurs un *Système d'Épicure*. Il participe à cette réaction antistoïcienne qui, depuis 1660, réagit contre l'extrême engouement pour le stoïcisme sénéquien (voir Henri Busson, *La Religion des classiques*, ch. VIII, « De Sénèque à Pétrone »). C'est une tradition des libertins que d'accabler l'austérité stoïcienne. Cela n'empêche pas La Mettrie d'ailleurs de louer Sénèque, qui, « si inconséquent d'ailleurs, a su mourir quand il l'a fallu » (*Anti-Sénèque* O.P., II, 190). Les L-XXIV du *Système d'Épicure* sont consacrés à la mort, qui est présentée comme un simple « intervalle » qu'il faut franchir sans histoire (§ L) et comme un événement contingent : « Je ne suis point surpris de voir mourir lâchement au lit, et courageusement dans une action » (§ LXXII), *in* O.P., II, 32.

32.   La référence des premiers exemples de La Mettrie à un registre de pathologie mentale est significative : il se trouve en effet qu'à son époque, ce sont également des disciples de Boerhaave qui renouvellent l'étude des maladies mentales à la lueur de ses principes, tels George Cheyne (1671-1743), Robert Whytt (1714-1766), William Cullen (1712-1790), créateur du

néologisme « névrose » promis à une si belle carrière. *Cf.* l'ouvrage de Cheyne, *Le Mal anglais, traité sur les maladies nerveuses
de toutes sortes, telle que l'humeur noire, la dépression, l'hypocondrie
et l'hystérie* et l'ouvrage de Whytt, *Observations sur la nature, les
causes et les soins de ces désordres, qui ont été communément appelés
nerveux, hypocondriaques et hystériques.*

33.   Ce thème psychophysiologique du sommeil est cher à
La Mettrie. Voir notamment le § V du ch. XII, du *Traité de l'âme*,
« Du sommeil et des rêves ». Il assigne pour cause au sommeil
« l'affaissement des fibres nerveuses qui partent de la substance
corticale du cerveau ». Cela implique que « dans le sommeil parfait, l'âme sensitive est comme anéantie » (O.P., I, 171-172). Le
sommeil est donc une sorte d'anéantissement provisoire de
l'âme qui montre concrètement sa dépendance envers le corps et
l'organisation. L'affaissement des fibres se fait « par l'augmenta-
tion du cours des liqueurs qui compriment la moelle, et par la
diminution de cette circulation », par « la dissipation ou l'épuise-
ment des esprits et par la privation des causes irritantes, qui procure du repos et de la tranquillité, et enfin par le transport d'humeurs épaisses et imméables dans le cerveau ».

34   On peut remarquer que La Mettrie caractérise là un état
de conscience auquel un Suisse illustre donnera une expression
littéraire : ce n'est autre que la « rêverie », appelé ici « rêve à la
Suisse » auquel Rousseau donnera une dimension littéraire dans
ses *Rêveries d'un promeneur solitaire...*

35.   L'exemple des effets de l'opium est un thème cher à La
Mettrie, pour montrer la vanité de la volonté. Voir le § II du
ch. XII du *Traité de l'âme*, que ce paragraphe résume pratiquement : « Considérons un homme qui veut veiller, à qui on donne
de l'opium ; il est invité au sommeil par les sensations agréables
que lui procure ce divin remède ; et sa volonté est tellement
changée, que l'âme est forcément décidée à dormir... L'opium
assoupit donc l'âme avec le corps ; à grande dose, il rend
furieux... Toute l'histoire des poisons (voire Mead. *De venenis*)
prouve assez... que toutes les facultés de l'âme, jusqu'à la
conscience, ne sont que des dépendances du corps » (O.P., I,
157).

36.   Formule essentielle qui tire la leçon majeure induite des

exemples accumulés. La référence au mouvement perpétuel indique que La Mettrie se représente le corps humain comme une machine qui, une fois mise en mouvement, continuerait à fonctionner indéfiniment sans recevoir d'énergie externe. Il se réfère donc à une physique qui refuse la réfutation du mouvement perpétuel qui a eu lieu dès Cardan et Stevin. C'est donc l'image de l'automate parfait qui n'a pas besoin, à la limite, de milieu, et qui remonte soi-même ses ressorts, comme il le dit ici. Il y a là l'image de l'horloge et du pendule : voir note 149 et *introduction*, p. 49.

37.   Argument répandu à l'époque et développé curieusement par le courant végétarien, notamment par Cheyne qui publie à Londres en 1740 un *Essai sur le régime alimentaire, avec discours médicaux, moraux et philosophiques* où il montre les inconvénients du régime carnivore et fait l'apologie du régime fruitarien, appelé aussi à l'époque « régime de Pythagore » (voir note 131).

38.   Il s'agit d'une expression juridique. Furetière, dans son *Dictionnaire*, en donne une définition claire : « Sellette... On le dit particulièrement d'un petit siège de bois, sur lequel on fait asseoir les criminels en prêtant leur dernier interrogatoire devant les juges : ce qui ne se fait que quand il y a contre eux des conclusions des procureurs du roi à peine afflictive : car hors de cela ils répondent debout derrière le barreau. L'interrogatoire sur la *sellette* est la pièce la plus essentielle de l'instruction d'un procès criminel. » Lorsqu'un accusé est sur la sellette, c'est donc qu'il risque une peine afflictive, c'est-à-dire corporelle : l'exemple de La Mettrie met donc en évidence que son sort dépend de façon grave de l'arbitraire du juge, en rapport avec son organisation. Précisons que le *baillif* « en termes de palais, est un officier de robe qui rend la justice dans un certain ressort », par analogie avec le « chef de la noblesse de la province ». Il a donc « la charge et l'administration d'une justice, ou d'une seigneurie » (Furetière). — Par cet exemple, La Mettrie esquisse une théorie criminologique qui montre la relativité — physiologique — de la justice.

39.   Allusion à la théorie de l'âme de Jean-Baptiste Van Helmont (1577-1644), chimiste et médecin belge, représentant de

l'école chimiatrique. Il se représente la structure de l'âme comme double, constituée par une âme intellectuelle et une âme sensitive. Celle-ci, réceptacle de la première, est placée dans le pylore, c'est-à-dire à l'endroit où s'unissent la rate et l'estomac, à l'orifice supérieur de ce dernier. Ce choix n'est pas fortuit : cet endroit indique et matérialise aux confins des deux organes le *duumvirat* des deux âmes, dont dépend à son tour la hiérarchie des « archées » et des « blas », principes de spontanéité des êtres vivants, et finalement la matière corporelle formée d'eau transmuée par les ferments. Cette étrange construction mêlée d'animisme et de matérialisme intéresse La Mettrie à la fois comme fiction et comme tentative de saisir les effets de l'âme dans la dynamique de la matérialité corporelle, espèce d'hylémorphisme médical.

40.   Il s'agit de l'abbé Jacques Pernetti (1690-1777), personnage curieux, à la fois historiographe de Lyon, épris de sciences naturelles et une sorte de précurseur français de Lavater, fondateur de la physionomie : ses *Lettres philosophiques sur les physionomies* datent de 1748. La référence à une science de la physionomie sert à repérer dans la matérialité de l'organisation et dans sa phénoménalité le langage des passions. Elle est définie comme l'art qui « enseigne à connaître l'humeur, le tempérament et le caractère des hommes par les traits de leur visage » (*Encyclopédie*, t. XII, p. 538). Lavater systématisera la physionomie dans ses *Physionomische Fragmente*, en 1775-1778.

41.   La Mettrie cite ici ceux qui sont à ses yeux de « grands hommes » : on y retrouve la trilogie Locke-Boerhaave-Maupertuis dont on a montré l'importance à ses yeux. Il y ajoute Richard Steele (1672-1729), connu essentiellement comme fondateur et rédacteur des revues *The Tatler* et surtout *The Spectator*, en collaboration avec Addison, gazette renommée depuis 1710 par l'esprit de son information. — La Mettrie pense ici sans doute au célèbre portrait de Steele par Richardson dont il était question plus haut (note 8).

42.   Allusion à Voltaire, qui ne contribua pas à améliorer les rapports des deux hommes. Voltaire, on l'a vu, dénigrait beaucoup La Mettrie après sa mort (*cf.* notre introduction, p. 30-31) comme de son vivant. Cette allusion humoristique et perfide

— la physionomie étant conçue comme la vérité externe de l'homme — cristallisa l'animosité de Voltaire. La Baumelle, dans sa *Vie de Maupertuis*, déclare que Voltaire « détestait La Mettrie qui, dans son *Homme-Machine*, avait remarqué que la physionomie d'un poète célèbre réunissait l'air d'un filou avec le feu de Prométhée, et qui soutenait alors que sa remarque n'était vraie qu'à demi ». Voltaire atteint en effet le sommet de sa notoriété littéraire, et La Mettrie aime à prendre à partie les autorités en tout genre.

43.   Expression qui annonce l'homme-plante : l'animal y est caractérisé comme « une plante mobile » (O.P., II, p. 62). Voir introduction, p. 86-87.

44.   C'est là une idée répandue dans la conception de la génération de l'époque. On remarquera de plus que, de ce point de vue encore, La Mettrie majore très nettement le rôle du père et du mâle dans la génération : voir p. 210 et note 155.

45.   Le terme d'*Anatomie comparée* fut créé par Nehemiah Grew en 1675 dans son ouvrage de botanique *The Comparative Anatomy of Truncks*. Mais dès le XVIe siècle on compare la structure anatomique des animaux. À l'époque de La Mettrie Daubenton commence à développer cette discipline. Ce « parallèle de la structure » confirme la continuité matérielle de la nature telle que la conçoit La Mettrie.

46.   Il est curieux de remarquer que sur ce point Diderot n'est pas en accord avec La Mettrie. Dans ses *Éléments de physiologie*, il semble récuser cette phrase de *L'Homme-Machine* en écrivant : « Il n'est pas vrai qu'entre tous les animaux ce soit l'homme qui ait le plus de cerveau. » On peut trouver chez Buffon deux passages, l'un qui va dans le sens de La Mettrie, l'autre dans le sens de Diderot sur ce point, comme l'a remarqué Jean Meyer (*Éléments de physiologie*, ch. V, p. 81, note 1). Dans le *Discours sur la nature des animaux*, Buffon écrit : « Le cerveau qui est dans l'homme comme dans l'animal et qui même est d'une plus grande étendue, relativement au volume du corps... » Mais dans l'article « Carnassiers » de ses *Quadrupèdes*, II, il corrige : « L'homme n'a pas, comme on l'a prétendu, le cerveau plus grand qu'aucun des animaux ; car il y a des espèces de singes et de cétacés qui, proportionnellement au volume de leur corps,

ont plus de cerveau que l'homme. » Relevons aussi que dans ce passage, Diderot a cité le cas du castor et de l'éléphant qui se trouve également dans le texte de La Mettrie.

47. Giovanni-Maria Lancisi (1654-1720) enseigna l'anatomie au collège de Sapience. Il publia un traité *De Subitaneis mortibus* (1707), un *De Nosciis paludum effluvius* (1717) et s'illustra à titre posthume par un traité *De Motu cordis et anevrismatibus* (1728). Lancisi localisait l'âme dans le corps calleux, comme du reste La Peyronie cité juste après, à une époque où on cherchait un lieu unique à titre de principe d'union des représentations (homologue au rôle que Descartes fait jouer à l'épiphyse dans le *Traité des passions*).

48. François Gigot de La Peyronie (1678-1747), premier médecin de Louis XV, marque une date importante dans la chirurgie : il obtint la constitution d'une Académie royale de chirurgie en 1731 et inspira l'ordonnance royale de 1743 qui sépara définitivement les chirurgiens... des perruquiers. Il incarne l'émergence d'une conscience nouvelle de la chirurgie, en même temps qu'une philanthropie peu ménagère des autorités : *cf.* son mémoire contre le doyen de la Faculté de médecine (1746) qui devait avoir la sympathie de cet autre médecin turbulent qu'est La Mettrie. — C'est dans son *Mémoire contenant plusieurs observations sur les maladies du cerveau, par lesquelles on tâche de découvrir le véritable lieu du cerveau dans lequel l'âme exerce ses fonctions* (1708) qu'il soutient, comme Lancisi, la thèse de la localisation de l'âme dans le corps calleux. La Peyronie venait de mourir au moment de la publication de *L'Homme-Machine*. Voir aussi les *Mémoires de l'Académie des sciences* (1741). Dans le *Traité de l'âme*, La Mettrie localise l'âme dans la moelle (ch. X, VII), *in* O.P., I, 115 : « Voilà donc le sensorium bien établi dans la moelle. »

49. Il s'agit de Thomas Willis (1622-1675), médecin anglais. La Mettrie fait allusion à son *Cerebri anatome, cui accessit nervorum descriptio et usus* (1664), complété par sa *Pathologia cerebri et nervosi generis, in qua agitur de morbis convulsivis et de scorbuto* (1667) ; ainsi qu'au *De anima brutorum quae hominis vitalise et sensitiva est : exercitationes duae, pars physiologica, pars pathologica* (1672). Il enseigna la philosophie naturelle à Oxford et la médecine à Londres, sous forme d'une sorte de synthèse

entre l'iatrochimisme et un mécanisme : *cf.* l'analyse de Georges Canguilhem, *La Formation du concept de réflexe aux* XVIIe *et* XVIIIe *siècles* (1955), notamment dans le chapitre III, p. 57 *sqq.*

50. Cette formule, placée juste après une théorie du cerveau, est de bonne tradition hippocratique. Elle atteste la permanence chez La Mettrie d'une tradition médicale, avec sa connotation solidiste et humoriste, qui n'est pas incompatible à ses yeux avec son mécanisme cérébraliste (voir introduction et schéma généalogique, p. 58 et p. 98).

51. Comme le précise Furetière, Argus est dans la mythologie « un homme fabuleux qu'on dit avoir eu cent yeux... Ce mot est venu en usage dans la langue pour signifier un homme prudent et clairvoyant, qui voit de loin des yeux du corps, et qui prévoit toutes les choses des yeux de l'esprit ». La Mettrie, qui fait un certain usage rhétorique précieux des références mythologiques (voir son Ixion, p. 125 et note 89), évoque ailleurs dans son œuvre ce même Argus.

52. Allusion aux *Nouveaux Dialogues des morts* (1683), première partie, « Dialogues des morts modernes », II : dans le dialogue entre Charles V et Érasme à propos du pouvoir et de l'esprit, à Érasme qui soutient que l'esprit « ne dépend aucunement du hasard », Charles V objecte : « Il n'en dépend point ? Quoi ! l'esprit ne consiste-t-il pas dans une certaine conformation du cerveau, et le hasard est-il moindre de naître avec un cerveau bien disposé que de naître d'un père qui soit roi ? Vous étiez un grand génie ; mais demandez à tous les philosophes à quoi il tenait que vous ne fussiez stupide et hébété : presque à rien, à une petite position de fibres ; enfin à quelque chose que l'anatomie la plus délicate ne saurait jamais apercevoir. » On reconnaît une idée chère à La Mettrie, celle du déterminisme psychologique de l'organisation, qu'il applique avec sa malice habituelle, par extension, à la personne même de Fontenelle, type de l'homme d'esprit.

53. Ce qui est désigné ici comme *Nates* et *Testes* est désigné en langage médical moderne comme *tubercules quadrijumeaux,* situés, dans la topographie cérébrale, au niveau du mésencéphale dont ils constituent le « toit ». La paire antérieure (*colliculus*

supérieurs) est un centre de réflexes visuels, tandis que la paire postérieure est un relais de la voie auditive spécifique.

54.   Allusion à l'harmonie préétablie de Leibniz que La Mettrie ne cesse de persifler : voir *supra*, note 22 et *infra*, p. 196.

55.   C'est là un vieux problème lié historiquement à la question des animaux-machines, puisque Descartes assignait le langage comme différence spécifique de la machine animale et de l'homme pensant. Il est donc logique que La Mettrie, postulant son Homme-Machine, envisage la possibilité de réaliser la continuité homme-animal au point de faire parler l'animal (voir aussi *Traité de l'âme*, O.P., I, p. 222). S'il est possible de réaliser artificiellement un homme parleur (voir le projet de Vaucanson), il est concevable de recréer, dans le sens contraire, une fonction qui n'existe pas encore naturellement. Idée présente aussi dans le *Telliamed* de Dumaillet : « Croyez-vous qu'il eût été possible de conduire (les singes) par la suite de quelques générations, à un véritable langage, et à une forme plus parfaite que celle qu'ils avaient auparavant ? » (t. II).

56.   On a donné ce nom d'*Homines feri*, significativement, aux singes proches de l'homme dans leur conformation et aux enfants d'hommes trouvés dans les bois et restés à l'état sauvage. Les uns et les autres semblent ainsi, au XVIIIe siècle, se rencontrer au point de croisement du développement. C'est l'orang-outan, dont le premier fut exposé en 1720 à la foire de Saint-Germain qui évoque cette idée.

57.   Johann Conrad Amman (1669-1730), médecin suisse, s'illustra par sa méthode d'instruction des sourds-muets, qu'il a exposée dans ses ouvrages, *Surdus loquens* et *Dissertatio de loquela* (1700), contenant une théorie physiologique de la voix articulée et de la phonation, ouvrant la voie aux travaux de l'abbé de l'Épée. Voir dans l'histoire première rapportée dans le ch. XV du *Traité de l'âme*, « D'un sourd de Chartres » (O.P., I, p. 201-203). Dans le même ouvrage, il se réfère en détail à la *méthode d'Amman pour apprendre aux sourds à parler* (ch. XV, histoire IV, O.P., I, p. 206-215). Elle consistait pour le disciple atteint de surdité à toucher le gosier du maître qui parle, puis à examiner son propre gosier afin de percevoir les tremblements des organes de la parole, puis à répéter les mouvements de phonation devant un

miroir jusqu'à parfaite exécution, enfin à étudier les lettres
écrites. Le « livre d'Amman » auquel il est fait allusion est bien le
De loquela (1700) : voir *Traité de l'âme*, O.P., I, p. 150.

58. Il s'agit de William Temple (1628-1699), diplomate,
homme politique et homme de lettres, célèbre pour ses
Mémoires et loué par Swift pour ses écrits historiques et ses *Mis-cellanea*. Au xviiie siècle on lui emprunte des anecdotes et des formules, telle cette anecdote que Locke rapporte au ch. XXVII du
livre II de l'*Essai sur l'entendement humain* (§ 8) pour fonder sa
supposition d'un « perroquet raisonnable » (afin de prouver que
homme ne désigne que « l'idée d'un animal d'une certaine forme »). Il recourt à cette fin à l'épisode rapporté par Temple dans
ses Mémoires (1692, p. 66) selon lequel le prince Maurice de
Nassau aurait conversé avec un perroquet au Brésil (voir ce récit,
op. cit., p. 262-263).

59. Abraham Trembley (1700-1784), naturaliste suisse,
s'est rendu célèbre par l'observation d'un polype désormais
associé à son nom. C'est en 1740 que Trembley, venu de
Genève comme précepteur dans une famille hollandaise,
observe dans un étang une substance vivante, de consistance
gélatineuse, se reproduisant par bourgeonnement. Il s'agissait
d'un polype d'eau douce décrit et classé dès 1703 par Leeuwenhoeck comme plante, mais que Trembley révèle comme un
animal capable de mouvement autonome, de contraction, d'extension et de préhension et qui, coupé en morceaux, se reproduit
en individus différents (*cf.* la communication de Réaumur à
l'Académie de sciences et le point 10 cité par La Mettrie, *supra*,
p. 191). C'est en 1744, dans son *Mémoire pour servir à l'histoire
d'un genre de polypes d'eau douce, à bras en forme de cornes*, qu'il
communique son hypothèse : le polype serait l'anneau man-
quant d'une chaîne d'êtres, en tant que zoophyte. Ce mémoire
historique, paru à Paris et à Leyde, fondait le principe de continuité, curieusement revendiqué à la fois comme confirmation
du principe de continuité formulé par Leibniz et démontré par
Charles Bonnet dans une perspective spiritualiste, et ici par La
Mettrie à l'appui d'une conception matérialiste. Voir *supra*,
p. 201, une nouvelle allusion à Trembley, et *supra*, p. 202 *sqq*, les
conséquences continuistes qu'il en tire. — Sur les rapports de

Trembley et de La Mettrie, voir Aram Vartanian, *Trembley's Polyp, La Mettrie and eighteenth century french materialism, in Roots of scientific Thought*, ed. by Wiener and Noland, New York, Basic Books (1957).

60. Cette formule exprime l'idée de l'infinité de la nature chère à La Mettrie et qui n'est pas sans résonance *naturaliste* (voir p. 178). C'est que le schème mécaniste chez lui ne sert pas à simplifier la nature, mais à penser sa richesse de combinaisons qui n'exclut pas l'effusion.

61. La localisation anatomique de l'ouïe fut découverte par Bartolomo Eustachi (1520-1574), professeur au Collège romain.

62. Allusion à deux notions clés de la théorie de la connaissance leibnizienne. On peut en trouver la définition précise dans les *Méditations sur la connaissance, la vérité et les idées* (1684). Leibniz soutient qu'« une connaissance est ou obscure ou *claire ;* une connaissance claire est à son tour ou confuse ou *distincte ;* une connaissance distincte est ou inadéquate ou *adéquate*, et encore ou symbolique ou *intuitive* ». Une connaissance est *claire* « lorsqu'elle suffit pour me faire connaître la chose représentée » ; elle est *distincte* lorsque « je peux énumérer une à une les marques suffisantes pour distinguer la chose d'entre les autres ». « Mais quand tout ce qui rentre dans une notion distincte est à son tour distinctement connu, ou bien quand l'analyse en est menée jusqu'au bout, la notion est *adéquate*. » À défaut, nous en avons une connaissance *aveugle* ou symbolique : dans ce cas, « nous n'embrassons pas toute la nature de la chose à la fois », mais « substituons aux choses des signes dont, pour abréger, nous avons coutume d'omettre l'explication dans le travail actuel de la pensée ». Ce n'est que par la connaissance *intuitive* que nous « pouvons embrasser à la fois par la pensée toutes les notions qu'elle enveloppe », ce qui s'applique notamment aux « notions primitives ». Si une connaissance est « en même temps adéquate et intuitive, elle est la plus parfaite possible » (*in Opuscules philosophiques choisis*, p. 9-12). On voit que La Mettrie fait un usage pour le moins libre de ces notions leibniziennes : c'est que la connaissance la plus *pleine* pour Leibniz est la plus *vide* pour La Mettrie, tandis que la connaissance symbolique qui

désigne un substitut de l'intuition est prise comme *nec plus ultra*, comme invention de signes sociaux, hors de laquelle et avant laquelle il ne saurait *rien* y avoir. La Mettrie extrait ces notions de leur contexte au sein de la théorie de la connaissance et de la métaphysique leibniziennes pour les interpréter dans son anthropologie génétique.

63.   C'est le cas cité dans le chapitre XV du *Traité de l'âme*. Il s'agit, selon la citation de Fontenelle par La Mettrie, d'un « jeune homme, fils d'un artisan, sourd et muet de naissance » qui « commença tout d'un coup à parler, au grand étonnement de toute la ville. On sut de lui que, trois ou quatre mois auparavant, il avait entendu le son des cloches et avait été extrêmement surpris de cette sensation nouvelle et inconnue ». Après avoir retrouvé l'ouïe, il ajoute qu'« il fut ces trois ou quatre mois à écouter sans rien dire... Enfin il se crut en état de rompre le silence, et il déclara qu'il parlait ». Fontenelle ajoute qu'il ignorait tout des pensées métaphysiques, et qu'« il menait une vie purement animale, tout occupé des objets sensibles et présents, et du peu d'idées qu'il recevait par les yeux » (*cf. Histoire de l'Académie des sciences*, 1703).

64.   La Mettrie prend ici position sur la question topique de l'origine du langage. La solution qu'il y donne peut être rapprochée de celles qu'en donneront peu après Condillac et Rousseau. Cette théorie de « l'expression naturelle » ressemble en effet au « langage d'action » que Condillac conçoit comme le langage primitif dès son *Essai sur l'origine des connaissances humaines*, juste contemporain de *L'Homme-Machine*, puisque publié en 1746. Voir notamment le ch. I de la seconde partie, « Le langage d'action et celui des sons articulés considérés dans leur origine » : le « commerce réciproque (des hommes) leur fit attacher aux cris de chaque passion les perceptions dont ils étaient les signes naturels. Ils les accompagnaient ordinairement de quelque mouvement, de quelque geste ou de quelque action, dont l'expression était encore plus sensible », après que « la perception d'un besoin » se fut liée « avec celle d'un objet qui avait servi à les soulager ». En conséquence « les mêmes circonstances ne purent se répéter souvent, qu'ils ne s'accoutumassent enfin à attacher aux cris des passions et aux différentes actions du corps,

des perceptions qui y étaient exprimées d'une manière si sensible... Cependant ces hommes ayant acquis l'habitude de lier quelques idées à des signes arbitraires, les cris naturels leur servirent de modèle pour se faire un nouveau langage... ils s'accoutumèrent à donner des noms aux choses » (*Œuvres philosophiques*, 1947, t. I, p. 60-61). Quant à Rousseau, il fera des passions l'origine du langage en analogie avec la musique (*Essai sur l'origine des langues*).

65.   C'est là une image capitale que La Mettrie évoque chaque fois qu'il s'agit de rendre compte de l'action des objets sur le cerveau. Elle a l'avantage de postuler un effet physique, mais qui ne soit pas simplement de réaction mécanique : l'acoustique fournit l'idée de résonance. Diderot fera sienne cette image du clavecin, mais c'est pour rendre compte de la sensibilité, conçue comme propriété universelle de la matière.

66.   On peut également rapprocher cette idée de la « langue des calculs » de Condillac.

67.   Rapprocher ce passage du § XI du chapitre X du *Traité de l'âme* consacré à l'imagination. Elle y est définie comme la « perception d'une idée produite par des causes internes, et semblables à quelqu'une des idées que les causes externes avaient coutume de faire naître » (O.P., I, p. 127). Mais dans *L'Homme-Machine*, l'imagination n'est pas simplement une faculté de l'âme, c'est le véritable schème sensible qui implique l'organisation dans la psyché et scelle l'unité psycho-organique. D'où le lyrisme de son évocation par La Mettrie. Voir note 68.

68.   Cette image est chère à La Mettrie. Il la reprend en une formule analogue dans *Les Animaux plus que machines*, qui permet de mieux comprendre la présente formule : il évoque ironiquement, selon son procédé, la thèse du « *pitoyable* auteur de *L'Homme-Machine* » qui fait « du cerveau une espèce de nappe blanche, tendue exprès au-dedans du crâne pour recevoir l'image des objets, du fond de l'œil, comme la serviette appliquée au mur la reçoit, du fond de la lanterne magique » (O.P., II, p. 97). Il n'est pas indifférent que ce procédé de lanterne magique serve à déchiffrer l'unité imaginaire du cerveau dans la conception matérialiste. Le procédé, découvert puis perfectionné dans la seconde moitié du XVIIᵉ siècle par le père Athanase

Kircher en Allemagne et le père de Châle en France se répand au XVIIIe au point de devenir une grande attraction, notamment pour un certain public de mondains. Le principe consiste à projeter des silhouettes sur une toile ou une muraille blanche à l'aide d'une source lumineuse. Origine des contes chez Voltaire qui s'en servit à Cirey pour distraire madame du Châtelet, elle sert à La Mettrie pour se représenter ce que toute pensée matérialiste cherche à *voir*, soit la représentation elle-même. Par un procédé métaphorique au second degré, le procédé de projection d'images devient donc le moyen de figurer l'imagination elle-même. L'imagination joue chez La Mettrie le rôle d'un véritable schématisme matériel.

69.   Cette formule résume bien le statut de l'instruction et de l'éducation dans la théorie de La Mettrie et permet de le situer par rapport aux théories contemporaines fondées sur l'éducation, telle celle d'Helvétius. Dans *De l'esprit* (1758) et surtout dans son traité *De l'homme, de ses facultés intellectuelles et de son éducation* (1773), l'éducation se voit attribuer un rôle déterminant. La dernière section du traité *De l'homme* radicalise le rôle de l'éducation indiqué dans le dernier chapitre du traité *De l'esprit* (discours IV, ch. XVII). Cette section s'ouvre par un titre révélateur : « L'éducation peut tout. » Autrement dit : « L'éducation nous fait ce que nous sommes » (*Œuvres*, an II, p. 125 *sqq.*). Chez La Mettrie, l'organisation trace la limite matérielle du pouvoir de l'éducation. En d'autres termes, alors que pour Helvétius l'éducation est la source de tout bien et de tout mérite, elle dépend pour La Mettrie d'un « mérite » originaire qui n'est autre que l'organisation — ce qui explique le paradoxe, assumé par La Mettrie, qui consiste à parler de « mérite » pour désigner une donnée organique, alors que, dans une perspective « culturaliste », il ne peut qu'être contemporain de la société. Cela ne signifie pas pour autant que La Mettrie minimise l'éducation. Dans le *Discours sur le bonheur*, il s'écrie : « On voit que je ne me lasse point de revenir à l'éducation, qui seule peut nous donner des sentiments et un bonheur contraires à ceux que nous aurions eus sans elle. Tel est l'effet de la modification ou du changement qu'elle procure à notre instinct ou à notre façon de sentir. » Mais l'image qui suit éclaire bien la modalité de cet effet : « Vraies

girouettes, nous tournons donc sans cesse au vent de l'éducation, et nous retournons ensuite à notre premier point, quand
nos organes, remis à leur ton naturel, nous rappellent à eux et
nous font suivre leurs dispositions primitives. Alors les
anciennes déterminations renaissent ; celles que l'art avait pro-
duites s'effacent : on n'est pas même le maître de profiter de son
éducation... » (O.P., II, p. 184-185). Image saisissante qui
montre l'éducation comme ce qui surdétermine le déterminisme
organique sans jamais le supplanter : l'organe a toujours le dernier mot. — Cette différence engage une divergence éthico-poli-
tique profonde. Ce n'est pas un hasard si Helvétius lie indissolublement l'éducation à la politique : « L'art de former des
hommes est... étroitement lié à la forme du gouvernement », dit-
il dans « De l'éducation » (*in De l'esprit*). De même dans *De
l'homme :* « Toute réforme importante dans la partie morale de
l'éducation en suppose une dans les lois et la forme du gouvernement » (sect. X, ch. X, titre). Point d'espoir de ce genre chez La
Mettrie : l'État ne saurait se rendre maître des corps en les édu-
quant : l'art politique se subordonne à la loi des organes. L'effet
social du matérialisme consiste seulement, en rappelant la force
des dispositions primitives, à « être la source des indulgences,
des excuses, des pardons, des grâces, des éloges, de la modéra-
tion dans les supplices » (*Discours, op. cit.*, p. 184).

70.   La Mettrie revient de façon plus détaillée sur ce cas dans
le *Système d'Épicure* (§ XIV). Il s'agit d'un cas observé à Gand
par « tous les médecins chirurgiens » et dont le lieutenant général, le comte d'Hérouville, aurait dressé procès-verbal. « J'ai vu
cette femme sans sexe, animal indéfinissable, tout à fait, châtré
dans le sein maternel. Elle n'avait ni motte, ni clitoris, ni tétons,
ni vulve, ni grandes lèvres, ni vagin, ni matrice, ni règles ; et en
voici la preuve. On touchait par l'anus la sonde introduite par
l'urètre, le bistouri profondément introduit à l'endroit où es⁺
toujours la grande fente dans les femmes, ne perçoit que des
graisses et des chairs peu vasculeuses, qui donnaient peu de
sang : il fallut renoncer au projet de lui faire une vulve, et la
démarier après dix ans de mariage avec un paysan aussi imbécile
qu'elle, qui, n'étant point au fait, n'avait eu garde d'instruire sa
femme de ce qui lui manquait. Il croyait bonnement que la voie

des selles était celle de la génération ; et il agissait en conséquence, aimant fort sa femme qui l'aimait aussi beaucoup, et
était très fâchée que son secret eût été découvert » (O.P., II,
p. 9). On voit au passage comme l'exhibition de ce monstre,
« femme manquée », « animal indéfinissable », suggère la non-
coïncidence de l'ordre anatomique et de l'ordre de la jouissance,
puisque le dérangement du premier ne compromet pas le
second. — Ce cas se trouve mentionné également par Diderot
dans ses *Éléments de physiologie* : « Autre exemple d'une femme
sans aucun sexe, ni clitoris, ni téton, ni vulve, ni lèvres, ni vagin,
ni matrice, ni règles. Le fait est arrivé à Gand. La Mettrie (*sic*)
avait vu cette femme ; Mr Derouville. Procès-verbal des médecins et chirurgiens de Gand » (*op. cit.*, p. 173). Notons que le
témoin en question est Antoine de Ricouart, comte d'Hérouville
de Claye (1713-1782), connu personnellement de Diderot et
collaborateur de *L'Encyclopédie* en minéralogie.

71.   Cette théorie prépare en effet chez Malebranche la théorie de la vision en Dieu que La Mettrie persifle autant que l'harmonie leibnizienne.

72.   On classait en effet Bayle parmi les disciples modernes
de Pyrrhon, sceptique du IVe siècle av. J.-C. qui récuse toute
connaissance qui ne soit phénoménale et soutient qu'en conséquence il faut prendre la vie et l'expérience comme guide non
dogmatique. Telle est l'attitude de Bayle face à la métaphysique
et la religion. Attitude qui fraie aux yeux de La Mettrie la voie au
matérialisme (voir schéma généalogique p. 98), notamment par
sa thèse de l'innocuité sociale de l'athéisme.

73.   La Mettrie fait ici allusion à la conception fontenellienne
de la vérité qui subordonne la science à l'utilité sociale. Voir, par
exemple, la *Préface sur l'utilité des mathématiques et de la physique*
(1702) où il plaide la cause des vérités abstraites tout en jaugeant
leur utilité pour la société. On sait qu'il fut aussi vulgarisateur :
ses *Entretiens sur la pluralité des mondes habités* (1686) sont une
tentative de mettre certaines vérités (astronomiques et physiques) en accord avec « les agréments de la société » en l'expo-
sant mondainement à une marquise. La Mettrie se sert de cette
idée dans le sens du tolérantisme : le matérialisme est pacifique,
puisque séparant la vérité de l'utilité sociale (voir note 1).

74.   Même idée chez Hume, qui écarte comme « frivole » la discussion qui eut une si grande importance pour Locke : « Si inné équivaut à naturel, alors il faut accorder que toutes les perceptions et toutes les idées de l'esprit sont innées ou naturelles », inné voulant dire « ce qui est primitif, ce qui n'est copié d'aucune impression antérieure » (*Enquête sur l'entendement humain*). Autrement dit, les empiristes du XVIIIe siècle estiment le combat contre les idées innées déjà dépassé et affectent de rappeler leur critique, comme pour mémoire, alors que Locke, à la fin du siècle précédent, innovait en les combattant. — L'axiome qu'évoque La Mettrie est celui d'Aristote, selon lequel « rien n'est dans l'entendement qui n'ait été auparavant dans les sens. »

75.   Voir aussi le *Traité de l'âme*, ch. XII, § IV, à propos « Du génie ». L'imagination est évoquée de façon ambiguë comme la marque du génie et en même temps comme la faculté responsable des systèmes chimériques : « le philosophe qui aurait le plus d'imagination, le P. Malebranche, serait le premier de tous » (O.P , I, 162). La bonne imagination serait plutôt celle qui « embrasse aisément, et comme d'un coup d'œil, une multitude d'idées, dont l'enchaînement forme un système expérimental, aussi lumineux dans ses principes, que juste dans ses conséquences ».

76.   La Mettrie rappelle volontiers à l'homme son infériorité à l'animal du point de vue de l'instinct — thème matérialiste banal. Voir surtout *Les Animaux plus que machines* : « Il est bon d'humilier de temps en temps la fierté et l'orgueil de l'homme » (O.P., II, 79).

77.   Allusion à « la belle conjecture » d'Arnobe, auteur latin d'origine africaine du IIIe siècle, qui vécut sous Dioclétien et mourut en 327. Celle-ci est évoquée plus explicitement par La Mettrie à la fin du *Traité de l'âme* : « Faisons, dit-il, un trou en forme de lit, dans la terre, qu'il soit entouré de murs, couvert d'un toit... qu'on mette un enfant nouveau-né dans ce souterrain : que ses sens ne soient frappés d'aucun objet... Que cet enfant, sorti de la race de Platon ou de Pythagore, quitte enfin sa solitude à l'âge de vingt, trente ou quarante ans ; qu'il paraisse dans l'assemblée des mortels : qu'on lui demande, avant qu'il ait

appris à parler et à penser, ce qu'il est lui-même, quel est son père, ce qu'il a fait, ce qu'il a pensé... Plus stupide qu'une bête, il n'aura pas plus de sentiments que le bois ou le caillou » (d'après l'*Advers. Gent.*, 1. II, *in* O.P., I, 226-227).

78.   Il y a là une sorte de jeu de mots. Les *cyniques* sont les sectateurs d'une école qui, à la suite d'Antisthène et de Diogène, au vᵉ siècle av. J.-C., font profession d'immoralisme ou d'amoralisme, affichent le mépris des préjugés et des conventions sociales et affirment le caractère corporel de toute existence. Morale spontanée et animale en quelque sorte, puisque réclamant une adhésion immédiate de la nature, d'autant que le mot *cynique* a pour étymologie le mot *kunos* qui signifie « chien ».

79.   La Mettrie évoque ici la fameuse question des aveugles-nés, déjà ancienne en 1748. En 1700 la traduction Coste de l'*Essai sur l'entendement humain* qui posait la question de la connaissance d'un aveugle de naissance (IIᵉ partie, IX, § 8) introduisait en France la question, que Locke avait du reste empruntée à son ami William Molyneux. Puis en 1728 l'oculiste Cheselden, dans les *Philosophical Transactions*, présente le cas d'un aveugle-né qu'il a opéré et prétend confirmer l'hypothèse philosophique adoptée : à savoir qu'un aveugle qui n'aurait discerné la différence des corps que d'après le toucher, ne parviendrait pas, s'il venait à recouvrer la vue pour la première fois, à discerner par la vue ces mêmes objets. En 1738 encore, Voltaire résumait la question dans ses *Éléments de la philosophie de Newton*. La Mettrie prend position dans cette longue controverse en 1745, dans son *Traité de l'âme* — avant que Condillac s'en empare dans son *Essai* l'année suivante et que Diderot et Buffon prennent position, respectivement dans la *Lettre sur les aveugles à l'usage de ceux qui voient* et dans la deuxième partie de l'*Histoire naturelle de l'homme*, un an après *L'Homme-Machine*. — C'est dans l'histoire III du chapitre XV du *Traité de l'âme* que La Mettrie prend position sur « l'aveugle de Cheselden » (O.P., I, p. 203-206). Il refuse la conclusion traditionnelle et soutient qu'il eût fallu donner « le temps à l'organe dioptrique de se mettre dans son assiette naturelle » pour que l'accommodation se fasse, et que les sens peuvent s'aider réciproquement par association — arguments repris en partie par Diderot. Il dénonce ainsi la falsifica-

tion des faits dans l'interprétation de l'aveugle-né et penche
pour une genèse de la vision à partir de l'expérience pure, sans
postuler de jugements primitifs. — Dans ce passage de
L'Homme-Machine, les aveugles-nés ne sont évoqués que pour
montrer, comme la cohorte de toutes les pathologies, que l'ordre
humain manifeste en fait des lois naturelles qui le rappellent à la
continuité animale.

80. Voir *supra*, p. 160 et notes 81 et 84.

81. La Mettrie fait ici allusion à ce qu'il appelle « satyres » ou
« hommes sauvages », et qui ne sont autres que des orangs-
outans (qui sont exposés à plusieurs reprises depuis 1720). Voir
le § VI du chapitre XV du *Traité de l'âme*, la description de ces
êtres : « La face de ces animaux ressemble au visage de l'homme,
mais leurs narines sont camuses et courbées, et leur bouche est
ridée et sans dents » (O.P., I, p. 220). Il est intéressant de remarquer que La Mettrie, fasciné par ce mélange d'humanité et de
bestialité, projette dans le comportement de ces « satyres » une
certaine conception de ce qu'aurait été l'homme sans l'éducation : le satyre sert ainsi à exhiber la vérité de l'homme. Cette
« bête à figure humaine » sert à discerner la figure bestiale cachée
sous le masque de l'homme civilisé. — En fait La Mettrie prolonge une tradition : sur le fond de légendes concernant les « satyres » depuis l'Antiquité et le Moyen Âge, le thème est repris au
XVIIe siècle, avec Nicolas Tulpius (cité plus loin : voir p. 195) : il
devient l'*Homo sylvestris* ou orang-outan (homme des forêts),
auquel un certain Bontius consacre la première monographie au
XVIIe siècle (il est mort en 1631). L'*Homo sylvestris* est le pendant
de l'*Homo ferus* ou « homme ensauvagé » : ce sont les deux figures
symétriques à travers lesquelles le XVIIIe siècle déchiffre le problème de la continuité de l'homme à l'animal. L'*Homo sylvestris*
figure dans le Systema naturae de Linné en tête de la classification des êtres vivants. On trouvera dans l'ouvrage de Franck
Tinland, *L'Homme sauvage* (1968) une étude de ces deux
formes de l'*Homo ferus* et de l'*Homo sylvestris* dans la conscience
historique.

82. On peut spécifier cette conception du remords par l'allusion complémentaire qu'en fera La Mettrie dans son *Discours
sur le bonheur :* « Si les uns ont gratuitement fabriqué des idées

innées, pour donner aux mots de vertu et de vice une espèce d'assiette qui en imposât et les fît prendre pour des choses réelles, les autres ne sont pas plus fondés à donner des remords à tous les corps animés, en vertu d'une disposition particulière, qui suffirait dans les animaux, et qui, dans l'homme, serait de moitié avec l'éducation : système qui ne peut se soutenir, quand on considère seulement que, toutes choses égales, les uns sont plus sujets aux remords que les autres, et qu'ils changent et varient avec elle. Telle est l'erreur de l'auteur de *L'Homme-Machine* » (O.P., II, 178). Dans le même ouvrage, le remords est déclaré « inutile au genre humain », car « il surcharge des machines aussi à plaindre que mal réglées, entraînées vers le mal, comme les bons vers le bien » (p. 175)

83.   Formule essentielle du continuisme matérialiste et naturaliste voir introduction, p. 86-87

84.   On trouve la référence à la fameuse question des « hommes sauvages », pierre de touche de toute anthropologie au XVIIIᵉ siècle : l'anthropologie matérialiste de La Mettrie ne peut que s'y confronter. Il fait allusion tout d'abord à « la fille sauvage de Châlons-en-Champagne » : il s'agit d'une fille apparue à Sogny, en Champagne, en 1731. Elle fut surnommée *puella campanica :* juchée sur un pommier, elle fut aperçue un soir de septembre par les domestiques du château de Sogny. Parvenue à s'échapper, elle fut capturée après une battue. Vêtue de chiffons, de peaux d'animaux, griffue et noire de crasse, portant un gourdin, on apprit plus tard qu'elle avait vécu avec une compagne qu'elle tua par accident — alors que La Mettrie l'accuse d'avoir mangé sa sœur. Elle eut paraît-il une tendance au vampirisme. Elle finit par apprendre à parler chez les religieuses de Châlons-sur-Marne où l'évêque l'avait placée, puis elle fut conduite à la maison des Nouvelles Catholiques, avant d'envisager de devenir nonne, au couvent de Chaillot. Devenue une véritable attraction, visitée par la reine de Pologne et le duc d'Orléans, on en parle encore au moment où La Mettrie rédige *L'Homme-Machine*. Quatre ans auparavant, Louis Racine lui consacra une communication (voir épître II, « Sur l'homme », *Poésies nouvelles*, 1747. Douze vers et une note concernant la fille de Sogny. Éclaircissement sur la fille sauvage dont il est parlé dans

l'épître II « Sur l'homme », *in Œuvres*, 1808). La Condamine en parlera encore en 1755 et Linné en 1788. Voir l'édition de l'*Histoire d'une jeune fille sauvage trouvée dans les bois à l'âge de dix ans* attribuée à La Condamine et la préface de Franck Tinland qui analyse l'épisode et ses enjeux (éd. Ducros, 1971, p. 7-42, texte datant de 1761). Elle fut appelée plus tard Mlle Leblanc ou Marie-Angélique. — Dans son *Traité de l'âme* (ch. XV, histoire V), La Mettrie évoque un autre grand cas d'homme sauvage, l'« enfant trouvé parmi des ours » en Lituanie en 1694 (O.P., I, 217-219), ainsi que les « hommes sauvages, appelés satyres » (VI, 220-225). — Pour une synthèse de la question afin d'y replacer La Mettrie, voir Lucien Malson, *Les Enfants sauvages* (1964) et *L'Homme sauvage* de Franck Tinland (1968).

Notons que La Mettrie fait allusion à la fille de Champagne dans le *Traité de l'âme* (ch. XV, § VI, O.P., I, 225). Il révèle que son informateur fut Mgr le maréchal de Saxe qui lui aurait « fait l'honneur de (lui) raconter bien des particularités de l'histoire de cette fille ».

85.   C'est là un thème matérialiste classique, qui s'est recommandé de Spinoza et a été l'occasion de scandale. Voir, par exemple, le *Discours sur le bonheur :* « Qu'on ne dise point que j'invite au crime ; car je n'invite qu'au repos dans le crime » (O.P., I, 218).

86.   Cette note fait référence au premier ouvrage médical personnel publié par La Mettrie quelque dix ans avant *L'Homme-Machine :* le *Traité du vertige avec la description d'une catalepsie hystérique* (1737). La référence ironique à Port-Royal est d'autant plus intéressante que, comme on l'a rappelé (introduction, p. 37), La Mettrie a fait ses études chez les jansénistes à Caen, au collège du Plessis, au point d'être leur émule vers sa quinzième année, avant de se convertir radicalement au matérialisme. Il estime en Pascal l'homme de la recherche expérimentale. Dans l'*Histoire naturelle de l'âme*, il loue Pascal de « n'avoir jamais oublié ce qu'il avait appris » (O.P., I, 125). Mais c'est naturellement la dévotion de Port-Royal qu'il déplore. Dans le *Discours préliminaire*, il accuse Nicole d'avoir « contrefait » la religion (O.P., I, 42). C'est une espèce de « règlement de comptes avec sa vieille conscience religieuse », et il n'est pas loin de tenir

l'attachement de Pascal à Port-Royal comme une lubie venant d'une imagination débridée, ce qu'illustre l'anecdote des abîmes. Mais il perce aussi chez La Mettrie une sympathie pour le courage des jansénistes : aux « sectateurs zélés de la philosophie », il donne en exemple ces « jansénistes qu'une excommunication injuste n'empêche pas de faire ce qu'ils croient leur devoir » (p. 55).

87. Idée chère à La Mettrie comme aux philosophes sensualistes du siècle en général. Contre la croyance rationaliste à une « chose pensante » qui ferait de la pensée l'exercice normal de l'esprit humain, ils rapportent cette activité à une tension pénible et artificielle des forces organiques et une sorte d'inhibition du mouvement, quoiqu'il puisse en résulter un plaisir (voir *supra*, le thème de la dédicace et la note 4). On retrouve chez Diderot une idée analogue : « Rien n'est plus contraire à la nature que la méditation habituelle, ou l'état du savant. L'homme est né pour agir. Sa santé tient au mouvement » (*Éléments de physiologie*, p. 300).

88. Cette définition de la « Loi naturelle », principe de la moralité, est intéressante en ce qu'elle combine la théorie de l'intérêt (« ce que nous ne voudrions pas qu'on nous fît ») et du *sentiment* immédiat. La Loi naturelle lamettrienne tient donc de l'utilité et de la conscience. De celle-ci, elle semble avoir l'infaillibilité, évoquant « l'instinct divin » de la *Profession de foi du vicaire savoyard* de Rousseau, de celui-là, il a le contenu matériel. Elle a la spontanéité de l'instinct, manifestant ainsi l'efficace de la morale comme partie de la nature. La Mettrie tranche ainsi les débats sur l'égoïsme et l'altruisme qui alimentent les controverses de son temps sur la moralité. Mais cet « impératif catégorique » ne s'appuie sur aucune raison pratique : il manifeste en devoir l'adhésion à la nature.

89. Ixion, ce personnage de la mythologie grecque, puni par Jupiter pour avoir convoité Junon et qui a confondu une nue avec celle-ci, la déesse mère, est fréquemment évoqué par La Mettrie pour exprimer cette confusion du ciel et de la terre que dénonce le matérialisme. Ainsi, dans le *Discours sur le bonheur :* « Vrais Ixions prendrons-nous toujours la nue pour Junon ; le frivole pour l'utile ; ce qu'il y a de plus stérile pour ce qu'il y a de

plus fécond ? » (O.P., II, 193). *L'Art de jouir* donne le sens de
l'expression pour La Mettrie : « perdre de gaieté de cœur un bien
réel, pour embrasser la nue d'Ixion » (O.P., III, 242). — Cette
image est révélatrice d'une idée-force chez La Mettrie : le spiritualisme échange une nue contre un bien réel, alors que le matérialisme rappelle le bien réel. C'est pourquoi il doit combattre
tous les Ixions, ceux du christianisme, de la science et de la philosophie... Voir aussi le début du *Traité de l'âme :* « La vérité
n'est-elle donc pas plus faite pour l'homme, que le bonheur
auquel il aspire ? Ou n'en serions-nous si avides, et pour ainsi
dire amoureux, que pour n'embrasser qu'une nue, au lieu de la
déesse, comme les poètes l'ont feint d'Ixion » (O.P., I, 67).

90.   Cette lutte contre le fanatisme est le thème du manifeste
lamettrien qu'est le *Discours préliminaire*.

91.   C'est un thème essentiel dans la pensée des lumières,
introduit par Bayle, qu'une société d'athées peut se concevoir.
Ce passage de *L'Homme-Machine* évoque cet autre, des *Pensées
diverses* de Bayle : « Il est apparent qu'une société d'athées prati-
querait les actions civiles et morales aussi bien que les pratiquent
les autres sociétés... L'ignorance d'un premier Être créateur et
conservateur du monde, n'empêcherait pas les membres de
cette société d'être sensibles à la gloire et au mépris, à la récompense et à la peine... » (CLXXII).

92.   Cette thèse de la contingence de l'homme se développe
non fortuitement à partir d'une analogie avec les plantes. Voir le
continuisme démontré dans *L'Homme-Plante*.

93.   Cette insondabilité de l'origine est l'une des caractéris-
tiques de l'agnosticisme lamettrien. C'est le propre de la matière
d'être toujours déjà là et la critique de la métaphysique est une
critique de la prétention généalogique. L'*Histoire naturelle de
l'âme* critiquait cette prétention de comprendre l'origine et la
nature de l'âme. C'est sur cet inconnaissable qu'est fondé le
déchiffrement phénoménal de la vie comme machine.

94.   La Mettrie évoque ici les apologistes du christianisme les
plus renommés. Derrière le grand Fénelon (1671-1715), apolo-
gète par son *Traité de l'existence de Dieu*, ses *Maximes des saints*,
ses *Écrits de controverse*, La Mettrie cite des noms qui ont eu dans
ce domaine leur heure de gloire. Bernard Nieuwentyt (1654-

1718) publia un traité sur *L'Existence de Dieu démontrée par les merveilles de la nature* traduit en 1725 : il mit sa science de mathématicien et de naturaliste au service de la foi. Jacques Abbadie (1654-1727) fut un polygraphe, connu surtout pour son *Art de se connaître soi-même, ou la recherche des ressources de la morale* (1692). William Derham (1657-1735) écrivit une *Physicotheology* (1713) et une *Astro-Theology* (1714) traduites en 1726 et 1729. La Mettrie exècre cette littérature misant sur une preuve « physicothéologique » parée des acquis des sciences naturelles, mouvement qui bat son plein depuis le dernier quart du XVIIᵉ siècle et vient jusqu'à lui par l'abbé Pluche (voir *supra*, note 16). On réédite de même le *Traité de la religion chrétienne* d'Abbadie paru en 1684, voir Roger, *op. cit.*, p. 244-249. Raïs n'est autre que John Ray (1627-1705), le « Pline anglais », prêtre anglican devenu un naturaliste éminent.

95.   Marcello Malpighi (1628-1694), naturaliste et anatomiste italien, peut être considéré comme le fondateur de l'histologie ou science des tissus sur le fondement d'une science expérimentale. Ses *Opera omnia* et *posthuma* (1686-1697) apparaissent comme une mine de dispositifs expérimentaux et comme un manifeste expérimental : *cf.* notamment les études de structure du foie, du cerveau et de l'embryon de poulet. La Mettrie paraphrase ici Diderot : voir *infra*, note 98.

96.   Le rapport de La Mettrie avec Spinoza est intéressant à la fois comme révélateur de sa propre pensée et comme document dans le cadre du mouvement spinoziste français au XVIIIᵉ siècle. On pourrait s'attendre à trouver chez La Mettrie matérialiste une adhésion enthousiaste à ce spinozisme qui en est l'étendard. Or on trouve dans l'œuvre de La Mettrie des formules péjoratives sur Spinoza. Dans l'*Abrégé des systèmes*, il déclare : « Il suffit de lire Bayle (*Dictionnaire critique*, à l'article Spinoza) pour voir que ce bon homme (car *quoique* athée, il était doux et bon) a tout confondu et tout embrouillé, en attachant de nouvelles idées aux mots reçus » (O.P., II, 262). Dans l'*Épître à mon esprit*, qui ouvre le tome III des *Œuvres philosophiques*, il déclare de même : « Si vos écrits sont un nouveau dédale, où le fil de la raison ne conduisit jamais, si vous êtes, en un mot, sectateur du propre système de Spinoza, vous méritez sans contredit

le nom qu'on vous donne de *pitoyable et embrouillé personnage* ;
mais si Spinoza moderne... vous êtes aussi profond que l'ancien
est superficiel, aussi clair, aussi lumineux, aussi suivi que l'autre
est rempli de ténèbres, jusque dans les nouvelles idées qu'il lui a
plu d'attacher aux mots dont il s'est servi », il ne s'agit que « d'ar-
borer les mêmes étendards » (O.P., III, 12). Le *Discours préliminaire* le dit tout net : « Je ne suis pas plus spinoziste, pour avoir
fait *L'Homme-Machine* et exposé le système d'Épicure, que
méchant, pour avoir fait une satire contre les plus charlatans de
mes confrères » (O.P., I, 39). — Si l'on fait la part du refus tactique — *spinozisme* constituant toujours une accusation grave —
il n'en reste pas moins que La Mettrie a un rapport ambivalent
envers Spinoza. En tant que libre-penseur, il le tient en estime et
le fait figurer, comme dans ce passage de *L'Homme-Machine*, en
tête des grands libertins et des grands ennemis des apologètes.
Mais ce qui lui est antipathique est le caractère systématique de
l'auteur de l'*Éthique* et son contenu rationaliste. Il y a un abîme
entre la démonstration *more geometrico* et la démarche expérimentale chère à La Mettrie. D'autre part, dans le § VII de
l'*Abrégé* consacré à Spinoza, il lui reproche aigrement de réduire
les sens à des mouvements de l'âme définis comme la partie pensante de l'univers, et produits par les corps, parties étendues de
l'univers. Il y objecte que la pensée est « une modification acci-
dentelle du principe sensitif » et que seules « quelques propriétés
différentes » des choses sont représentées à l'âme. C'est donc
son sensualisme et son phénoménalisme qui opposent la théorie
de la connaissance lamettrienne à celle de Spinoza. D'autre part,
il le ressent comme un esprit trop subtil. Par opposition à
l'athéisme de Spinoza, qui « ressemble assez bien au labyrinthe
de Dédale, tant il a de tours et de détours tortueux », celui de La
Mettrie est direct et empirique. Point n'est besoin à ses yeux de
mobiliser une telle armada conceptuelle pour parvenir à ce but.
— Néanmoins La Mettrie prend acte de la théorie de l'unité de
la substance et il va jusqu'à soutenir que « l'auteur de *L'Homme-
Machine* semble avoir fait son livre exprès pour défendre cette
triste vérité » que Spinoza a soutenue, à savoir que « l'homme est
un véritable automate, une machine assujettie à la plus
constante nécessité, entraînée par un impétueux fatalisme,

comme un vaisseau par le courant des eaux ». — Pour situer le
spinozisme de La Mettrie dans le spinozisme français, voir Paul
Vernière, *Spinoza et la pensée française avant la Révolution*, t. II,
p. 536-545. Nous renvoyons également à notre article, *in Cahiers
Spinoza n° 3*, « Spinoza, les libertins français et la politique »,
Ed., Répliques.

97.   Cette nouvelle énumération fait écho inversé à celle des
dévots (*supra*, p. 184). On y relève, à la suite de Spinoza, héros
de la pensée libre sous la défroque d'Antéchrist dont on l'a
revêtu, des noms qui ont illustré le type du libertin. Lucilio Van-
nini (1585-1639), brûlé vif à Toulouse, prolonge la tradition
padouane. Il incarne la pensée matérialiste et athée, exprimée
dans son fameux *Amphitheatrum aeternae Providentiae divino-
magicum* (1615) et ses dialogues, à travers la théorie de l'éternité
de la matière. — Des Barreaux (Jacques Vallée, seigneur) (1599-
1673) incarna le type du libertin jouisseur, ami de Théophile de
Viau, magistrat qui n'écrivit aucun livre. — Nicolas Boindin
(1676-1751) représentait au café *Procope* la parole libertine, pro-
fessant ouvertement l'athéisme. La Mettrie mêle donc les liberti-
nismes en leur diversité de formes, spontanée, érudite et théorique (voir Antoine Adam, *Les Libertins au* XVIIᵉ *siècle* (1964) et
notamment la classification des formes de libertinisme Sur Des
Barreaux, voir p. 192 *sqq.*).

98.   Cette référence à Diderot n'est pas fortuite : La Mettrie
et Diderot dialoguent, si l'on en juge par le contenu, d'un
ouvrage à l'autre, c'est-à-dire des *Pensées philosophiques* à
L'Homme-Machine encore que Diderot ait refusé tout lien (voir
introduction, p. 31). Cet ouvrage de Diderot, qui fut l'un des
plus sujets à controverse (voir *Les Pensées philosophiques de Diderot devant leurs principaux contradicteurs au* XVIIIᵉ *siècle* de Robert
Morin) est particulièrement sensible à La Mettrie. La référence
ci-dessus à Malpighi est copiée littéralement sur Diderot. À la
XVIIIᵉ pensée, Diderot avait écrit : « Ce n'est pas de la main du
métaphysicien que sont sortis les grands coups que l'athéisme a
reçus. Les méditations sublimes de Malebranche et de Descartes étaient moins propres à ébranler le matérialisme qu'une
observation de Malpighi » (*Œuvres philosophiques*, Garnier,
p. 17). La Mettrie résume sans citer sa source : « Une observa-

tion de Malpighi prouve tout, et sans doute beaucoup mieux que Descartes et Malebranche. » Or juste après ce passage copié. Diderot invoque le machinisme : « Grâce aux travaux (de la physique expérimentale depuis Newton) le monde n'est plus un dieu : c'est une machine qui a ses roues, ses cordes, ses poulies, son ressort et son poids » (conclusion de la pensée XVIII, p. 16-17). Même paradigme unissant machinisme et expérimentalisme. — Dans cette citation. La Mettrie se réfère au continuisme de la nature fondant l'intuition matérialiste

99.   Cette phrase — « Le poids de l'Univers n'ébranle donc pas un véritable athée, loin de l'écraser » — fait écho à la *Pensée* XX de Diderot : « Songez donc que je ne vous objectais qu'une aile de papillon, qu'un œil de ciron, quand je pouvais vous écraser du poids de l'univers » (*op. cit.*, p. 21). C'est cette XXᵉ *Pensée* qui semble avoir le plus impressionné La Mettrie dans ce « sublime ouvrage ». Sur les débats suscités, voir Morin, *op. cit.*, ch. VI, p. 51-72.

100.   Allusion à Guillaume Lamy (1644-1682), médecin normand, auteur d'un *De principes rerum* (1669), où il se posait en disciple de Lucrèce, réfutant Descartes au nom d'Épicure et de l'atomisme lucrétien. Ses *Discours anatomiques* (1675) sont en quelque sorte le manifeste de cet antifinalisme : chacun des six discours qui les constituent est partagé en deux parties, un exposé technique d'anatomie et une dissertation philosophique — structure d'imbrication qui est aussi chère à La Mettrie et qu'il applique dans *L'Homme-Machine*. On y trouve des thèmes chers à La Mettrie : la condamnation de l'illusion téléologique, l'origine fortuite et spontanée de la vie, le primat de l'expérience. Ce sont les enjeux de sa polémique avec le théologien François Blondel. Lamy applique, dans son *Explication mécanique et physique des fonctions de l'âme sensitive* (1678), ces mêmes principes à l'âme. L'exemple de l'œil n'est pas pris au hasard : dans sa seconde conférence de 1674-1675, Lamy prenait l'exemple des yeux à l'appui de son argumentation antifinaliste : « Les yeux ne sont pas faits pour voir, mais nous voyons parce que nous avons des yeux. » Une parenté étroite unit ce type du médecin matérialiste du dernier quart du siècle précédant à La Mettrie.

101.   Formule d'abstention qui signifie : « Il ne nous revient

pas de vous départager en de telles controverses. » Formule typique du pyrrhonisme, qui refuse de trancher dans les faux débats qui dépassent le phénomène. La Mettrie l'utilise aussi dans le *Traité de l'âme*, ch. XIII, § II à propos du problème de la volonté (O.P., I, 181).

102.   Procédé habituel qui consiste à introduire un personnage fictif chargé d'exprimer la pensée extrême de l'auteur tout en s'en démarquant. Le discours matérialiste y a eu recours comme à une sorte de prophète inspiré qui dit des vérités « abominables ».

103.   Formule extrême de l'agnosticisme de La Mettrie sur l'âme : à partir du moment où c'est une fonction de l'organisation, elle ne fait qu'en traduire les effets et repérer le processus. En soi, ce n'est qu'un « vain terme » qu'il s'agit de ne pas prendre pour une réalité, « substance spirituelle », par un abus des mots.

104.   Sur le matériel vivant des expériences évoquées par La Mettrie, on doit rappeler la remarque faite par Georges Canguilhem : « L'un des traits remarquables de l'étude du mouvement au XVIIIᵉ siècle, c'est qu'elle ne concerne plus électivement l'homme et les mammifères domestiques, mais qu'elle utilise comme objets d'expériences les vertébrés poïkilothermes (batraciens, reptiles) et même les invertébrés (polypes) », et surtout les grenouilles, voir expérience 5 (*La Formation du concept de réflexe*, p. 89).

105.   C'est la propriété repérée par Haller dans les muscles : l'*irritabilité*, qui explique cette réaction et est impliquée dans une partie des expériences mentionnées ici. Sur le rôle essentiel de l'irritabilité dans la physiologie lamettrienne, voir *infra*, la note 117.

106.   Voici la définition technique que donne Furetière du mouvement péristaltique : « Mouvement qui est propre aux intestins, qui se forme par le moyen des fibres ou filaments transversaux ou circulaires de ses tuniques, lorsque les boyaux se retirent et se retirent d'en haut contre bas, afin de pousser dehors les excréments et les humeurs nuisibles, par leur compression... Ce mot est grec, et signifie *ce qui est envoyé alentour*. »

107.   William Cowper (1666-1709), anatomiste et chirur-

gien anglais, se fit connaître par sa *Myotomia reformata* (1694) et
ses travaux sur les glandes (*Glandularum descriptio*, 1702).

108. William Harvey (1578-1657), cité en passant ici,
constitue un référent déterminant dans la généalogie de l'idée
d'homme-machine. Ce professeur d'anatomie et de chirurgie au
Collège royal de Londres, en établissant les lois de la circulation
du sang dans son *Exercitatio anatomica de motu cordis et sanguinis
in animalibus* (1628) rendit possible la représentation d'une systématicité anthropologique et organique. L'espace de la circulation dessine en quelque sorte sous forme de flux l'image d'une
machinerie que viendra investir l'anthropologie lamettrienne. —
Il faut ajouter que Harvey a pu influer sur La Mettrie par sa
conception de la génération (*Exercitatio de generatione animalium*, 1654) qui place le principe *omne vivum e ovo* au fondement
de la théorie du vivant, et scelle son unité par l'universalité de
l'origine.

109. Il s'agit d'un ouvrage où Bacon expose son *Histoire
naturelle* sous forme de « Tables d'expériences » divisées en dix
« centuries ». Notons que cette accumulation d'exemples numérotés chez La Mettrie s'apparente à la présentation baconienne
des « tables » et des « centuries ».

110. Cette expérience est particulièrement caractéristique
de la leçon générale de cette série d'expériences, fondée sur la
conception hallérienne de l'irritabilité. Cette *vis propria* ou *insita*
du tissu musculaire, qui ne dépend ni de la pesanteur, ni de l'attraction, ni de l'élasticité, subit l'influence de stimulants tels que
la pression, le sang, l'étincelle électrique. Cela implique que les
animaux sans tête ni nerfs sont très irritables, tel le polype. C'est
pourquoi, surtout, le cœur, qui est le plus irritable de tous les
muscles, lorsqu'il est séparé du reste du corps, continue à être
agité de mouvements.

111. Il s'agit de Robert Boyle (1627-1691). Le célèbre chimiste, partisan de la théorie corpusculaire, fut en effet aussi un
expérimentateur habile sur la fermentation et en physiologie.
Ses œuvres complètes furent publiées pour la première fois en
anglais en 1744.

112. Nicolas Stenon (1638-1687), *alias* Niels Stensen, peut
être rapproché de Lamy (voir note 100). Il raille le finalisme naïf

dans ses *Discours sur l'anatomie du cerveau* (1669) et tente une construction mécanique de la physiologie musculaire (1667).

113. Sur le contexte et le sens de ce type d'expériences dans la pratique physiologique du XVIIIe siècle, voir Canguilhem, *op. cit.*, ch. V, « Animaux décapités et sympathies organiques », p. 89 *sqq.*

114. Cet exemple semble emprunté à l'expérience de La Mettrie comme médecin militaire aux gardes françaises, auprès du duc de Gramont (1742-1745), ce qui lui donna l'occasion de faire les campagnes de la guerre de Succession. En sa qualité de médecin des gardes, il assistait aux batailles, et on peut penser que c'est l'une de ces images fulgurantes qu'il fixe quelques années plus tard dans ce passage de *L'Homme-Machine*. On sait par ailleurs l'importance de cette expérience militaire dans la genèse de la pensée de La Mettrie. Attaqué d'une fièvre chaude au siège de Fribourg, il prit conscience de l'importance de l'organisation à l'occasion du désordre des idées qu'il observa sur lui-même en cette circonstance. C'est ce monisme qu'il établit dans cette *Histoire naturelle de l'âme* qui marque à la fois la fin de son expérience de médecin militaire et le début de sa carrière proprement philosophique. D'après Frédéric II, « l'aumônier du régiment sonna le tocsin contre lui, et d'abord tous les dévots crièrent », ce qui l'obligea à démissionner. Mais ce n'est pas par hasard que les allusions à une pathologie et à une chirurgie militaire émaillent l'œuvre ultérieure. Voir la confession du *Système d'Épicure* (§ LXX) : « J'ai vu mourir, triste spectacle ! des milliers de soldats, dans ces grands hôpitaux militaires qui m'ont été confiés en Flandre durant la dernière guerre » (O.P., II, 35).

115. Allusion aux expériences de Trembley : voir *supra*, note 59.

116. Sur la position de La Mettrie face à la question de la génération, voir *supra*.

117. La théorie de l'organisation, fondement de la physiologie lamettrienne, se fonde sur la double hypothèse de l'existence de *fibres* et d'une propriété fondamentale qui est l'*irritabilité*. Cette double idée a une genèse précise qui l'éclaire.

1°) C'est l'anatomiste Francis Glisson qui, en 1654, remarqua que les phénomènes vitaux doivent dépendre d'une propriété particulière qui permet de réagir à diverses excitations. En 1677, dans son *Tractatus de ventriculo et intestinis...*, il dénomme le premier cette propriété *irritabilité* et l'attribue aux tissus, aux fibres du cœur notamment. Cette propriété unique permet de donner une première ébauche à l'idée d'organisation. Mais Glisson conçoit l'irritabilité comme l'aptitude aux mouvements des parties vivantes grâce aux facultés perceptives, appétitrice et motrice. En fait donc, l'irritabilité traduit la vie mais explique l'organisation au lieu d'en résulter : de plus elle est diffuse dans toutes les parties des êtres vivants. C'est Haller qui, à l'époque de *L'Homme-Machine*, précisa la notion par une procédure expérimentale. Entamées en 1746, ses expériences aboutirent en 1752 à ses *Mémoires sur la sensibilité et l'irritabilité* (26 avril et 6 mai) devant l'Académie royale de Göttingen. On y trouve les définitions précises de la physiologie nouvelle : « J'appelle partie irritable du corps humain celle qui devient plus courte quand quelque corps étranger la touche un peu fortement... J'appelle fibre sensible dans l'homme, celle qui étant touchée, transmet à l'âme l'impression de ce contact. » Il prouve ainsi l'existence de l'irritabilité dans le tissu musculaire (ce qu'on appela ensuite contractilité) et la sépare de la sensibilité qu'il réserve aux nerfs. Notons qu'à la fin de son mémoire sur l'irritabilité Haller déclare : « Feu M. La Mettrie a fait de l'irritabilité la base du système qu'il a proposé contre la spiritualité de l'âme ; après avoir dit que Stahl et Boerhaave ne l'avaient pas connue, il a le front de s'en dire l'inventeur ; mais je sais, par des voies sûres, qu'il tenait tout ce qu'il pouvait savoir là-dessus d'un jeune Suisse, qui sans être médecin et sans m'avoir jamais connu, avait lu mes ouvrages et vu les expériences de l'illustre M. Albinus ; c'est là-dessus que La Mettrie a fondé ce système impie, que ses expériences mêmes servent à réfuter. » Haller en vient à rappeler que l'irritabilité subsistant après la mort ne dépend point de l'âme. On voit l'enjeu de la propriété et son rôle dans la conception de l'organisation. Sur l'histoire de la notion, voir E. Gley, « L'Irritabilité » (1889), *in Essais de philosophie et d'histoire de la biologie*, p. 1 *sqq.*

2°) Pour ce qui est des *fibres*, il faut rappeler qu'avant la victoire de la théorie cellulaire, domine, chez les anatomistes du

XVIᵉ au XVIIIᵉ siècle, la théorie *fibrillaire*, selon laquelle la fibre est l'élément anatomique essentiel du muscle, du nerf et du tendon. On compare, d'Aristote à Borelli, les fibres animales aux fibres végétales dont les cordes sont composées — le mot a été choisi pour remplir cette fonction d'image. Le *Traité de l'homme* de Descartes les mentionne, et Haller impose au XVIIIᵉ siècle la théorie fibrillaire, représentant « le tissu cellulaire » comme « composé en partie de fibrilles, et en partie d'un nombre infini de petites lames, qui par leur direction différente entrecoupent de petits espaces, forment de petites aires, unissent toutes les parties du corps humain » (*Éléments de physiologie*, I, 10). Voir sur ce point Georges Canguilhem, *La Connaissance de la vie*, appendice I, p. 185-186. La Mettrie adopte donc là encore la conception scientifique de Haller. — On trouve la théorie fibrillaire également au fondement de la physiologie de Diderot. Voir les *Éléments de physiologie*, 2ᵉ partie, ch. I : « En physiologie (*sic*) la fibre est ce que la ligne est en mathématiques », écrit-il en écho de Haller : *Fibra enim physiologo id est, quod linea geometrae*. Diderot en fait une description réaliste « Elle est molle, élastique, pultacée, à aspect de bouillie, longue sans presque de largeur, ou large sans presque d'étendue ; elle fait un. Elle est exsangue et non creuse. » Or « tous les solides du corps humain sont faits de fibres plus ou moins pressées ». Là s'impose une remarquable métaphore : « J'estime que la fibre est plus vraisemblablement de la chair ajoutée à de la chair, formant un tout continu, à peu près homogène, vivant. Je le regarde comme un animal, un ver. C'est cet être que l'animal qu'elle compose, nourrit. C'est le principe de toute la machine. Sa formation n'est que la formation d'un ver » (éd. Mayer, p. 63-66). Telle est l'*image* majeure de l'organisation vivante chez Diderot comme chez La Mettrie : il faut se la représenter comme un *tissu de vers de chair* ou fibres : « Le tissu cellulaire est composé de fibres et de lames plus larges que longues qui, s'entrecoupant, forment de petites aires, unissent toutes les parties du corps humain, et font la fonction d'un lien qui les consolide sans les gêner » (p. 68).

On perçoit par là même comment la fibre hallérienne va servir de support à la représentation matérialiste du corps : c'est le principe animal qui à la fois compose l'animal global et que celui-ci entretient en le nourrissant, selon l'expression de Diderot. À l'instar du ver, c'est une sorte de principe concret par l'intuition duquel l'organisation peut se représenter comme *principe*, avant que la représentation cellulaire la série en unités analytiques autonomes. La fibre fournit au contraire l'intuition de cet universel concret qu'est l'animal.

118. Voici la définition que Furetière donne du terme *parenchysme* dans son *Dictionnaire :* « Terme de médecine qui se dit des parties formées de sang, et qui font comme un amas et une affusion de sang... Ce mot est grec, et signifie *engendré par la masse et épaississement d'un suc.* » Par extension sont dits « parenchymes » les organes (foie, cœur).

119. Cet ensemble d'exemples évoque les phénomènes de réflexes, illustration naturelle de la thèse de *L'Homme-Machine*. Mais il faut relever que, dans le modèle physiologique hallérien dont s'inspire La Mettrie, le concept de mouvement réflexe, élaboré à partir de 1670 par Willis dans son *De motu musculari*, n'intervient pas directement. G. Canguilhem peut parler de « l'indifférence » de Haller « à l'égard de la notion de réflexe » (*op. cit.*, p. 94). En effet l'irritabilité donnant « la clef du mouvement automatique », « cette dispersion du pouvoir de contraction musculaire détourne Haller de s'attacher à l'élucidation de la notion de mouvement réflexe ». Ce modèle éclaire le statut des mouvements automatiques dont La Mettrie fait ici état. Alors que le mouvement réflexe suppose, dans le schéma de Willis, la réflexion de l'impression sensible au niveau de l'encéphale et fait dépendre le mouvement local du système nerveux central, le mouvement automatique expliqué par l'irritabilité reste saisi au plan local en quelque sorte : la source du mouvement est cherchée à la périphérie, dans le nerf ou le muscle. C'est, on le notera, le cas de tous les exemples donnés dans ce paragraphe, où l'action des mouvements automatiques est saisie au plan de l'organe même. On notera que l'un des tenants de la théorie du mouvement réflexe proprement dit, dans la tradition de Willis, se trouve être Jean Astruc, l'ennemi de La Mettrie contre qui il lança ses pamphlets (Canguilhem, *op. cit.*, p. 98-100).

120. Il s'agit du principe dont dépend pour Hippocrate

toute la vie du corps. On notera donc que le mécanisme lamettrien se concilie avec une tradition hippocratique.

121. On retrouve le thème du pouvoir de l'imagination. Il pense ici notamment à l'essai de Montaigne consacré aux pouvoirs de l'imagination (livre I, XXI), *De la force de l'imagination*, qui en raconte les « effets surprenants ». Voir le § XI du ch. XV du *Traité de l'âme* (O.P., I, 127-132).

122. Il s'agit du principe qui, excité par l'image de l'objet, détermine la sensation spécifique qui plaît, c'est-à-dire affecte agréablement la sensibilité esthétique. Voir le *Discours sur le bonheur* : « Un discours choquant ou flatteur agit, comme un tableau laid ou beau, par le *bene* ou le *male placitum* des anciens » (O.P., II, 197).

123. Nicolas Tulpius (1594-1674) fonda à Amsterdam le collège de médecins où il enseigna l'anatomie, auteur d'*Observationes medicae* (1641) et passé dans l'imaginaire anatomique, puisque Rembrandt le représente dans *La Leçon d'anatomie* fameuse où une pratique nouvelle se fixe en image !

124. C'est une idée répandue depuis longtemps dans la pensée de la vie que cette influence de l'imagination de la mère sur le fœtus, dont on cite de nombreux et fantastiques exemples. Mais on remarquera que c'est ici l'imagination, faculté matérielle dont on a vu le rôle de schématisme matériel, qui est censée remplir cette fonction.

125. Nouvelle allusion à un portrait de Richardson (voir note 8). Là encore le portrait fixe l'organisation en sa valeur physionomonique.

126. Nouvelle allusion critique à l'Harmonie préétablie de Leibniz.

127. Giovanni-Alfonso Borelli, médecin et physicien italien (1608-1679), membre de l'*Academia del Cimento*, fut fondateur de l'école iatromécanique. Son *De motu animalium* (1680-1681) mérite d'être adjugé à la généalogie de *L'Homme-Machine*, dans la mesure où il s'efforce de ramener les mouvements du corps aux lois de la mécanique (voir introduction, p. 59).

128. Bayle (1647-1706), tuberculeux, mourut donc à cinquante-neuf ans, ce qui ne paraît pas s'accorder avec cette notation sur « un âge si peu avancé » : mais La Mettrie se fait l'écho

du sentiment de surprise qui a saisi la « république des lettres » à la mort subite de son moniteur, la plume à la main, le 28 décembre 1706, sans doute par un fléchissement cardiaque.

129.   On retrouve là le déterminisme cher à La Mettrie et sa critique d'une pseudo-volonté libre. Voir *Traité de l'âme*, ch. XII, § II (O.P., I, p. 150-160).

130.   L'exemple de la jaunisse est un vieil argument sceptique, ainsi que l'âge et la fièvre mentionnés juste après (p. 139) Voir *in* Sextus Empiricus, *Hypotyposes pyroniennes*, le 4ᵉ mode d'Aenesidème selon lequel les représentations varient (I, 100 *sq*). « Les circonstances ».

131.   C'est une idée souvent rappelée que la sagesse antique a pour fondement une diététique : c'est dans ce sens que La Mettrie rappelle ici les interdits alimentaires chez Platon et Pythagore. On appelle « régime de Pythagore » le régime végétarien.

132.   Cette étonnante formule indique l'effort de La Mettrie de combiner l'animisme hippocratique et le mécanisme physiologique : l'âme, qu'il traite de « chimère » (p. 205) désigne ici le principe matériel du mouvement. C'est, pourrait-on dire, *le* ressort de la machine, ce qui donne ressort à l'ensemble des ressorts de la machine.

133.   En mécanique, l'oscillation désigne la variation d'une grandeur caractérisée par un changement périodique de sens, et une croissance (*périodique*) ou décroissance (*amortie*) de l'amplitude. Cette « oscillation » combine étonnamment le caractère d'une *vis propria* (analogue à l'irritabilité), inhérente à la fibre et le caractère d'un processus mécanique. Une fibre oscille en vertu de sa nature propre : elle est donc oscillante *per se* ; mais le terme d'oscillation permet de rapporter cette propriété à un schème de déchiffrement mécanique évoquant les lois du pendule. L'oscillation a donc pour fonction d'exprimer la spécificité vitale de la fibre en même temps que sa nécessité mécanique.

134.   Cette formule combine significativement la référence au modèle mécanique moderne inspiré de l'horlogerie et la référence à la vieille théorie médicale, exprimée ici par le « chyle », ce « suc » censé donner le sang à partir des aliments.

135.   G.E. Stahl (1660-1734), médecin et chimiste alle-

mand, fut le champion de l'animisme. Son œuvre majeure est *La Vraie Théorie médicale* (1708). Stahl soutient que le mouvement du corps doit s'expliquer par un principe étranger à la matière, l'âme raisonnable, véritable principe vivifique, conçu comme « l'architecte du corps », véritable Providence corporelle assurant sa conservation, sa formation et sa reproduction : le corps n'est ainsi que l'« officine » de l'âme, qui en prend connaissance par intuition inconsciente (*logos*), tandis que le raisonnement (*logismos*) peut l'égarer — ce qui arrive dans la maladie Comparer avec Van Helmont (note 39).

La lutte contre l'animisme stahlien est essentielle dans le projet néomécaniste de La Mettrie : il joue le rôle au début du XVIII⁰ siècle d'une alternative au mécanisme et sert en même temps de justification au spiritualisme, alors que Leibniz lui reproche les conséquences matérialistes possibles de sa conception de l'âme et du corps (voir Albert Lemoine, *L'Animisme et le vitalisme de Stahl*, 1850, qui a bien mis en évidence ces enjeux métaphysiques et idéologiques, bien que dans une perspective sympathisante du spiritualisme). — Ce texte de *L'Homme-Machine* contre Stahl n'est qu'un épisode d'une polémique entamée avec l'*Histoire naturelle de l'âme*. Au chapitre XI, pour réfuter la thèse de la volonté, il soutient que « l'âme et la volonté n'ont aucune part à toutes ces actions du corps », ne pouvant avoir plus d'une idée distincte à la fois : « L'âme n'est point assez parfaite pour cela dans l'homme, comme dans l'animal ; il faudrait qu'elle eût, infuse, cette science infinie géométrique, supposée par Staalh (*sic*). » À « la monarchie de l'âme » qui n'est que « chimère », il oppose la seule force de l'instinct, « mécanique qui peut passer toute intelligence » (ch. XI, § II, O.P., I, 145-147). Comme il le dit plus loin : Stahl « donne à l'âme... un empire absolu : elle produit tout chez lui, jusqu'aux hémorroïdes », et « il s'efforce de prouver cette imagination par des raisonnements métaphysiques, qui ne la rendent que plus incompréhensible, et, si j'osais le dire, plus ridicule » (ch. XII, § II, p. 159-160).

136. L'exemple n'est pas fortuit : on sait que l'automate le plus fameux de Vaucanson était un joueur de flûte (voir p. 204 et notes 149 et 151).

137. Philippe Hecquet (1661-1737), doyen de la faculté de

médecine de Paris, connu aussi pour sa philanthropie (rapprocher de La Peyronie, voir note 48). Il écrivit notamment un *Traité de la saignée* (1707), *De la digestion et des maladies de l'estomac, suivant le système de la trituration* (1712) — à titre posthume, *La Médecine, la chirurgie et la pharmacie des pauvres* (1740). Il y affirme que les causes principales de la maladie sont dans le sang et les mouvements des solides dans une trop forte ou trop faible tension.

138.   Rappelons que La Mettrie traduisit en France les *Institutions de médecine* de Boerhaave en 1740.

139.   Sur Willis, voir *supra*, note 49. Claude Perrault (1613-1688), frère de Charles, est l'un des médecins les plus radicalement mécanicistes : *cf.* sa *Mécanique des animaux, in Essais de physique* (1680-1688) ou *Recueil de plusieurs traités touchant les choses naturelles*. Il a laissé des travaux sur l'œil et l'oreille — deux registres structuraux chers à La Mettrie. Sa vocation parallèle pour l'architecture trouve peut-être sa raison secrète dans cet intérêt pour les structures et leurs agencements dont l'anatomie est le versant complémentaire. Il mourut en se faisant une piqûre anatomique en ouvrant le corps d'un chameau, au Jardin du Roi, après avoir été l'architecte du Louvre ! (*Cf. Les Perrault* d'André Hallayst, 1926.)

140.   Boerhaave fut en effet professeur à Leyde (voir introduction, p. 59-60).

141.   On trouve cette idée chez Épicure qui, d'après Aetius, pensait que l'âme irrationnelle est « répandue dans tout l'agrégat constituant le corps ». Lucrèce soutient de même que l'âme est une « puissance subalterne répandue dans tout le reste du corps », mais distinct de l'esprit directeur qui habite au centre de la poitrine (*De natura* I, III, p. 94-369, pour la théorie de l'âme en général). Les épicuriens distinguent en fait deux âmes, et c'est la seconde qui est répandue dans tout le corps. Ils s'opposent en tout cas ainsi à l'*Harmonie* de Pythagore qui anime la machine sans être localisée dans une région déterminée du corps. Virgile souscrit à cette théorie de la diffusion de l'âme dans le corps.

142.   Voir, sur le polype de Trembley, p. 161 et note 59.

143.   Allusion à la théorie du mouvement chez Leibniz (*cf. La Dynamique*).

144.   Le *Traité de la mécanique des animaux*, paru en 1680, constitue le tome III des *Essais de physique* (voir note 139).

145.   Il s'agit de l'irritabilité hallérienne, là encore. Voir note 117.

146.   Voir *L'Homme-Plante*.

147.   La Mettrie note ici sa propre évolution depuis le *Traité de l'âme :* les formes seraient un résidu du besoin d'expliquer l'action de la matière. Sur la signification de cette évolution, voir notre introduction, *supra*, p. 82-87.

148.   La perfection évoquée ici est pour La Mettrie une complexité supérieure de l'organisation : car il ne cesse de rappeler par ailleurs l'infériorité à l'animal d'un autre point de vue.

149.   L'allusion à Jacques de Vaucanson (1709-1782) qui relie la théorie de l'homme-machine à sa figuration mécanique qu'est l'automate, succède non fortuitement à l'évocation de Christian Huyghens (1629-1695), créateur en 1657 de la première horloge à pendule pesant et de la première montre à résonateur balancier (1659), auteur d'un *Traité des horloges* (1673) sous la devise *Experientia ac ratio*. L'horloge et l'automate défi-nissent en quelque sorte les bornes de la cinématique qui déploie la machinerie et la lie à l'homme. Dix ans séparent l'exposition des automates de Vaucanson et la naissance de *L'Homme-Machine*. C'est en effet en janvier 1738 que Vaucanson exposa son joueur de flûte à la foire Saint-Germain et à l'hôtel de Longueville (dès 1733 il avait construit son « joueur de flageolet ». C'est en 1739 qu'il présenta son « canard digérateur ». Enfin il envisagea de construire un « homme artificiel » et un « animal parleur ». On voit que La Mettrie a dû se tenir au courant de cette évolution puisqu'il en retrace les étapes, et que Vaucanson reste une attraction parisienne au début des années 1740. Voir le rôle de la tentative de Vaucanson dans la genèse de l'idée de l'homme-machine, introduction, p. 64 *sqq*, et le révélateur spécial qu'est le problème du langage et de la voix articulée.

150.   Julien Le Roy (1686-1759) fut le premier de la dynastie d'horlogers français.

151.   Il faut noter qu'en qualifiant Vaucanson de « nouveau

Prométhée », La Mettrie reprend une expression de Voltaire qui, dans le dernier de ses « Discours en vers sur l'homme », *De la nature de l'homme* (1738) écrivait :

> « Le hardi Vaucanson, rival de Prométhée,
> Semblait, de la nature imitant les ressorts,
> Prendre le feu des cieux pour animer les corps. »

Sur Vaucanson, voir l'étude exhaustive d'André Doyon et Lucien Liaigre, *Jacques Vaucanson mécanicien de génie* (1966).

152.　　On retrouve ici l'importance de l'optique dans la physiologie lamettrienne.

153.　　Il faut rappeler que l'*Histoire naturelle de l'âme* parut en 1745 sous le pseudonyme de Charp.

154.　　Pour replacer cette appréciation dans l'appréciation générale de Descartes par La Mettrie, voir note 22. On peut rapprocher ce passage de *L'Homme-Machine* de cet autre du *Discours préliminaire* : « Les plus fausses hypothèses de Descartes passent pour d'heureuses erreurs, en ce qu'elles ont fait entrevoir et découvrir bien des vérités qui seraient encore inconnues sans elles » (O.P., I, 49). On remarquera en tout cas ici l'apologie de Descartes au moment où il est décrié par les « mauvais singes de Locke ». Sur la comparaison concernant les animaux-machines, voir notre introduction, p. 50-56.

155.　　Dans ce passage, La Mettrie prend position dans la grande question de la génération des animaux qui a occupé le premier plan dans les controverses des sciences de la vie entre 1660 et 1745. Jacques Roger qui les a minutieusement étudiées dans son ouvrage déjà cité, résume bien la position de La Mettrie en disant qu'il est « animalculiste, plus précisément ovo-vermiste, et partisan de l'épigenèse » (*op. cit.*, p. 492). Il adopte autrement dit la représentation dominante dans le monde scientifique depuis les deux découvertes majeures intervenues dans le dernier quart du XVIIe siècle :

1° C'est d'une part la découverte simultanée par Leeuwenhoeck (voir note 59) et Hartsoecker, ici cité par La Mettrie, en 1677-1678, de « petits animaux » encore appelés « vers » dans la semence mâle. Dans une série de lettres à Huyghens en 1678, Nicolas Hartsoecker décrivit en détail ces animalcules et les techniques adéquates pour les observer, découverte qu'il aurait

⁺uite dès 1673-1674 (voir Roger, p. 299-302). Hartsoecker concevait du reste ces animalcules spermatiques comme des hommes en petit et admettait la préexistence de l'embryon en eux, alors que La Mettrie opte pour l'épigenèse, c'est-à-dire la formation des organes à partir de l'embryon.

2° C'est d'autre part la découverte des œufs dans les femelles vivipares. C'est Reinier de Graaf qui donna à l'*ovisme* une base solide vers 1672. Sténon, Schwammerdam, Malpighi, Borelli, Baglivi notamment se rallièrent à l'ovisme. Cette découverte fut décisive en ce qu'elle indiquait le rôle de l'appareil génital féminin dans la conception, détruisant la conception aristotélicienne faisant de l'utérus le simple lieu de maturation de la semence mâle permettant la conception.

Cette double théorie s'est combinée dans ce qu'on a appelé « ovo-vermisme ». Alors que Leeuwenhoeck est animalculiste mais antioviste, soutenant que l'animalcule va se fixer dans un point de la matrice prévu pour cet usage sans avoir besoin de postuler l'existence d'un œuf, Hartsoecker soutient en 1694 que le « ver » remonte par les trompes jusqu'à l'ovaire, pénètre dans l'œuf et provoque sa chute. Boerhaave, le maître de La Mettrie, soutient en 1708 une variété d'ovo-vermisme. La Mettrie accrédite une version semblable dans ce passage. Voir aussi la note 161. Sur cette question de la génération en général, voir aussi Émile Guyénot, *Les Sciences de la vie aux* XVIIe *et* XVIIIe *siècles* (1941) livre III, p. 209 *sqq.* et François Jacob, *La logique du vivant* (1970) ch. I, p. 28 *sqq.*

156. Les trompes de Falloppe sont les « cornes de la matrice », ainsi nommées parce que découvertes par Gabriele Faloppio (1523-1562), anatomiste italien, disciple de Vésale, enseignant à Ferrare, Pise et Padoue — *cf.* ses *Observationes anatomicae* (1561). Les trompes de Falloppe devinrent un enjeu important dans la querelle autour des animalcules et des œufs un siècle après. En effet, Falloppio ayant observé un hiatus de quelques centimètres, entre le pavillon (extrémité libre) de la trompe et l'ovaire, en avait conclu que les trompes ne peuvent servir de canal à une semence venue des testicules femelles — ce qui constituait une difficulté pour l'ovisme, étant donné qu'il paraissait impossible, compte tenu de cet hiatus, que les œufs

entrent dans les trompes pour parvenir dans la matrice. Or dès le
début du siècle l'anatomiste Littré établit la réalité anatomique,
le pavillon étant collé à l'ovaire. Dès lors les trompes apparaissent l'élément matériel de l'ovo-vermisme.

157.   L'*amnios* est la « membrane intérieure du fœtus », que
Diderot par exemple décrit comme « aqueuse et transparente,
très lisse, partout la même » (*Éléments de physiologie*, p. 199).

158.   La description de l'émergence successive des organes à
partir de la structure de l'embryon exprime de façon saisissante
que La Mettrie comme la majorité des naturalistes a opté pour la
théorie *épigénétique*. Harvey a en effet réfuté l'idée selon laquelle
les organes seraient « préformés » dans la semence et a appelé,
par opposition, « épigenèse », le processus d'organisation de
l'embryon comme formation d'organes à partir d'une masse
indifférenciée. Cette idée se trouve du reste déjà chez Aristote et
chez Galien, à cela près que pour le premier le cœur est le premier organe formé, tandis que pour Galien ce serait le foie, puis
le cœur et le cerveau. Harvey pense sur ce point comme Aristote.
Le principe de cette description de La Mettrie se trouve chez
Harvey (*Exercationes de generatione animalium* 44) : « Leur formation (des organes) commence par une partie qui est comme leur
origine, et à l'aide de cette partie, ils reçoivent tous leurs autres
membres ; et nous disons qu'une telle génération se fait par *épigenèse*, c'est-à-dire graduellement, partie après partie ; et c'est
elle qui mérite, avant tout autre, d'être appelée génération »
(p. 121).

Cette théorie admise par Descartes et par le monde savant dès
1650 a vaincu la théorie de la préformation mais se trouve
concurrencée dans les années 1670-1680, et jusqu'à l'époque de
La Mettrie et au-delà, par la théorie de la « préexistence des germes », selon laquelle l'être vivant existerait déjà entièrement
formé dans la graine ou la semence, créée par Dieu au commen-
cement du monde et conservée jusqu'au moment de son développement. Théorie invérifiable expérimentalement mais que
soutient encore Réaumur en 1737 à partir de la parthénogenèse
des pucerons. Le matérialisme lamettrien se fonde au contraire
sur une perspective épigénétiste très stricte. Il faut noter de plus
que, dans sa *Vénus physique* (1745), Maupertuis avait rejeté la

théorie de la préexistence des germes et rétabli le principe de l'épigenèse, faisant même l'éloge du *Traité de l'homme* de Descartes, qui avait radicalisé la théorie épigénétique. Mais il rejette aussi l'ovisme et l'animalculisme et en vient à présenter une théorie reprenant la théorie de la double semence, mâle et femelle, dont chacune contiendrait les parties destinées à former l'embryon. La Mettrie refuse de souscrire à cette idée de la double semence. C'est pourquoi il insiste, dans ce passage, sur le fait que « la semence de la femme est inutile à la génération » (p. 210) et qu'elle ne contient pas d'animalcules (p. 208). Il retrouve donc l'idée aristotélicienne du rôle déterminant du principe mâle comme cause motrice de la génération : « C'est le mâle qui fait tout » (p. 210).

159.   Le *punctum saliens* ou « point animé » est l'état primitif du cœur du fœtus. Harvey et Malpighi emploient l'expression. Cette notion a d'autant plus d'importance dans le processus épigénétique que le cœur apparaît comme l'organe déterminant dans la constitution de l'embryon. Le *punctum saliens* en est donc l'émergence minimale à partir de laquelle l'embryon se forme en son identité.

160.   On reconnaît ici la thèse de *L'Homme-Plante* (voir notre introduction, p. 86-87). Cette formule assure la transition avec le début de *L'Homme-Plante*, auquel elle ressemble fort : « Nous commençons à entrevoir l'uniformité de la nature » par « l'analogie qui se trouve entre les deux principaux règnes, végétal et animal » (O.P., II, 51). — On notera que curieusement c'est ici l'analogie avec l'embryon qui introduit le rapprochement : le rapprochement de la génération est développé dans *L'Homme-Plante*, p. 56-61.

161.   Cette formule qui conclut pratiquement le développement de *L'Homme-Machine* sur la question de la génération traduit sous la plume de La Mettrie une espèce de prudence particulière, voire de scepticisme quant aux progrès immédiats des lumières sur la question. C'est que vers 1745, comme le note en effet J. Roger : « Le grand élan de découverte, qui avait commencé vers 1660, s'est arrêté après 1725... le monde savant se détourne lentement de ces questions insolubles », faute de vérifications expérimentales (*op. cit.*, p. 323). C'est cette satura-

tion qu'exprime ici La Mettrie, qui ne pense que sur le fondement d'expériences. La question de la génération a pris un côté
doctrinaire et spéculatif qui ne lui convient guère. — Il y a plus :
on sait le scepticisme de La Mettrie face aux questions d'origine
(voir p. 148). Or la génération pose la question de l'origine de
l'être vivant que la théorie de la machine ne veut pas poser apori-
quement, dont elle veut faire l'économie. C'est en même temps
un terrain où le matérialisme s'est heurté à des objections opi-
niâtres, telle celle qu'exprimait Fontenelle en un passage célèbre
de ses *Lettres galantes* : « Vous dites que les bêtes sont des
machines aussi bien que des montres ? Mais mettez une
machine de chien et une machine de chienne, l'une auprès de
l'autre, il en pourra résulter une troisième petite machine : au
lieu que deux montres seront l'une auprès de l'autre toute leur
vie, sans jamais faire une troisième montre » (lettre XI). Formu-
lation naïve et populaire qui indique néanmoins que la génération était une objection immédiate au « machinisme ».

Mais à vrai dire, ce n'est pas le dernier mot de La Mettrie sur
la génération. En 1750, dans le *Système d'Épicure*, il développe
une audacieuse théorie panspermiste : il fait naître les chenilles
et les insectes de l'air (§ V-VI), aussi bien que les « productions
végétales » (O.P., II, p. 5). De là ils passeraient de cette première
matrice aux testicules et vaisseaux spermatiques, les semences
animales et végétales, avant de se développer dans la femelle,
ultime matrice, où commence la génération proprement dite
(§ VIII, p. 6). Ainsi elle se trouve insérée dans une cosmologie,
la terre étant l'utérus primaire (§ X, p. 7). Cela suppose que « les
premières générations ont dû être fort imparfaites » (§ XIII,
p. 8), ce qu'atteste telle monstruosité (voir l'exemple de la
note 70). « Par quelle infinité de combinaisons il a fallu que la
matière ait passé, avant que d'arriver à celle-là seule, de laquelle
pouvait résulter un animal parfait ! » (§ XV, p. 10). Cette représentation inspirée de Lucrèce culmine avec l'image, inspirée du
Telliamed de Benoît du Maillet (1748), celle d'une mer primaire
et universelle « forcée, en se retirant, de laisser l'œuf humain,
comme elle fait quelquefois le poisson, à sec sur le rivage »
(§ XXXII, p. 17). Image d'une sorte de hasard suivant les lois de
la nécessité qui a fait tout sans voir, y compris « une machine qui

pense » (§ XXVII, p. 15) inspirée de Lucrèce et d'Épicure et qui
récuse l'origine finalisée. Tel serait le véritable dernier mot,
mythologique il est vrai, de La Mettrie sur la question, reprenant
l'hypothèse du *De natura rerum* (II, 991) : « Nous sommes tous
issus d'une semence venue du ciel » (*De natura rerum*, I, 169-
173), V, 916-924).

162. Nouvelle expression de la profusion infinie de la
nature, qui caractérise le naturalisme lamettrien.

163. Reprise de la formule analogique de la médecine et de
l'astronomie — voir *supra*, p. 52 et note 17. La *clinique* hippocratique — activité de l'œil du médecin au lit (*clinis*) du malade —
requiert la portée du regard, de même que le regard de l'astronome permet de prévoir.

164. Thème épicurien de la mort douce, exprimé dans le
Système d'Épicure et *L'Anti-Sénèque* : voir *supra*, note 31.

165. Cette « éthique machinale » que nous avons analysée
dans l'introduction (*supra*, p. 93 *sqq*) trouve une expression analogue dans le *Système d'Épicure*, dont le texte suivant éclaire et
résume ce passage de *L'Homme-Machine* : « Savez-vous pourquoi je fais encore quelque cas des hommes ? C'est que je les
crois réellement des *machines*. Dans l'hypothèse contraire, j'en
connais peu dont la société fût estimable. Le matérialisme est
l'antidote de la misanthropie » (§ XLVI), *in* O.P., II, p. 26.

166. Formule continuiste dont la connotation spinoziste
mérite d'être relevée — *cf.* le rapport de La Mettrie à Spinoza,
note 96 — mais qui est aussi bien, dans sa généralité, épicurienne.

167. Dans cette idée de la combinaison de l'expérience et du
raisonnement, malgré sa généralité et sa banalité apparente, il
faut voir l'écho des discussions précises qui eurent lieu dans
l'école boerhaavienne à propos de la théorie de la connaissance
scientifique. C'est la thèse soutenue par Boerhaave dans son discours à l'académie de Leyde *De comparando certo in physicis* en
1715 : il y affirme la nécessité de s'en tenir à l'expérience,
compte tenu de notre méconnaissance des causes premières,
mais ajoute qu'il est permis de prolonger, par des raisonnements
géométriques, les résultats de l'expérience, sans oublier que
celle-ci est le point de départ et la garantie de la certitude. Dès

1702, dans son discours *De usu ratiocinii mechanici in medicina*, il recommandait la méthode de raisonnement *more geometrico* pour amplifier et féconder les résultats des observations. De même le physicien hollandais S'Gravesande, dans sa leçon inaugurale à Leyde en 1717, avait insisté sur la nécessité de cette union de l'expérience et de la raison. Et ce sont des *Physices elementa mathematica experentis confirmata* qu'il publie en 1720-1721. De même Musschenbroeck, dans son discours *De methode instituendi experimenta physica*, en 1730, réduisait la connaissance aux observations, expériences et raisonnements. — Ainsi quand il proteste d'avoir joint ensemble l'expérience et la raison, d'avoir uni la rigueur du raisonnement à la multiplicité d'observations physiques, La Mettrie conclut dans les termes mêmes de ces physiciens hollandais dont Pierre Brunet a montré l'influence sur la méthode expérimentale en France au XVIIIᵉ siècle (*op. cit.* voir notamment ch. I).

168.   Il convient de comprendre cette formule finale à travers le concept lamettrien de *vérité*. La vérité s'oppose en ce sens aux « systèmes » qui sont affaire d'imagination. Contrairement aux systèmes, la vérité telle que la conçoit La Mettrie n'est donc rien moins que dogmatique. Elle se *montre* à travers la nature telle que l'investigue le regard du médecin et du naturaliste. Voir la définition du *Discours préliminaire* : « Le philosophe a pour objet ce qui lui paraît vrai, ou faux, abstraction faite de toutes conséquences... tout ce qui paraît être dans la nature, est appelé vrai ; et on donne le nom de faux à tout ce qui n'y est point, à tout ce qui est contredit par l'observation et par l'expérience » (O.P., I, 7). On voit clairement ici que pour La Mettrie, vérité est synonyme de *réalité :* elle se manifeste dans l'œil de l'observateur et dans la manipulation de l'expérimentateur. Tout le reste est fiction. Voir aussi note 19. *Cf.* aussi Aram Vartanian, « Le "philosophe" selon La Mettrie », *in* XVIIIᵉ *siècle*, n° 1, Ed. Garnier, 1969, p. 161 *sqq.*

Table 283

JULIEN OFFROY DE LA METTRIE :
« L'HOMME-MACHINE »

DANS LA COLLECTION FOLIO / ESSAIS

Impression Maury Imprimeur
45330 Malesherbes
le 18 mai 2018.
Dépôt légal : mai 2018.
1er dépôt légal dans la collection : avril 1999.
Numéro d'imprimeur : 227381.

ISBN 978-2-07-040878-8. / Imprimé en France.

336508